사람은 신信이다

일러두기

1. 모든 외래어/외국어 단어의 발음은 최대한 독자에게 친숙한 해당 언어 및 한자어 발음을 그대로 차용하였습니다.

2. 특히 인물의 이름, 지역 명칭 등과 같은 고유명사의 경우 해당 단어가 등장한 경전에 적힌 발음을 기준으로 표기하였습니다. (예 : 제리코/에리코(현재 지명) → 여리고(성경))

3. 다만 단어의 뜻이 일반인이 이해하기 어렵거나 발음하기 힘들 정도로 독특하거나 과거의 방식으로 표기하고 있을 경우 현재의 국립국어원 외래어 표기법에 따랐습니다. (예 : 아닥사스다왕(성경) → 아르타크세르크세스 1세)

4. 기타 다른 표기는 국립국어원 외래어 표기법에 따랐습니다.

5. 실명을 밝히기 힘든 사람 또는 기관의 명칭은 모 씨 또는 A선생 등으로 표기하였고 여기서 A, B 등은 실제 명칭과 전혀 연관 없이 무작위로 배정한 기호입니다.

신뢰받는 조직, 신뢰 가는 구성원을 위한 믿음 경영 이야기

사람은 신信이다

한의상 지음

경향 경향신문

|

모든 것을 조건 없이 나누는
행동하는 휴머니스트

2023년 10월 12일 강원도 원주 판대리에서 제1회 팜젠사이언스 페스티벌이 열렸다. 주인공은 직원들이었다. 창업자와 경영자 그리고 직원 모두가 공유할 수 있는 최고의 가치는 '사랑'임을 보여주는 축제였다. 이 책의 저자 한의상 회장은 그날, 믿음에는 말보다 행동이 중요하다는 것을 온몸으로 보여주었다. 그리고 누구보다 행복해 보였다. 허튼소리 하지 않고 모든 것을 조건 없이 나눌 줄 아는 진정한 휴머니스트의 얼굴이었다.

윤동주의 서시를 차용한 이 책의 머리글 '하늘과 사람과 별과 신'은 저자가 하고자 하는 메시지를 함축하고 있다. 그의 종교, '어머니'에 대한 보고서다. 저자가 얘기하는 믿음은 그가 신앙처럼 고백하는 어머니에 대한 그리움이고 믿음이다. 그가 가진 믿음의 본질은 가족에 대한 무한한 사랑에 닿아 있다. 그가 말하는 가족은 큰 가족이다. 그가 경영하는 회사와 그 가족들까지 포함한다. 그는 아무것도 바라지 않는다. 그저 모든 것을 나눌 수 있어서 행복하다고 말한다.

저자는 묻는다. 믿음이란 무엇인가? 신(神)에 대한 앙(仰)이라 생각할 수도 있다. 하지만 그가 말하는 믿음의 대상은 신(神)이 아니다. '사람'의 받침 'ㅁ'을 생존경쟁을 통해 주고받은 고통이 모서리를 깎고 다듬어 마침내 'ㅇ'으로 만든다. 사람이 깎은 '사랑'이 어느덧 우리 무의식 속에 자리 잡고 있음을 알아차릴 때, 저자는 이런 건강한 경험으로부터 철학을 얻었음을 독백처럼 고백한다. 그 사랑이 바로 신(信)이고 믿음이다.

부정적인 것의 곁에 머물러 있을 때, 부정적인 것을 똑바로 쳐다볼 때 정신의 위대함이 그대로 드러난다. 긍정의 위대함이 도드라지기 때문이다. 인생을 사는 동안 다가오는 긍정과 부정의 경험들이 모두 나에게 속한다는 사실을 분명히 자각하기 위해서는 우선 우리 자신의 능력을 길러야 한다. 어떻게 나의 능력을 개발하고 성장시켜 모든 내 주변 사람들과 일에 대해 생산적인 관계를 맺을 수 있을까?

이쯤에서 저자는 다시 묻는다. 믿음이 없는 세상은 어떤 결과를 낳겠는가? 믿음이란 대체 무엇이고, 그것이 우리에게 얼마나 소중한지 알게 될 때 우리는 비로소 우리의 가치를 온전히 알게 된다고 역설한다. 그 순간이 언제였던가? 가져보기는 했던가? 저자는 이 책에서 구체적인 경험을 들어 설명한다. 그의 글 속에 담긴 모든 이야기가 그가 맞닥뜨린 도전과 시련, 경험의 과정에서 축적된 고통 속에서 건져 올린 진실임을 알기에 책을 읽는 내내 가슴이 뜨거워지는 것을 느꼈다.

기업가는 창조적 파괴꾼이다. 창조적 파괴꾼은 혁신을 두려워하지 않는다. 혁신은 믿음을 근간으로 한다. 믿음의 토대는 직관 비전이다. 저자의 미래에 대한 직관과 비전을 그의 대가족, 팜젠사이언스가 공유하듯 이 책을 읽는 독자들도 공유하길 바란다.

곽수종 금융경제학자,
『곽수종 박사의 경제대예측 2024-2028』 저자

하늘과 사람과 별과 신

고개를 뒤로 젖혀 하늘을 바라보았습니다. 별이 참 밝았습니다. 그 아래로는 어두운 하늘, 다시 그 아래로는 칠흑 같은 밤바다, 파도 소리는 들리지만 바닷물은 보이지 않았습니다. 그저 눈앞에 보이는 모든 것이 어두운 우주 같았습니다.

별 하나에 어머니

이날 역시 17시간이 넘는 시간 동안 냄새나는 장갑을 끼고 낡은 용접용 마스크를 쓴 채 용접 작업을 하다 퇴근하는 길이었습니다. 지금이야 초음파용접 등 여러 가지 편리한 용접 방식이 많이 개발되어 사용되고 있지만 제가 용접일을 하던 당시에는 산소용접 아니면

6

주로 아크용접이라고 불리던 전기용접뿐이었습니다. 전기가 순간적으로 공기 중에서 방전될 때 발생하는 높은 열로 금속의 필요한 부분을 자르거나 2개의 서로 다른 금속을 붙이는 작업인 아크용접은 순간적으로 3천 5백 도에서 최대 5천 도 이상 되는 높은 열로 인한 화상 위험과 고압전기에 의한 감전 등 여러 위험에 노출된 작업이었습니다.

당시 마산의 한 조선소에 근무하던 저는 동료 용접공 중에서도 압도적으로 많은 작업량을 자랑했습니다. 원래 저에게 할당된 작업은 물론 야간작업이나 철야 특근까지 도맡아 했기 때문입니다. 야간이나 철야 작업은 수당은 세지만 너무 힘들고 사고 위험이 높아서 대부분의 용접공들이 마다하던 작업이었습니다. 용접에 사용하는 전극봉을 하루 종일 쥐고 있어 양손의 감각은 무뎌지기 일쑤고 불꽃을 오랜 시간 들여다보아 야간작업을 할 무렵이면 눈앞이 까마득하게 아른거리는 일이 다반사였습니다. 바로 곁에 놓인 전기기구와 장비는 얼마나 오랫동안 보수 작업 없이 쓰고 또 썼는지, 당장 감전 사고가 터진다 해도 전혀 이상할 것이 없을 정도로 낡은 상태였습니다. 위험하기 그지없었습니다. 하루가 멀다 하고 이웃 작업장에서 사람이 다치거나 목숨을 잃었다는 소식이 들려왔습니다. 하지만 저는 작업을 멈출 수가 없었습니다. 야간작업과 철야 특근 역시 안 할 수가 없었습니다. 당시 저에게 용접일보다, 낡은 장비보다, 그로 인한 작업장에서의 사고보다 훨씬 더 위험한 것은 바로 턱밑에까지 밀려든 가난이었습니다.

초등학교 졸업장이 전부였던 아버지는 짧은 직업군인 생활을 마치고 동네에서 당시에는 청소부라고 부르던 환경미화원들을 관리하는 일을 했습니다. 말이 관리하는 일이지 아버지 역시 새벽 4시가 되기 전 집을 나서 동네 청소를 한 뒤, 틈틈이 다른 환경미화원들을 살피고 수당이 나오면 나누어주는 역할이었습니다. 새벽에 시작된 쓰레기 수거 작업은 오전 11시쯤 끝이 났습니다. 일을 끝마칠 무렵 쓰레기가 가득 담긴 구루마의 무게는 아버지 혼자 감당할 수 있는 수준이 아니었습니다. 그러면 어머니는 새벽같이 집을 나서 묵묵히 아버지 청소 구루마 뒤를 밀었습니다. 다른 계절은 그래도 괜찮았습니다. 문제는 겨울이었지요. 아버지가 담당하는 청소 구역의 골목길은 좁고 경사가 급했습니다. 눈이 쌓이거나 얼어붙기라도 하면 스키 슬로프만큼이나 미끄럽고 위험했습니다. 그럴 때면 어머니는 새끼줄이나 노끈을 구해서 신발에 칭칭 동여맸습니다. 일종의 수제 아이젠을 만들어 사용한 셈입니다.

그렇게 고된 청소일을 마치고 나서도 어머니가 해야 할 일은 끝나지 않았습니다. 일을 마친 아버지의 늦은 아침 밥상을 준비해야 했습니다. 밥상이라고는 하지만 메인은 술이었고 상에 올린 술을 다 비운 아버지는 거의 늘 밥상을 들어 엎거나 발로 차버리는 것으로 자리를 마무리했습니다. 그때는 아버지가 왜 그러는지 도무지 이해할 수 없었지만 나이가 드니 조금은 아버지를 이해하게 되었습니다. 아니, 이해하려고 노력했습니다. 가난한 나라에서, 유독 더 가난하게 태어나 평생을 땀 흘리며 살았지만 손에 쥔 것은 하나 없는데 병

약한 아내와 어린 자식까지 둔 가장으로서의 삶의 무게가 누구에게 인지 모를 울분으로 변해서 그랬을 것이라고 말입니다.

그때 저에게 반짝반짝 빛나는 별은 어머니였습니다. 아니 별이 떠 있는 하늘 자체가 어머니였습니다. 깊은 신앙심을 가진 어머니는 엄혹한 삶의 짐을 다른 어느 누구에게도 대신 지게 하지 않았습니다. 자식에게도 말입니다. 온전히 자신이 짊어진 채 자식에게는 그 힘겨운 삶의 무게만큼 사랑을 주었습니다. 삶이 무거워지면 무거워질수록 어머니는 더 큰 사랑을 당신의 자식들에게 나누어주었습니다. 그 사랑 덕분에 온갖 비뚤어진 유혹 속에서도 올곧게 가야 할 길을 걸어갈 수 있었고, 가족의 소중함과 그들을 돌보는 일의 중요성을 단 하루도 잊지 않고 살아올 수 있었습니다.

이날, 아직 얼굴에 여드름 흔적이 남아 있는 앳된 소년공이었던 저는 마산 밤하늘에 뜬 별을 바라보며 운명을 탓하기보다 그 운명의 주인공이 나임을 일깨워준, 그리고 그 운명을 바꿀 수 있는 가장 강력한 힘, 사랑의 존재를 가르쳐 준 어머니를 떠올렸습니다. 그 시절 제 하늘의 별은 어머니였습니다.

별 둘에 어머니 그리고 나

반짝이는 별을 저는 지금 일상에서도 만나고 있습니다. 저 먼 하늘이 아니라 바로 옆에서, 저녁이 아니라 밝은 해가 뜬 아침에도 말입니다. 심지어 글을 쓰고 있는 오늘 아침에도 그 별을 마주했습니다. 그 별 역시 '어머니'입니다. 하지만 저의 어머니는 아닙니다.

다시 마산으로 돌아가, 고된 용접공 생활을 하는 와중에도 문학 동인회에 참가했습니다. 처음에는 그저 새로운 친구도 사귈 겸 거친 현장 생활로 인해 메마를 대로 메마른 정서에 다소간의 안식을 구하겠다는 가벼운 생각에서였습니다. 지금이야 그 명맥이 거의 끊겼지만 당시만 하더라도 어울릴 만한 공간, SNS 등이 없었기에 이런 동인회가 젊음의 열기와 문화적 욕구를 분출할 수 있는 유일한 창구였습니다. 처음에는 그냥 일반 회원으로 시간 날 때 가끔 들르겠다는 생각으로 참가했었는데 어쩌다 보니 동인회 지역 회장까지 맡게 되었습니다.

어느 날 동인회의 전국 지역 회장단 모임이 개최되었습니다. 저 역시 마산 지역 동인회장 자격으로 해당 모임에 참가하였습니다. 그 때 한 여성이 눈에 띄었습니다. 강원도 원주 지역 동인회 대표로 참가한 여성이었는데 전국에서 모인 수많은 동인회 대표들 중 오직 그 한 사람만 제 눈에 들어왔습니다. 네, 첫눈에 반한 겁니다. 단아하고 청초한 외모도 제 마음에 쏙 들었지만 상대방을 적극적으로 이해하고 배려하는 모습이 제 마음을 사정없이 흔들었습니다. 짧은 회장단 모임 행사가 끝나고 아쉽게 헤어져야 할 때 저는 용기를 내서 그녀에게 집 주소를 물었습니다. 요즘으로 말하자면 이메일 주소를 알려달라는 것이었습니다. 그날 이후 그녀에게 마음을 담은 편지 공세를 퍼부었습니다. 가끔 휴가를 얻어 서울이나 원주에서 그녀와 데이트를 즐기기도 했습니다. 용접공으로 번 돈은 거의 전부 집에 생활비로 부쳤던지라 그 당시 데이트는 지하철 역사 안에 있는 싸구려 분식집에서 냉면 한 그릇씩 나눠 먹는 것뿐이었지만 말입니다.

그렇게 만남을 이어 가며 당연히 마음속에는 '이 여자와 평생을 함께 하고 싶다'는 생각이 싹텄습니다. 그러나 당시 저에게는 심각한 문제가 하나 있었습니다. 집안의 극심한 가난도 가난이었지만 제 몸 상태가 말이 아니었습니다. 지금의 제 덩치를 보면 상상도 못 하겠지만 그때 제 몸은 뼈밖에 없는 앙상함 그 자체였습니다. 게다가 7년여간 제대로 먹지도 쉬지도 못한 채 혹독한 환경 속에서 용접일을 하다 보니 당시에는 폐병이라 불리며 난치병 취급을 받던 결핵에 걸린 채였습니다. 병에 걸렸지만 일을 쉴 수는 없는 노릇이었고 나중에는 밤새 콜록거리다 양동이 가득 피를 토할 정도로 상태가 심각해졌습니다. 그럼에도 어느 날 그녀를 찾아가 염치 불구하고 말했습니다.

"내 병 좀 고쳐 주세요."

진료 의뢰와도 같은 이 말이 그대로 저의 결혼 프러포즈가 되었습니다. '병이 나을 동안만 내 곁을 지켜주면 이후로는 내가 영원히 당신의 곁을 지키겠다'는 얼핏 보면 그럴듯해 보이지만 다시 생각하면 정말 말도 안 되는 소리를 했습니다. 하지만 원주의 그녀는 지금도 제 곁에서 날마다 반짝이는 별처럼 저를 지켜주고 있습니다. 말이 안 되는 소리임에도 불구하고 오직 저라는 사람에 대한 믿음만으로 저와 함께하기로 마음먹은 그녀는 저의 아내가 되고 두 아이의 '어머니'가 되었습니다. 그녀가 제 곁을 지켜주면서 죽을병이라던 폐병은 어느 사이에 말끔히 나았습니다. 제가 새롭게 시작한 일도 술술 풀리기 시작했습니다.

온 세상을 누비고 다니며 하루를 48시간, 72시간으로 살아도 모자랄 정도로 정신없이 바쁜 제 몫까지 대신해 어머니가 된 그녀는 우리의 가정을 지키고 돌봅니다. 아이들의 삼시 세끼를 해 먹이고 잠자리를 보살피고 숙제를 챙겨서 학교에 보내고 바르게 살아가도록 가르쳤습니다. 저는 그 모습에서 제 어머니에 대한 감정을, 언젠가 마산의 밤하늘에 뜬 별을 보면서 느꼈던 감정을 느끼고는 합니다. 혹자는 그냥 가정주부라면 당연히 해야 하는 일 아니냐며 시큰둥할 수도 있습니다. 그러나 저는 아내의 삶, 어머니로서의 일상을 볼 때마다 '신의 경지에 이르렀다'는 생각을 합니다. 아내가 우리 가족에게 아침을 먹이기 위해 콩나물국을 끓이는 모습을 볼 때마다 어떤 종교적 신성함을 느끼고는 합니다.

별 셋에 어머니, 나 그리고 신과 우주

인류가 자신의 운명과 신의 존재에 대해 깨달은 방법 가운데 가장 오래된 것 중 하나가 하늘의 별을 살피는 일이었습니다. 하늘에 뜬 별을 보며 미래를 점치는 점성술이 최초로 등장한 것은 고대 메소포타미아문명 때부터라고 알려져 있지만 사실 인류 문명의 시작과 동시에 인간은 밤하늘의 별을 보며 자신의 미래를 점쳤습니다. 메소포

타미아 지역에서 시작된 점성술은 알렉산드로스 대왕의 원정길을 통해 그리스와 이집트를 거쳐 서양으로, 인도와 페르시아를 거쳐 중앙아시아로 퍼져 나가기 시작했습니다. 이후 중세 유럽을 거쳐 과학 기술 문명이 발달한 현대에 이르기까지 시기에 따라 다소간의 부침은 있지만 서양인들이 자신들의 앞날을 점치는 중요한 방법으로 자리 잡았습니다.

아직 유럽보다는 아랍 지역에서 점성술이 더 발전하고 있을 때 중국에서도 비슷하지만 확연하게 다른 점성술이 발달하고 있었습니다. 송나라 시대 사람으로 알려진 도사 진희이(陳希夷)가 창안했다는 자미두수(紫微斗數)가 바로 그것입니다. 120세 가까운 나이까지 살다가 생의 마지막 순간을 스스로 정하고 잠들 듯 숨을 거두었다는 신비로운 인물 진희이는 어린 나이부터 도를 닦기 위해 오랜 시간 동안 기도를 했다고 합니다. 그러면서 밤하늘을 가득 채우고 있는 별의 위치와 움직임을 통해 인간의 길흉화복을 점치는 방법을 터득했다고 합니다.

자미두수는 간단히 말해 개인의 생년월일시로 명반(命盤)이라 불리는 일종의 별자리 도표를 만든 뒤 그 명반에 따라 운명을 풀이하는 방식입니다. 간단해 보이지만 오랜 기간에 걸쳐 아시아 전역에서 발전 보완되어 이제는 집중해서 공부하지 않으면 개략적인 내용을 파악하기도 힘들 정도로 고차원적인 철학으로 발전했습니다.

이렇듯 밤하늘의 별을 바라보면서 자신의 운명을 점치거나 주어진 운명을 자신에게 유리한 방향으로 바꾸어 달라 기도하는 것은 동서고금을 막론한 인간의 공통된 행동입니다. 그때의 저 역시 밤하늘에 뜬 별을 보며 이런 질문을 던지고는 했습니다.

'도대체 내 인생은 왜 이런 것일까?'
'왜 나에게만 이런 힘겨운 삶이 주어지는 것일까?'
'앞으로 나에게 제대로 된 삶을 살아갈 행운이 주어지기나 할까?'

그리고 하염없이 하늘을 바라보았습니다. 마산 앞바다의 밤하늘에 수놓인 별자리에서 해답을 찾거나 누군가 알 수 없는 초월자가 묘책을 알려주었으면 좋겠다는 심정에서였습니다. 하지만 하늘의 뜻은 읽을 수가 없었고 초월자의 음성 역시 들리지 않았습니다. 그럼에도 불구하고 그 별을 향해 빌고 또 빌었습니다.

그로부터 수십 년이 지난 지금, 제 운명은 바뀌었습니다. 폐병으로 피골이 상접했던 일자무식 용접공에서 경영학 박사를 받은 기업 오너가 되었습니다. 누가 결혼이나 해줄까 싶었던 가난한 집 자식에서 아들 둘 모두를 해외 MBA와 국내 명문대에 보내고 보는 이마다 부러워하는 화목한 가정을 이루었습니다. 심하게 말을 더듬어 남 앞에 서기를 주저하던 사람이 이제는 방송국 카메라나 수백 명의 대중 앞에서 대본 한 장 없이도 몇 시간이고 하고 싶은 말 다 하는 사람이 되었습니다.

이 모든 것이 마산 앞바다의 밤하늘 별에게 잘 빌어서 그런 걸까요? 그 당시에는 아무런 응답을 못 받았지만 그래도 초월자가 기도를 들은 것일까요? 물론 그랬을 수도 있습니다. 신이 제 기도를 들어 준 것일 수도 있습니다. 하지만 저는 그보다는 다른 의미에서의 '신'이 저를 도왔고, 다른 의미에서의 '신'을 제가 잘 섬겼기에 가능한 일이었다고 생각합니다.

지금부터 그 신에 대한 이야기를 하려고 합니다. 여기에서 신은 사람의 신체를 의미하는 '몸 신(身)'일 수도 있고, 임금과 신하에서 신하를 의미하는 '신하 신(臣)'일 수도 있습니다. 이전과 다른 무언가 새로운 것을 의미하는 '새 신(新)'일 수도 있고 사람과 사람 사이의 믿음을 의미하는 '믿을 신(信)'일 수도 있습니다. 또한 당신이 믿는 혹은 믿지 않는 초월자 '신(神)'일 수도 있습니다. 이렇게 다양한 의미의 신에 대해 이야기를 나누려고 합니다.

하늘이 보이고 별이 보이고 신의 말씀을 적은 책과
그 말씀의 경지에 이른 두 '어머니'를 곁에 둔 집 서재에서
한의상

contents

2장
신앙의 나라
세상 믿을 사람 하나 없는 나라

3장
교사와 반면교사
그들은 해냈고 우리는 못했던 것들

4장
믿음받을 용기
신뢰받는 조직, 신뢰 가는 사람

1장

불신의 가격

믿지 못할 조직,
믿지 못하는 사람들

Our distrust is very expensive.
Self-trust is the first secret of success.

불신은 대단히 비싼 대가를 치른다.
스스로를 믿는 것이야말로 성공의 첫 번째 비결이다.

랠프 월도 에머슨(Ralph Waldo Emerson, 1803~1882)
범신론적인 초월주의 철학의 토대를 닦은
19세기 미국의 시인이며 사상가

눈먼 자들의 나라에서

예수께서 길을 가실 때에 날 때부터 맹인 된 사람을 보신지라. 제자들이 물어 이르되 랍비여 이 사람이 맹인으로 난 것이 누구의 죄로 인함이니이까 자기니이까 그의 부모니이까. 예수께서 대답하시되 이 사람이나 그 부모의 죄로 인한 것이 아니라 그에게서 하나님이 하시는 일을 나타내고자 하심이라. 때가 아직 낮이매 나를 보내신 이의 일을 우리가 하여야 하리라 밤이 오리니 그때는 아무도 일할 수 없느니라. 내가 세상에 있는 동안에는 세상의 빛이로라.

『신약성경』 요한복음 9:1~5

당신은 믿습니까?

당신은 무엇이든 믿는 대상이 있습니까? 누군가 신뢰하는 사람이 있습니까? 어딘가 의지하는 조직이나 단체가 있습니까? 아니면 당신 스스로를 믿습니까?

이미 경험을 통해 잘 알고 있는 것처럼 인간은 세상을 혼자서는 살아가기 힘든 존재입니다. 누군가와 손을 잡고 협력하거나 누군가로부터 필요한 지원을 받거나 최소한 누군가와 척을 져서 방해는 받지 않아야 험한 세상을 순조롭게 살아갈 수 있습니다. 그런데 믿음의 대상이 사람일 경우 문제가 쉽게 해결되지 않을 때가 있습니다. 눈에 보이거나 손에 잡히지 않는 생각과 감정에 관한 문제, 인생 전반에 걸쳐 영향을 미치는 운명에 관한 문제 또는 인간의 힘으로 어떻게 손쓸 도리가 없는 삶과 죽음에 관한 문제의 경우가 그렇습니다. 보통의 인간은 함께 어울려 사는 인간이 아니라 한 번 보지도, 듣지도, 만나지도 못했던 대상에게 그 문제를 이야기하고 해답을 구하려고 합니다. 절대자라는 존재에게 말입니다. 절대자에 대한 신뢰는 어쩌면 인간의 본성인지도 모르겠습니다. 원래 인간은 자신의 위태로움을 이겨내기 위해 나보다 강한 이, 나와 같은 어려움을 훌륭하게 극복한 이, 나에게 힘을 보태줄 수 있는 이를 믿고자 하는 본성이 있으니까 말입니다.

사회생활을 하는 대다수 사람들이 직장인이라는 직업을 선택하는 이유도 그러한 본성에서 비롯된 것이 아닌가 합니다. 단순히 생계 문제를 해결하기 위해서라면 우리에게 주어지는 선택지는 매우 다양하며 그중에서 직장인이라는 답안지는 분명 그다지 인기 있는 답도, 많은 이들이 선택하는 답도 아닐 것입니다. 하지만 많은 이들이 직장인을 선택하는 이유는 '생계 활동을 함에 있어 나보다 강한(혹은 거대한) 존재로부터 보호받으며 안정적으로 살아가고 싶다'는 생각과 나아가 '내가 믿기만 하면(소속되기만 하면) 이 조직은 나를 보호하고 지원해 주겠지?'라는 믿음 때문일 것입니다.

다시 질문하겠습니다. 당신은 믿습니까? 당신이 몸담고 있는 직장을 믿습니까?

직장을 이끌고 있는 사람에게도 질문합니다. 당신이 이끌고 있는 또는 소유한 조직의 직원들을 믿습니까?

아마도 대부분 대답이 쉽게 나오지 않을 것입니다. 지난 2010년 개봉했던 태국 영화의 광고 카피가 '눈으로 보기 전에는 아무것도 믿지 말라'였던 걸로 기억합니다. 2016년 개봉해 큰 화제를 불러일으켰던 한국 영화 〈곡성〉의 광고 카피도 '절대 현혹되지 마라'였습니다. 누군가를, 무언가를 절대로 믿지 말라는 투의 이런 살벌한 멘트는 서점가로 가면 더 쉽게 만날 수 있습니다. 지난 주말 서점에서 도서 검색을 하니 'OOO 절대 믿지 마라'는 류의 제목이 달린 책을 열 권 넘게 찾을 수 있었습니다. 그것도 단 5분 남짓한 시간 동안 말입니다. 인터넷 게시물 중에서는 굳이 애써 찾아보지 않아도 될 정도로 흔합니다. 그냥 무엇인가를 검색하다 보면 꼭 하나는 걸리는 것이 '믿지 마라'로 마무리되는 제목의 글인데, 믿지 말아야 할 대상이 직장 동료, 상사 혹은 특정 직업의 사람들 등 어느 정도 수긍이 가는 사람부터 시작해서 고향 친구, 형제자매 등 너무 심하다 싶은 대상까지 믿지 말라고 합니다. 심지어 부모까지도 불신의 대상으로 언급한 글이 있었습니다. 아예 '그 누구도'라고 단정 지은 글도 있었습니다.

눈먼 자들에게 길을 묻는 젊음들

얼마 전 제법 규모가 있는 사업체를 경영하는 후배 사업가와 식사를 함께 할 일이 있었습니다. 평소 밝고 당당한 모습이 인상적이었던 친구였는데 이날만큼은 달랐습니다. 식당에 도착해 자리를 잡고 앉을 때부터 왠지 모르게 불편한 기색이 비쳤는데 식사하는 내내 굳은 표정으로 말이 없었습니다. 함께 식사하는 다른 참석자들의 농담에도 마지못해 옅은 웃음을 지어 보이거나 잠깐 웃다가 이내 굳은 표정으로 멍하니 딴생각을 하는 것이 눈에 크게 들어올 정도였습니다. 워낙 그런 친구가 아니었기에 더 두드러졌는지도 모르겠습니다.

식사를 마친 뒤 인사를 나누고 헤어질 무렵 무슨 일이 있는지 한 번 물어보기나 해야겠다는 생각이 들었습니다. 후배를 부르려고 하는데 후배가 먼저 제게 다가와서는 잠시 이야기를 나눌 수 있는지를 물었습니다. 그렇게 다른 일행을 배웅한 뒤, 후배를 데리고 인근 호텔 라운지에 자리를 잡고 대화를 나누었습니다.

"하아…. 잘 모르겠어요."

후배는 제가 미처 자리에 앉기도 전에 한숨부터 크게 내쉬며 '잘 모르겠다'는 말만 되뇌었습니다. 무엇을 잘 모르겠다는 말인지 묻자 후배는 최근 자신의 회사에서 벌어지고 있는 일에 대해 털어놓았습니다. 얼마 전 후배는 자신의 회사에 대한 온라인 홍보가 잘 이루어지고 있는지를 살펴보기 위해 포털사이트 검색창에 회사 이름을 넣고 검색해 보았다고 합니다. 회사가 제공하는 제품과 서비스에 대한 내용이 여러 개 검색되었다고 합니다. 그런데 페이지를 한참 아래로 내리자 다른 검색 결과와는 조금 다른 내용 하나가 눈에 띄었다고 합니다. 전체 내용을 볼 수는 없었지만 회사에 대해 험담을 하는 내용 같았다고 합니다. 클릭을 해도 내용을 볼 수 없었습니다. 회사 관리팀장을 불러 화면을 보여주자 당황한 기색이 역력했다고 합니다. 전체 내용을 좀 볼 수 없겠냐고 묻자 한참을 망설이다 나가더니 잠시 후 관리팀의 젊은 직원 하나를 데리고 다시 들어왔는데 직원의 손에는 휴대전화가 있었습니다.

직원이 자신의 휴대전화로 후배에게 보여준 것은 한 커뮤니티 앱 화면이었습니다. 직장인들 사이에서 인기 있다는 익명 커뮤니티 '블라인드(Blind)'라는 이름의 앱이었는데, 해당 커뮤니티에는 후배가 경영하는 회사에 대해 이야기하는 공간이 마련돼 있었습니다. 불과 몇 개 안 읽었는데도 얼굴이 붉게 달아오르는 것이 느껴졌답니다. 회사의 치부에 대한 생생한 증언, 안 좋은 부분에 대한 비아냥, 특정 인물, 그중 상당수는 후배 본인을 포함한 주요 경영진과 관리 직군 몇몇 팀장들에 대한 험담과 욕설 등이 대부분이었다고 합니다. 글 아래에 달린 댓글은 더 가관이었습니다. 내용에 대한 맞장구는 물론이거니와 더 강하고 자극적인 내용을 부추기거나 원색적인 비방을 더한 글이 대부분이었습니다. 일부 내용은 후배 자신도 우려했거나 직원들에게 해주지 못해 미안했던 복지 제도 등에 대한 불만이었기에 수긍이 갔지만 그 외 대부분의 내용은 사장인 자신도 모르는 전혀 근거 없는 경영 방침, 사업 전략, 제도와 시스템에 대한 막무가내식 폭로 또는 비방이었습니다.

해당 휴대전화의 주인인 직원에게 물으니 블라인드는 우리나라 젊은 회사원들이 가장 즐겨 사용하는 익명 보장 직장인 커뮤니티 중 하나로 특정 회사에 대한 대화를 하려면 해당 회사 임직원 인증을 해야 하는데, 통상 후배와 같은 최고경영자를 포함해 관리자들이나 인사 부서 근무자들은 가입을 못 하게 하는 것이 방침이라고 했습니다. 사장인 후배가 자신의 회사에 대해 이야기하는 애플리케이션에 가입하지 못한 이유였지요. 관리팀 직원들도 원래는 가입이 곧잘 거절되는데 어렵게 방법을 찾아내서 가입을 한 뒤 어떤 이슈가 언급되는지를 주기적으로 체크하고 심각하게 문제 있는 내용이 게시되면 모종의 방법으로 대응하고 있다고 했습니다. 후배는 자신이 포털사이트 검색창으로 검색한 내용을 언급하며 다음과 같이 물었답니다.

"주기적으로 체크한다면서 이런 내용이 게시되었는데 왜 보고를 안 했나?"

그러자 관리팀장이 들고 온 아이패드로 캡처한 블라인드 화면 몇 개를 보여주더랍니다. 우리나라 최고 기업 중 하나로 꼽히는 회사에 대해 이야기하는 공간이었습니다. 화면 속 글은 차마 입으로 옮기기 힘들 정도로 심한 회사에 대한 험담, 저주, 악에 받친 폭언으로 가득차 있었습니다. '우리나라를 넘어 세계 최고 수준으로 평가받는 회사도 이 정도 욕을 먹는데, 우리 정도는 양호한 거다'라는 이야기를 하고 싶었던 듯했습니다. 할 말을 잃고 두 사람을 내보내고 난 뒤 소파에 눕다시피 앉아 있는데 문득 '사람이 참 무섭다'는 생각이 들더

랍니다. 도대체 왜 이렇게 불만인지도 알 수 없었습니다. 후배의 회사는 지난 7년간 연속으로 업계 최고 수준의 인상률로 급여를 올렸습니다. 도대체 왜 이렇게 화가 나 있는지도 알 수가 없었습니다. 업무 스트레스를 줄이기 위해 다양한 제도도 도입했고 사무 공간에 대한 투자도 계속했다고 합니다. 특히, 왜 그렇게 회사와 경영진을 믿지 않는지는 도무지 알 수가 없었답니다. 지난 수년간 후배 자신의 입으로 직접 이야기하고 사내 게시판을 통해 지속적으로 알린 이야기에 대해서도 '믿을 수 없다'는 글이 다수였다니까 말입니다. 여기까지 이야기하고 후배는 다시 한숨의 후렴구를 내뱉듯 이야기했습니다.

"아, 잘 모르겠어요…."

만성 불신에 시달리는 사람들

그런데 이런 고민을 하는 사람들이 점점 더 많아지고 있습니다. 비단 블라인드에서만 그런 것이 아닙니다. 온라인에서도, 오프라인에서도 회사를 믿지 못하겠다고 이야기하는 사람들이 점점 더 많아지고 있습니다. 그걸 입 밖으로 내는 것에서 그치지 않고 자신의 SNS 등을 활용해서 여기저기로 알리는 사람도 점점 더 많아지고 그러다가 믿지 못하겠으니 헤어지자며 회사 밖으로 뛰쳐나가는 사람 또한 기하급수적으로 늘어나고 있습니다. 제대로 된 직장을 구하기가 하늘의 별 따기보다도 어려워 취업 재수, 삼수는 물론이거니와 취업 시장에 대비하기 위한 별도의 사교육 시장까지도 존재하는 마당에 그렇게 어렵게 들어간 회사에서 자신이 선택한 회사에 대해 험담을 퍼붓고 '믿지 못하겠다'는 말을 스스럼없이 하는 것에 대해 이제는 이상하다고 말하는 사람이 오히려 이상한 사람 취급을 받게 되었을 정도입니다.

학교에서는 학생이 교사를 믿지 못해 무슨 일이 생길 때마다 부모를 부르거나 경찰과 같은 공권력을 동원하는 일이 일상이 되었습니다. 교사 역시 학생들을 믿지 못해 직접적인 지도를 하지 않고 부모를 통해 간접적인 지도를 하거나 아예 수수방관하고 방치하는 경우가 비일비재하다고 말합니다. 기업에서도 마찬가지입니다. 회사는 직원을 믿지 못해 CCTV를 비롯한 각종 감시 장비를 설치하고 직원 역시 회사를 믿지 못해 팀장을 포함한 리더가 면담을 요청할 때마다 휴대전화에 내장된 녹음기를 켠다고 답변하는 사람들이 날로 늘어가고 있습니다. 실제로 구글 검색창에 직장인, 면담, 녹음 이 세 키워드만 집어넣고 검색하면 '다음 주에 팀장이 면담하자고 하는데 녹음한다 이야기해야 하나요? 그냥 녹음하면 되나요?', '상대방 동의 없이 녹음할 경우 사규에 의해 처벌받을까요?' 등과 같은 질문 수백 개가 줄줄이 나오는 것을 발견할 수 있습니다.

인터넷이 보급 수준을 넘어 필수적인 생활 터전 역할을 하면서 불신의 영역은 과거보다 훨씬 더 광범위해졌습니다. 언론사 포털에 어떠한 기사 하나가 뜨면 그 댓글 창에는 '이런 기사를 올린 저의가 무엇이냐?'는 물음부터 시작해서 '어디서 돈 받아먹고 쓴 기사냐?'라는 식의 조롱 섞인 의혹 제기가 난무합니다. 정규 시스템 내에서 절차를 거쳐 작성한 기사보다 어떤 자격을 가지고 어떻게 누군가를 취재를 해서 작성했는지 그 출처도 제대로 알 수 없는 글이 더 신뢰받는 것을 보면 이제는 누구를 믿어야 할지 헷갈리게 된 지 오래입니다. 그러다 보니 이쪽저쪽 다 못 믿겠으니 그냥 아무도 믿지 말자라는 이야기까지 나온 것이 아닐까 싶습니다. 도대체 우리는 어쩌다가 서로가 서로를, 모두가 모두를, 심지어 내가 나조차 믿지 못하는 세상에 살게 된 것일까요?

바보야, 문제는 우리야!

> 그들은 한 명, 두 명, 서너 명의 부처에게만 귀의하여 좋은 일의 근원(善根)을 다져 놓은 것이 아니라 천 명, 만 명⋯ 한량없이 많은 부처님께 귀의하여 좋은 일의 근원을 여러 개 다져 놓았을 것이기에, 말씀이나 글귀를 들으면 한마음으로 깨끗한 믿음을 보일 것이다.
>
> 『금강경』 제6장 정신희유분(正信希有分) 중

배신자는 이미 우리 안에 있다?

10여 년 전 일로 기억합니다. 국내 굴지의 그룹 계열사에, 공정한 시장 거래를 위해 기업을 관리 감독하는 관청의 조사관들이 들이닥친 일이 있었습니다. 조사를 하는 과정에서 해당 기업에 다소 불리하게 작용할 수 있는 서류가 다수 발견되었습니다. 그러자 해당 기업 소속으로 조사 업무에 대응하던 직원 하나가 서류 뭉치를 들고 사무실 밖으로 내달리기 시작했습니다. 놀란 조사관들이 그 뒤를 쫓았지만 죽자 살자 작심하고 내달리는 직원을 따라잡을 수 없었습니다. 결국 관할 파출소에 신고를 하고 조사 대상 기업의 고위 경영진에게 해당 관청 명의의 공식 항의가 접수되고 나서야 도주극은 마무리되었다고 합니다. 도망친 직원의 행위를 옹호하고 싶은 마음은 추호도 없습니다. 크게 문제가 되는 행동입니다.

그런데 당시 기업을 경영하는 경영자들이나 크고 작은 조직을 이끄는 리더 사이에서는 이 사건이 큰 반향을 일으켰던 걸로 기억합니다. 더 나아가 다들 내심 '아, 부럽다! 우리 직원들이었더라면…' 하는 생각을 했을 것입니다. 루머로 떠도는 이야기라서 크게 신빙성이 있는 것은 아니지만 당시 사설 소식지 등을 보면 해당 직원은 서류 뭉치를 들고 내달리는 와중에도 서류상 문제가 될 만한 부분은 계속해서 찢어 삼켰다고 합니다. 사실이든 아니든 이 직원의 회사에 대한 충성심이 대단한 화제를 불러일으킨 것만큼은 틀림없는 사실입니다. 그러나 이제는 이런 이야기가 도시전설(都市傳說, 증명되지는 않았지만 사실처럼 떠도는 우리 시대의 민담 같은 이야기) 수준의 비현실적인 무용담이 되어 버린 지 오래입니다.

얼마 전 한 대기업이 사회적 이슈가 된 적이 있습니다. 법적으로 크게 잘못한 것은 아니었지만 소비자의 신뢰를 잃고 여러 가지 루머가 발생해서 지속적인 지탄을 받는 상황이 벌어졌습니다. 이때 한 가지 흥미로웠던 것은 사태가 벌어지는 가운데 그 기업에 근무하는 직원들(여기서는 특히, 직급이 낮은 젊은 직원들)이 보여준 모습이었습니다. 외부에서 지적하는 부분에 대해 회사가 공식적으로 해명하고 반박하면 어느 사이에 관련 기사의 댓글이나 SNS 등을 통해 회사 설명의 오류, 잘못된 부분, 의도적으로 왜곡시킨 부분을 지적하는 내용을 앞다투어 공개한 것입니다. 그것도 여러 차례에 걸쳐 말입니다. 그 내용은 내부 구성원이 아니라면 알기 어려운 것이었고 심지어 댓글이나 SNS를 쓴 사람 스스로 자신을 해당 기업에 근무하는 직원이라 밝힌 경우도 굉장히 많았습니다.

그보다 더한 일도 있습니다. 지난 2023년 여름, 기업이나 사업가의 비리 또는 부조리 등을 추적하여 공개하는 모 유튜브 채널에서 한 스타트업 기업에 대한 고발 영상을 제작했습니다. 이미 수개월 전부터 치밀하게 준비해 온 터라 내용이 상당히 탄탄했습니다. 하지만 고발을 당한 기업 역시 만만치 않았습니다. 해당 기업의 최고경영자는 상대 유튜브 채널에서 폭로한 내용에 대해 조목조목 반박하고 다른 고위 임원을 통해 소속 임직원 전원에게 내부 단속을 위한 단체 메일을 발송했습니다. 여기까지는 업력이 짧은 스타트업에서 보기 힘든 일사불란하고 신속한 일 처리였습니다. 1차전은 업체의 승리로 끝나나 했습니다.

그런데 아무도 예상하지 못한 상황이 벌어졌습니다. 내부 직원들에게 보낸 단체 메일이 그대로 고발 유튜브 제작자에게 전달된 것입니다. 해당 메일에는 향후 법적 다툼으로 갔을 때 회사에 불리할 수도 있는 내용이 가득했습니다. 그뿐만이 아닙니다. 유튜버가 폭로한 내용을 뒷받침할 만한, 회사의 중대한 기밀이 담긴 자료 역시 통째로 유출되었습니다. 내부 직원이 의도를 가지고 빼낸 것이었습니다. 아직 이 사건은 현재진행형이고 유튜버가 하나를 공격하면 회사는 그 하나를 막기 위해 다른 하나를 꺼내 들지만 그 꺼내 드는 일련의 과정과 방어와 역공을 위해 준비한 내부 자료가 그대로 유출되는 상황이 반복되고 있는지라 회사가 승리하기는 쉽지 않아 보입니다.

'자신의 신념을 가지고 회사와 척지는 직원이 옳다', '아니다, 생계가 달린 동료들과 몸담은 회사를 위한다면 옳지 않은 일이다'를 따지는 것을 떠나서 도대체 이런 일이 왜 최근 들어 더 빈번해지는 것일까요? 과거에도 휘슬 블로어(Whistle blower)나 양심선언자라 하여 조직 내의 부조리, 범법 행위 등에 대해 외부에 고발하거나 공개적으로 알리는 활동을 한 이들이 있었습니다. 그러나 그 수가 많지 않고 대부분 누가 봐도 그럴 만한 이유가 있었습니다. 타당한 이유까지는 없다 하더라도 최소한 회사를 원망하게 된 심정이나 원한을 갖게 된 계기라도 찾아볼 수 있었습니다. 그런데 최근에는 이렇다할 이유가 분명하지 않음에도 불구하고 기꺼이 내부 고발자가 되는 직원들을 어렵지 않게 만날 수 있습니다. 게다가 고발까지는 아니더라도 소소한 비위 사실을 유출하거나 자신의 SNS를 활용해 몸담고 있는 조직의 험담을 퍼뜨리는 사람들까지 포함하면 이제는 내부 고발자보다 회사를 신뢰하는 사람, 회사를 지키고자 노력하는 사람이 오히려 소수인 시대가 된 것이 아닌가 싶습니다.

왜 이런 시대가 되어 버린 것일까요? 최근 10여 년 사이에 왜 과거에 비해 훨씬 더 빠른 속도로 이런 시대에 돌입하게 된 것일까요? 그에 대해 많은 사람들이 '개인적인 성향이 강한 MZ세대의 특징이다', '각자도생이 사회적 트렌드가 된 영향이다' 등의 여러 이유를 대지만 그 무엇 하나도 '그래, 그게 답이야!'라고 수긍할 만한 의견을 찾기 어렵습니다.

저는 그 이유를 기업, 학교, 기관 등을 포함한 조직, 그리고 조직을 이끄는 리더에게서 찾고 싶습니다. 일부 구성원들도 문제가 있지만 조직과 그 조직을 이끄는 리더가 구성원들의 신뢰를 받지 못할 일을 행하면서 억지로 믿음을 강요했기 때문에 생겨난 반작용이 아닌가 하는 생각을 합니다.

오피스 빌런, 아귀의 탄생

분위기를 바꾸는 차원에서 잠시 '죽음'에 대한 이야기를 하려고 합니다. 우리나라를 비롯해 중국, 일본 등 대승불교를 주로 믿는 나라에서는 죽음의 절차에 대한 독특한 믿음이 있습니다. '아니, 죽으면 그대로 끝이지, 무슨 절차?'라고 생각하겠지만 대승불교에서는 독특한 죽음의 문화를 믿습니다. 이른바 사유설(四有說)을 기반으로 하는데 사유설에서는 태어남의 순간을 생유(生有), 그로부터 사망에 이르는 순간을 본유(本有), 사망하는 순간을 사유(死有)라 하고 사유부터 시작해 다시 생유에 이르는 그 순간을 중유(中有)라고 합니다. 중유는 중음(中陰)이라고도 하는데 일반적으로 중음의 기간은 7곱하기 7을 해 49일을 최대로 잡습니다. 따라서 예전에 불교를 믿는 집에서는 사람이 죽으면 매 7일마다 천도 의식을 행했습니다. 7일마다 치러지는 의식을 7번 해서 49일이 되면 그날은 가장 성대하게 천도제를 지냈습니다. 이를 사구제(四九祭)라 했는데 과거 불교문화권이었던 우리나라에서는 돌아가신 분이나 유족이 꼭 불교를 믿지 않아도 전통적으로 사구제를 지냈습니다. 49일 동안 남은 가족들이 정성 들여 제사를 지내면 죽은 이의 영혼이 좋은 곳으로 가서 평온한 안식을 맞이할 수 있을 거라는 믿음이 있었기 때문입니다. 따라서 부유한 이들은 많은 돈을 들여 제사를 지냈고, 가난한 이들은 가진 것에서 최선을 다해 제사를 지냈습니다.

간혹 이 49일에 후손들이 제사를 제대로 못 지내는 경우가 있습니다. 가난과 기근 탓에 산 사람 먹을 음식도 없어 제사를 못 지낸 경우도 있고, 남은 이들 간의 다툼과 반목으로 제사가 공중에 붕 뜬 경우도 있습니다. 제대로 된 젯밥을 얻어먹지 못하고 저승에 무사히 안착하지 못한 혼령들은 허기에 지쳐 악독한 기운을 가진 존재로 변하는데 그들은 구천 이곳저곳을 떠돌며 아무 제사상에나 끼어들어 젯밥을 얻어먹고, 공연히 제사 잘 지내는 다른 혼령의 후손들에게 해코지를 하고, 온갖 말썽이란 말썽은 다 부리고 다니는 골칫덩어리로 전락하고 맙니다. 그런 존재를 일컬어 조상들은 아귀(餓鬼)라고 불렀습니다. 예부터 우리나라에서는 체면 차리지 않고 식탐만 채우는 사람을 일컬어 '걸신이라도 들렸냐?'라고 하였는데, 걸신은 아귀가 자신의 굶주림을 해결하고자 사람의 몸에 빙의하였을 때를 지칭하는 말입니다.

아귀가 얼마나 골치 아프고 두렵고 귀찮은 존재였던지 우리나라에서 아귀라는 이름이나 별명이 붙은 것치고 멀쩡한 것 또는 쓸 만한 존재를 찾아보기가 어렵습니다. 익숙하게는 허영만 화백이 그린 만화의 악당이자, 동명 만화를 실사화시켜 만든 영화 〈타짜〉에서 최종 빌런 격이었던 캐릭터의 이름이 아귀였습니다. 영화 속 아귀는 피도 눈물도 없는 성격에 실력도 좋아서 '대한민국 3대 타짜' 소리를 들으며 노름판을 휩쓸었습니다. 뿐만 아니라 사람들을 서로 이간질하고 때로는 직접 손에 피를 묻히는 일도 마다하지 않았습니다. 그런 캐릭터의 이름으로 아귀를 택했고, 그 작명에 관객들이 적극 공감한 것만 봐도 사람들이 평상시에 아귀를 어떻게 생각하는지 알 수 있습니다.

또한 맛은 좋지만 생긴 모양만 보면 입에 대기도 싫어지는 물고기의 이름 역시 아귀입니다. 아시다시피 아귀는 점액질로 뒤덮인 얼룩덜룩한 몸체에 몸의 절반이 절개된 듯 커다란 입을 가지고 있습니다. 거기다 흔적을 찾기 힘든 작은 두 눈 사이에 안테나처럼 촉수가 삐죽하게 튀어나와 있습니다. 아무리 너그럽게 보더라도 호감이 간다거나 그냥 두고 볼 만하다고 하기는 힘든 외모입니다. 게다가 식습관 역시 괴이하기 그지없습니다. 앞으로 툭 튀어나온 촉수로 물고기를 꼬신 뒤 그 큰 입으로 바닷물과 함께 눈에 띄는 건 몽땅 통째로 삼킵니다. 때문에 아귀를 낚은 뒤 배를 열면 종종 아직 소화되지 않아 원래의 형체를 그대로 지니고 있는 작은 어패류들을 발견할 수 있습니다. 그런 흉측한 물고기의 이름에도 조상들은 여지없이 아귀라는 이름을 붙였습니다.

저는 아귀에 대해 이렇게도 생각해 보았습니다. '오죽하면 죽어서도 그런 구차한 삶을 살게 되었을까?', '죽고 나서도 적응하지 못하면 악귀가 되는데, 사는 것에 적응하지 못한 이들은 더 험악한 그 무언가가 되는 것이 당연하지 않을까?', '죽는 것도 적응하는데 49일이나 걸리는데 살아가는 것에 적응하려면 얼마나 오래 걸릴까?' 같은 생각 말입니다. 세상 모든 짐을 훌훌 털어버리고 영면에 들어 이제 편히 쉬기만 하면 될 것 같은데도 죽음에 적응하는 시간이 무려 49일이나 걸립니다. 즉, 자신이 아직 살아 있는 것인지, 죽은 것인지, 죽었다면 영혼인 상태인지 아니면 다음 생에 다시 태어날 것을 기다리며 대기하고 있는 상태인지 하고 말입니다. 하물며 이제 갓 사회에 진출한 사회 초년생들의 경우는 어떻겠습니까? 이제까지 부모가 지어준 밥을 먹고, 부모가 준 용돈을 쓰고 살았던 이들이 갑자기 전혀 다른 세상에서 자신의 손으로 밥벌이를 해야 하는 상황에 처했을 때 그들이 느끼게 될 당혹감과 어색함, 설렘 뒤에 감춰진 두려움이 얼마나 클까요?

그런 그들에게 우리는 과연 얼마나 적응을 위한 시간을 제공하고 있으며 그 기간 동안 그들을 온전히 우리 세상의 사람으로 들이기 위해 정성을 다하고 있을까요? 그들 스스로 해야 할 노력에 대한 이야기는 잠시 접어 둡니다. 물론 OJT다, 인수인계다, 수습 기간이다 해서 일정 시간을 부여하기는 하지만 그 시간이 과연 충분할까요? 그 시간 동안 과거에 사람들이 사구제를 지낸 것만큼 정성 들여 그들을 대하고 보살피고 있을까요? 혹시 우리 스스로 우리 안에서 새로운 아귀를 만들어 내고 있는 것은 아닐까요?

전설의 외다리 타법이 탄생하기까지

얼마 전 인터넷을 통해 한 구직자가 올린 푸념이 화제가 됐던 적이 있습니다. 너 나 할 것 없이 경력 사원만 구하는 구직 공고에 지친, 경력 사항에 기재할 내역이 없는 한 대학 졸업 예정자가 '이렇게 너 나 할 것 없이 경력 사원만 찾으면 도대체 이번 생에 처음 태어난 사람은 어디 가서 경력을 쌓으라는 말입니까?'라는 불평을 적었는데, 이 내용에 공감한 사람들이 열화와 같은 반응을 보이며 인터넷상에서 큰 인기를 끌었던 것으로 기억합니다. 그런데 이 불평은 그냥 푸념으로만 취급하기에는 몇 가지 중요한 것을 담고 있습니다.

우선 수많은 젊은 세대가 여전히 나보다 강한 누군가(그것이 집단이든 기성세대이든 간에)와 함께 일하고 싶고 집단의 일원으로 몸담고 싶어 한다는 점입니다. 'MZ세대는 개인주의적이라 집단에 속하는 것을 별로 좋아하지 않는다'는 설익은 고정관념이 맞지 않다는 뜻입니다. 정작 준비가 안 된 것은 기성세대라는 점을 꼬집고 있습니다. 새로운 세대를 안으로 들여 함께 어울려 살아가기보다는 이미 완성된 기성세대의 룰과 기술을 익힌 사람, 알아서 잘 적응하고 한 사람 몫의 밥값을 바로 할 수 있는 사람만 들이고 싶어 하는 기성세대에게 정확하게 화살을 겨누고 있습니다. 그렇기에 이 짧은 문장 하나에 젊은 세대들이 그렇게 열광했던 것인지도 모릅니다.

조금 옛날 사람이지만 오 사다하루(王貞治)라는 일본 프로야구 선수가 있습니다. 사람들에게는 흔히 왕정치라는 이름으로 더 유명한 사람입니다. 22년간 요미우리 자이언츠 팀에만 몸담으며 13년 연속 홈런왕 기록 포함 통산 15회 홈런왕 타이틀, 8년 연속 타점왕 기록 포함 통산 13회 타점왕 타이틀을 차지한 전설적인 선수입니다. 무엇보다 이 선수가 전 세계적으로 유명했던 것은 통산 868홈런으로 베이브 루스, 행크 에런 등의 기록을 깨고 전 세계 프로야구 역사상 최다 홈런을 때린 선수로 등극했기 때문입니다. '최고의 성적'과 '최고의 스타성', 그럼에도 불구하고 몸담고 있는 '팀에 대한 지극한 소속감과 충성심', 아마도 프로야구 구단주라면 아니 모든 리더라면 꼭 데리고 있고 싶은 구성원이 아닐까 합니다.

하지만 그도 데뷔 첫해 기록은 엉망이었습니다. 94경기에 출전했지만 홈런은 단 7개밖에 치지 못한 반면 삼진은 72개나 기록하며 타율은 불과 1할 6푼(0.161)에 머물렀습니다. 팀 내 주전 중 거의 최하위 수준이었습니다. 반면 오 사다하루의 자리에는 미국 메이저리그 주전 경험까지 보유한 요나미네 카나메(与那嶺要)라는 걸출한 고참 선수가 이미 있었습니다. 요미우리 자이언츠 감독과 구단 수뇌부가 선택할 답은 뻔해 보였습니다. 아마 어느 누구나 비슷하게 생각했을 것입니다.

예상과 달리 요미우리 구단의 선택은 달랐습니다. 그들은 이듬해인 1960년에도 그에게 기회를 부여했습니다. 그것도 무려 전년보다 40여 경기가 늘어난 130경기였습니다. 구단의 배려는 거기에서 그치지 않았습니다. 오 사다하루가 어렸던 시절, 그에게 큰 감명을 주었고 여러 가지 조언을 아끼지 않았던 아라카와 히로시를 코치로 영입해 붙여 주었습니다. 두 사람은 훈련 기간 동안 그 유명한 외다리 타법(一本足打法)을 개발했습니다. 이후 온갖 기록을 세우며 일본 프로야구를 뛰어넘어 세계 프로야구사에 길이 남을 전설이 되었습니다. 당연히 그 시기 요미우리 자이언츠 팀 성적 역시 최고를 기록하며 일본 야구를 대표하는 강팀이 되었습니다.

이를 보면 조직 내에 멈출 줄 모르는 탐욕으로 사고만 치고 다니는 아귀를 들일지, 역사에 길이 남을 스타플레이어를 들일지 그것은 아마도 리더의 문제였는지도 모릅니다.

불신의 대가를 치르는 회사들

파멸할 운명의 인간들의 생혈 위에 주저앉을 것이요, 시뻘건 선지피로 신들의 저택을 붉게 칠할 것이요. 그 뒤에 돌아올 여름에는 태양의 빛살이 검게 변하고, 모든 날씨가 위험해질 것이다. 그대 아직도 앎을 원하시는 가? 무엇을 알고자 하시는가?

『고 에다(Elder Edda)』 무녀의 예언(Vǫluspá) 41절

믿음에는 값이 있다

언젠가 스쳐 가듯 보았던 한국 드라마의 한 장면입니다. 건달 끼가 다분한 남자 주인공이 현숙한 대학생인 여자 주인공을 꼬시고 있었습니다. 어르고 달래다 으름장을 놓기도 하고 허풍을 떨기도 했지만 여자는 눈 하나 깜짝하지 않았지요. 도도한 표정을 지은 채 남자의 프러포즈에 아무런 대꾸도 하지 않은 채 무대응으로 일관했습니다. 결국 포기하고 물러나는 것처럼 보이던 남자가 불쑥 이런 대사를 내뱉습니다.

"야! 나 좀 믿어라, 믿는데 돈 드냐?"

이 대사 덕분이었을까요? 이후 여자는 무료로 남자의 진심을 믿게 되고, 아니 믿는 것을 넘어서서 사랑에 푹 빠지게 되며 드라마는 새로운 방향으로 전개해 나갔던 것으로 기억합니다. 그러나 이는 드라마 속 대사에나 적용되는 것일 뿐 실제 우리가 살아가는 사회에서 '믿음은 곧 돈'이고, 믿는 데에는 또는 믿도록 만드는 데에는 돈이 참 많이 듭니다.

대표적인 것이 글로벌 신용평가사들이 매기는 국가별 신용등급인데 이에 따라 주가가 등락하고 이자 금액이 증감합니다. 특히 무디스(Moody's), 피치(FitchRatings), S&P로 이루어진 미국 3대 신용평가사가 발표하는 신용평가 결과는 기업은 물론이거니와 어지간한 국가도 운명이 휘청거릴 만큼 큰 영향을 미칩니다. 어떠한 기업의 경영 상태 또는 국가의 운영 실태가 '믿음이 가지 않는다'는 평가를 받으면 해당 기업, 국가의 주식이나 채권 가치는 곤두박질치고 그들이 외부 은행 또는 외국으로부터 빌린 돈에 대한 이자 비용은 순식간에 치솟아 버립니다. 특정 대기업이나 국가가 신용평가사에서 발표하는 신용등급이 하락하면서 단 몇 주 만에 지불해야 할 이자 비용이 수억에서 수천 억 원까지 늘어난 경우를 가끔 뉴스에서 접합니다. 말 그대로 믿음에 돈이 드는, 그것도 무지막지하게 많이 드는 형국입니다.

때문에 믿음을 비용으로, 더 나아가 자본으로 여기는 견해도 더 이상 학계 내 소수 의견은 아닌 듯합니다. 하버드대에서 공공 정책 분야를 가르치며 세계적인 명성을 쌓은 정치학자 로버트 퍼트

넘(Robert David Putnam) 교수는 그의 저서 『나 홀로 볼링(Bowling Alone)』에서 '신뢰란 한 사회를 유지하는 데 꼭 필요한 요소인 사회적 자본이다'라고 주장한 바 있습니다. 어떤 국가가 민주주의 정치 체제를 성공적으로 안착시키기 위해서는 막대한 비용, 여러 가지 사회적 자본이 드는데 그중 가장 큰 부분을 차지하는 것이 사회 구성원 간의 신뢰라는 주장입니다. 실제로 사회 구성원들 간에 구축된 탄탄한 신뢰와 적극적인 정치 참여 등을 기반으로 성공적인 민주주의를 완성하고 안정적인 국가 운영을 해 나가고 있는 북유럽 선진국에 비해, 신뢰 관계가 제대로 형성되지 못하고 그로 인해 사회적, 정치적, 경제적 불안이 계속되고 있는 몇몇 아프리카 또는 아시아 국가들이 사회 안정을 위해 사용하는 비용은 비교할 수 없을 정도로 큰 것을 알 수 있습니다. 이 국가들은 가뜩이나 사회적으로 축적된 자본이 부실한데, 부족한 신뢰로 인해 발생하는 비용까지 지불해야 하니 국가 발전은 요원하기만 합니다.

『역사의 종말(The End of History and the Last Man)』 등을 집필한 정치경제학자이며 스탠퍼드대 교수인 후쿠야마(Francis Fukuyama) 역시 비슷한 이야기를 한 바 있습니다. 그는 신뢰가 낮은 나라는 큰 사회적 비용이 발생하고 비용 지불에 많은 자원을 사용하게 돼 발전이 더딜 수밖에 없다고 주장했습니다.

차곡차곡 쌓이는 불신이라는 폭탄

OECD 사회 신뢰도 평가에 따르면 한국은 저신뢰국에 속합니다. 특히 '주위에 믿을 만한 사람이 있는가?'라는 질문에 긍정적으로 답한 사람의 비율이 조사 대상 35개국 가운데 23위로 낮은 편이고 '정부를 믿을 수 있는가?'라는 질문에 대한 답은 그보다 더 낮은 29위, 국가의 근간이라고 할 수 있는 '사법 시스템은 믿을 만한가?'라는 질문에 긍정 응답한 비율은 너무 낮아서 최하위에 가까운 33위를 차지했습니다. 그로 인해 발생하는 갈등 역시 심각한 수준입니다.

얼마 전 한 유명 경제연구소가 자신들이 개발한 지수 산정 방식을 활용해 OECD 27개 회원국의 사회 갈등 지수를 측정했습니다. 결과에 따르면 대한민국의 갈등 지수는 OECD 국가 평균을 훨씬 넘어서는 것은 물론, 전체 조사 국가 중 네 번째로 높은 수준을 보였습니다. 이 연구소는 그에 더해 사회 갈등 지수가 1인당 GDP에 어느 정도 영향을 주는 지도 측정했는데 사회 갈등 지수가 10퍼센트 하락할 때 1인당 GDP는 7.1퍼센트 증가하는 것으로 나타났습니다. 즉, OECD 국가 중 네 번째로 높은 대한민국의 갈등 수준을 OECD 국가 평균 수준으로 완화시킬 경우 1인당 GDP가 무려 27퍼센트 이상 증가할 가능성이 있다는 뜻입니다.

실제로 주변을 둘러보면 신뢰의 저하로 인해 빚어지는 갈등으로 겪는 불편과 그로 인한 각종 비용의 낭비를 발견할 수 있습니다. 또 다른 대형 연구 기관의 조사 보고서에 따르면 대한민국 사회가 각종 갈등으로 인해 1년에 지불하는 비용이 적게는 80조 원에서 많게는 246조 원에 이른다고 합니다. 국가가 아닌 기업, 그 안의 사람들에게 시선을 돌려 살펴보더라도 상황은 크게 다르지 않습니다. 규모와 비용의 크기만 다를 뿐, 불신으로 인한 반목과 갈등 상황 탓에 불필요한 비용을 낭비하는 상황을 어렵지 않게 찾아볼 수 있습니다. 세대나 계층 간의 불신과 갈등으로 인해 발생하는 생산성 하락, 각종 사건 사고 처리 비용, 남녀 성별 갈등과 반목으로 인해 특정 성별의 노동자가 제 몫의 노동력을 발휘할 기회를 상실하여 발생하는 비용, 지역 갈등, 정쟁, 종교적 마찰로 인해 발생하는 각종 추가 비용 등을 모두 따져 보면 얼마나 큰 낭비를 하고 있는지 잘 알 수 있습니다.

이는 사실 과거 고도성장기에는 큰 문제가 되지 않았습니다. 사느냐 죽느냐가, 흥하느냐 망하느냐가 달려 있던 시기에 다니는 학교를, 몸담고 있는 직장을, 살고 있는 나라를 '믿는가? 믿지 않는가?', '저 사람과 내가 친한가? 친하지 않는가?'는 어쩌면 사치스러운 질문이었을지도 모릅니다.

하지만 세상이 바뀌었습니다. 특히나 대한민국은 더 많이 더 크게 바뀌었습니다. 흔히 우리나라를 일컬어 '인류사의 요약본', '한 나라에 원시인과 우주인이 함께 사는 나라'라고 합니다. 사실 20세기 이전 아니 좀 더 자세히 구분하자면 1950년대 이전의 우리나라는 산업혁명이 일어나기 전 유럽과 크게 다르지 않았습니다. 대부분의 산업은 농림수산업이었고 사람들은 땅에 무언가를 심고 기르거나 바다에서 무언가를 낚아서 그걸로 생계를 꾸려 나갔습니다. 그러다가 다른 서구 선진국이 산업혁명 이후 물경 300년가량에 걸쳐 이룩해낸 기계, 중화학 공업 기반 산업화를 단 30년 만에 이룩했습니다. 이어진 정보화 시대, IT 기술을 기반으로 한 새로운 변화는 아예 우리나라가 주도하는 형국이 되었습니다. 즉, 1950년대 이전에 태어난 농경시대 세대와 이후 태어난 기계 기술 문명 세대, 태어나면서부터 부모의 휴대전화나 패드를 손에 쥐고 성장하는 세대가 함께 어울려 사는 나라가 바로 대한민국입니다.

달라도 너무나 다른 그들이 서로를 이해하거나 신뢰할, 더 나아가 서로 사랑하고 위할 만한 여지는 크게 없습니다. 당연히 불신이 팽배하고 그로 인한 갈등이 깊어지고 있으며 그를 해결하기 위해 들어가는 비용은 나날이 높아집니다. 더 불행한 것은 그런 비용 지불과 노력에도 불구하고 서로 간의, 혹은 직원과 회사 간의, 더 나아가 개인과 국가 간의 신뢰 정도에 변화가 거의 보이지 않는다는 점입니다.

그동안 조직의 중추를 이루던 베이비부머와 X세대 리더를 대신해 새롭게 리더로 보임되고 있는 M세대, 그 빈자리를 빠르게 채우고 있는 Z세대, 아직 자신들의 자리를 비켜줄 마음이 없는 X세대 리더들. 이들이 서로 다른 생각을 하고 서로를 믿지 못하면서 묘한 긴장 관계를 만들고 있습니다. 남녀 간의 갈등 역시 마찬가지입니다. 상대적 약자였던 여성이 적극적으로 사회 진출을 하면서 빠르게 주류를 이루고 있습니다. 기존의 절대적 주류 세력이었던 남성들과 조직 생리상 자연스럽게 한정된 파이를 두고 성별 간 파워게임을 할 수밖에 없습니다. 이로 인한 상호 불신과 갈등 탓에 지불해야 하는 비용 역시 만만치 않습니다. 게다가 팬데믹 시기에 확대되고 여전히 활발하게 사용되는 비대면 소통, 재택 또는 원격 근무는 자칫 효과적인 커뮤니케이션, 친밀도 증진, 상호 신뢰 생성 등을 저해해 불신과 갈등을 해결하지 못하거나 오히려 부채질하는 경향이 있습니다.

때문에 상당수 기업이 불신으로 인해 과도한 비용을 지불하고 그로 인해 더디게 성장하거나 아예 성장이 정체되고, 심지어 몰락의 길로 접어드는 경우도 상당히 빈번하게 일어납니다. 대표적인 사례가 몇 해 전 발생했던 모 반도체 기업의 성과급 지급 논란입니다. 이 사건이 벌어진 이유는 여러 가지가 있지만 회사와 구성원, 경영자와 일반 임직원 사이에 탄탄하지 못했던 신뢰가 사건을 더욱 키웠다는 점에 대해서는 대부분 사람들의 견해가 일치합니다.

비싼 값을 치르는 사람들

그러다 보니 각 기업, 학교, 공공 기관, 더 나아가 나라에서는 정말로 필요한 곳, 성장을 위해 반드시 필요한 투자, 구성원에게 필요한 복리후생 제도 개선 등에 투자해야 할 돈을 구성원에게서 신뢰를 되찾기 위한 활동에 과도하게 허비하고 있습니다. 외부 홍보 비용을 능가하는 비용을 내부 구성원들에게 회사의 입장을 설명하고 해명하는 데 사용하고 있습니다. 홍보 정도로는 안 되어서 빅마우스 격인 임직원들을 회유하는데 막대한 비용을 지불하는 기업도 있습니다. 그러다 아예 신뢰 관계가 파탄 나면 법적 조치로 해결하다 보니 매년 막대한 금액을 법률 수수료 등으로 사용하는 기업도 상당수입니다.

자치단체 또는 국가에서는 수립하는 정책마다 신뢰성을 확보하기 위해 애쓰고 있습니다. 정책을 수립할 때 주민 또는 국민의 뜻을 적극적으로 반영하고 그 결과물을 제대로 설명해 이해를 돕는 것은 매우 중요한 일입니다. 그러나 근본적인 신뢰 관계를 구축하지 못해 늘 의심받고, 의심을 불식시키기 위해 매번 소소한 것까지 설명하고 이해를 구해야 한다면 행정 효율 면에서 문제가 생기고 그로 인해 발생하는 비용 부담은 고스란히 해당 지역 주민이나 국민에게 돌아갑니다.

앞에서 이야기한 익명 소통 커뮤니티에 구성원들이 올린 불평과 비난, 회사와 경영진을 믿지 못하겠다는 댓글 등으로 상심했던 후배 경영자 역시 직원들의 신뢰를 되찾기 위해 막대한 비용을 지불하는 쪽을 선택했습니다. 1년에 한 번 운영하던 임직원 모임을 분기마다 한 번씩 진행하기로 했습니다. 행사 시간도 크게 늘렸고 내용 역시 대폭 바꿨습니다. 당연히 진행을 위해 들어가는 비용이 많이 늘어났고 인건비 부담도 늘어났습니다. 회사에서 진행하는 논의 대부분을 투명하게 공개하려는 시도도 했습니다. 구성원들의 신뢰를 얻는 데 어떤 효과가 있는지는 모르겠지만 업무 속도는 느려졌고 논의의 효율 역시 크게 낮아졌습니다.

믿음에는 값이 있습니다. 그리고 그 값을 치르지 못해 매년 수십

만 쌍 이상의 부부가 이혼하고, 수만 곳 이상의 기업이 경영상 어려움을 겪거나 심할 경우 도산 위기에 처하며, 국가 전체적으로 심각한 혼란을 겪기도 합니다. 하지만 전혀 다른 모습의 조직과 구성원들도 있습니다. 그들은 어떻게 믿음의 조직을 일구고 성공의 길을 걸을 수 있었을까요?

여기가 회사야, 예배당이야?

예수께서 대답하여 가라사대 내가 진실로 너희에게 이르노니 만일 너희
가 믿음이 있고 의심하지 아니하면 이 무화과나무에게 된 이런 일만 할
뿐 아니라 이 산더러 들려 바다에 던져지라 하여도 될 것이요.

『신약성경』 마태복음 21장 21절

예배당이 된 사무실

꽤 오래전의 일입니다. 가까운 지인이 재미난 곳이 있다며 어디를
좀 같이 가자고 했습니다. 흔쾌히 따라나섰습니다. 워낙 호기심도
많고 재미있는 것도 좋아해서였지만 같이 가자는 지인의 눈빛이 뭐
랄까…, 꼭 당신을 데려가 보고 싶다고 이야기하듯이 간절했기 때문
입니다. 그의 손에 이끌려 간 곳은 허름한 건물의 자그마한 사무실
이었습니다. 서른 평(100㎡)이 갓 넘을까 말까 한 협소한 공간에 절
반은 일반 업무를 보는 공간이었고 나머지 절반은 강의 공간으로 꾸
며진 신기한 모습이었습니다. 지인이 이야기한 재미난 곳은 강의실
을 말하는 듯했습니다. 벽 쪽 곳곳에는 박스에 담긴 물건들이 어른

키 높이만큼 쌓여 있었습니다. 말이 강의실이지 창고에 강의를 할 수 있도록 칠판과 책걸상을 가져다 놓은 것에 불과해 보였습니다.

그렇지만 두 가지 특이한 점이 있었습니다. 첫 번째는 수강생 모집 기준을 도무지 종잡을 수 없었습니다. 여성이 조금 더 많기는 했지만 남성의 수도 제법 되었고, 다수가 노년층이기는 했지만 군데군데 청장년들도 보였습니다. 개중에는 필기구를 완벽하게 갖추고 강의를 들을 준비가 된 이도 있고 반대로 저처럼 아무런 준비 없이 들어와 앉아 있는 듯한 이도 있었습니다. 아무리 살펴봐도 수강생을 어떻게 모집했는지 기준을 짐작조차 할 수 없었던 것으로 기억합니다. 두 번째 특이한 점은 그렇게 중구난방 대충 끌어모은 듯한 조합의 수강생들이 누구 하나 졸거나 딴짓하지 않고 강의에 집중한다는 점이었습니다. 아니, 집중이라는 단어 정도로는 그 모습을 제대로 묘사할 수 없을 만큼 무엇인가에 홀린 듯 완전히 빠져 있었습니다.

전라북도 익산에서 처음으로 사업을 시작했다는 강사는 사람들에게 지속적으로 꿈에 대해 이야기를 했습니다. '성공하고 싶은 꿈', '부자가 되고 싶은 꿈', 그래서 '원하는 삶을 살고 싶은 꿈'까지 끊임없이 꿈에 대해 묻고 이야기를 했습니다. 때로는 지나치게 허랑방탕하고 뜬구름 잡는 듯한 기분이 들었지만 시간이 흐를수록 저도 모르게 그 꿈이 궁금해지기 시작했고 그 꿈에 동참하고 싶다는 생각이 들었습니다. 묘한 매력이 있었습니다. 저야 이쪽 업계에 대해 훤히 잘 알고 있는 일종의 전문가에 가까운 사람이지만 일반인들이라면 푹 빠져들겠다 싶었습니다. 예상대로 그날 사무실에 함께 했던 사람들은 마치 종교 집회에 참석한 것처럼 강사의 말에 홀려 집중했고 깊은 신뢰를 표했으며 함께 꿈에 동참하겠다고 다짐했습니다. 그런 사람들이 그날 사무실에 있었던 사람들뿐만이 아니었습니다. 그들이 인도한 수많은 이들 역시 강사의 꿈에 동참했고 이후 그 사무실은 자그마한 회사로, 작은 회사는 대한민국 직접 판매 사업에 한 획을 그은 중견 그룹으로 성장했습니다. 이제는 우리나라에서 직접 판매를 떠올리면 자연스럽게 같이 떠오르는 기업인 애터미(Atomy)의 박한길 회장[1] 이야기입니다.

지금은 사정이 많이 달라졌지만 한때 정수기를 포함한 가전 렌탈 시장의 최강자로 군림하며 중견 재벌 그룹으로까지 성장했던 웅진그룹에서도 한때 위와 같은 모습을 볼 수 있었다고 합니다. 해당 기업에 근무했던 지인의 이야기에 따르면 웅진그룹 창업주 윤석금 회장은 그룹 총수 이전에 영업의 귀재로 이름이 높았다고 합니다. 사회 초년생 시절 그는 방판 영업 사원이었는데 그가 팔아야 하는 상품은 질당 27만 원을 호가하는 고급 양장 백과사전이었습니다. 우리나라 근로자의 평균 월급이 채 몇 만 원에 지나지 않던 시절이었으니 엄청나게 고가의 물건이었던 셈입니다. 당연히 다들 판매량이 변변치 않았는데 윤 회장만은 달랐습니다. 남다른 친화력과 화술, 진솔한 자세와 성실성, 무엇보다 상대의 속내를 꿰뚫어 보고 그에 맞춰 맞춤형 세일즈를 펼친 덕분에 그의 한 달 판매 실적은 다른 모든

---

1   박한길 회장은 이후 자신의 호를 몽상(夢想)이라 지었다.

동료의 실적을 다 합친 것보다 많았습니다.

그를 기반으로 다양한 사업을 전개해 한때 재계 순위 30위권에 들었던 중견 그룹을 일구어 냈고 사람들 특히 영업을 업으로 삼고 있는 이들에게 '윤석금'이라는 이름은 '판매왕', '세일즈 신'과 동격인 취급을 받습니다. 매년 웅진그룹에서 영업 사원이나 방판 직원들을 대상으로 시상식과 격려 행사를 진행하면 참가자들은 윤 회장을 마치 신처럼 떠받들 정도였다고 합니다. 격려사를 하면 그 이야기를 한 글자도 빼먹지 않고 기억하기 위해 메모는 물론, 개인 녹음기가 등장했고 그가 행사장 곳곳을 누비며 인사를 할 때면 '세일즈의 신의 기운을 받기 위해서'라며 그의 몸에 손을 대기 위해 몰려들어 진행 요원들이 그를 말리느라 진땀을 뺐다고 합니다. 그들에게 회사는 곧 예배당이요, 회사의 최고경영자는 그들을 원하는 곳으로 이끌어 줄 목자이자 이맘[2]이며 주지 스님이었고 어쩌면 그 이상일지도 모르겠습니다.

하늘로 '실패'를 쏘아 올리는 회사

앞의 이야기와 비슷한 풍경에 대한 묘사, 목격담은 다른 기업에

---

2   아랍어로 지도자, 모범이 되어야 할 것을 의미하며 이슬람의 지도자 또는 예배를 인도하는 자를 뜻한다.

서도 심심치 않게 발견할 수 있습니다. 태평양 건너 다른 나라의 기업에서도 비슷한, 아니 더 열렬한 모습을 만날 수 있을 정도입니다. 예를 들어 당신은 세계에서 발사체를 우주로 가장 많이 쏘아 올린 곳을 알고 있나요? 소련과의 우주 경쟁에서 압도적인 우위를 점하며 달에 우주인까지 보냈던 미국 항공우주국(NASA, National Aeronautics and Space Administration)? 항공기 시장에서 미국과 첨예하게 경쟁하고 있는 유럽 19개국이 똘똘 뭉쳐 만든 유럽 우주국(ESA, European Space Agency)? 이도 저도 아니면 물량 공세 하면 자연스럽게 떠오르는 중국의 우주개발 사업 총괄 중국국가항천국(中国国家航天局)? 사실 누가 가장 많이 발사체를 우주로 쏘아 올린 지를 정확하게 따지려면 발사체의 크기, 개발비용, 우주인의 탑승 유무 등등 따져야 할 것이 너무 많습니다. 또 과거 전체 시기를 살펴볼 것인지, 최근 몇 년만 살펴볼 것인지를 두고도 말이 많을 것 같습니다. 그러나 질문 내용을 살짝 바꿔 물어보면 그 질문에는 아마도 금방 답할 수 있을 것 같습니다. 세계에서 우주 발사체를 가장 많이 추락시킨 곳은 어디일까요?

고민할 것 없이 스페이스 엑스(SpaceX)일 것입니다. 스페이스 엑스는 미국 캘리포니아주의 인구 10만 명도 안 되는 소도시 호손(Hawthorne)에 본사를 두고 있습니다. 테슬라로 전기차 혁명을 일으킨 일론 머스크가 창업해 최대 주주로 있는 우주탐사 기업입니다. 스페이스 엑스가 세계에서 가장 많이 우주 발사체를 추락시켰을 거라고 자신 있게 단정하는 이유는 틈날 때마다 그들은 우주선 발사 시험을 하는데 공중에서 폭발하거나 아예 발사 단계에서 고장을 일으키는 경우가 대부분이라서 그렇습니다. 그나마 발사에는 성공한 추진체를 다시 땅으로 착륙시키는 과정에서 발생한 폭발 사고는 일일이 세기가 어려울 정도로 여러 차례 발생했습니다.

한 가지 신기한 것은 우주선 발사가 실패했을 경우 그 사항이 가급적 외부로 알려지지 않도록 보안 유지에 만전을 기하고 은폐까지 시도하는 다른 발사 주체에 비해 스페이스 엑스는 자신들의 우주선이 발사에 실패한 과정과 왜 실패했는지에 대한 이유까지 먼저 나서서 소상히 밝힌다는 점입니다. 심지어 발사 실패에 이르는 과정, 성공에 이르는 과정의 오탈자가 아니라 실제로 폭발하거나 추락하는 등의 실수를 담은 영상물을 제작해 보란 듯이 자랑스럽게 홍보하기도 합니다. 그럴 때마다 스페이스 엑스 직원들의 반응은 어떨까요? 해당 영상에 '그럴 줄 알았어'라며 빈정거림의 댓글을 달까요? 아니면 자신의 SNS에 '역시, 무리였어…. 우리 기술로는 안 돼'라는 식으로 푸념의 피드(Feed)를 할까요? 놀랍게도 스페이스 엑스 직원들의 반응은 예상을 크게 벗어납니다.

2023년 4월 20일, 미국 텍사스주의 보카치카 해변(Boca Chica Beach)에 위치한 스페이스 엑스의 우주 발사장. 굉음과 함께 발사체가 하늘을 향해 수직으로 솟아올랐습니다. 실험 비행에 성공하면 달과 화성 탐사에 투입될 발사체인 스타십(Starship)이었습니다. 이 발사체에는 스페이스 엑스의 모든 기술력이 집약되어 있었습니다. 최초 발사 후 일정 궤도에 오를 때까지 추진력을 담당하게 될 1단 로켓의 이름은 슈퍼 헤비(Super Heavy)로 지름이 9미터 길이는 무려 68미터에 달하는 초대형 추진체입니다. 그 위로 실험에 성공하면 한 번에 100여 명의 우주 여행객을 실어 나를 수 있는 스타십 비행체가 연결되는데, 그 역시 길이가 50미터로 만만치 않은 크기였습니다. 발사체 전체의 길이는 120미터로 과거 아폴로 우주선을 달로 실어 나르던 새턴V(Saturn V)보다 9미터가 더 길고 최대 중량은 5천 톤으로 역시 새턴V보다 2천 톤가량 더 무거웠습니다. 더 크고 무거운 발사체를 우주로 쏘아 올리기 위해서는 엔진 역시 역대 가장 강력한 것으로 장착해야 했습니다. 스페이스 엑스는 스타십에 차세대 로켓엔진으로 개발된 랩터 엔진(Raptor Engine)을 무려 33개나 장착시켰습니다. 이는 보잉 747 점보 여객기 63대를 한꺼번에 하늘로 띄울 수 있는 추력입니다. 그래서 스타십은 수많은 사람들로부터 '인류 역사상 최강의 우주 발사체'라고 불렸습니다.

시작은 순조로웠습니다. 하지만 원래 발사가 진행되었어야 할 4월 17일에 1단 로켓의 가압 시스템 밸브 문제로 발사가 한 차례 미루어지자 언론에서는 무언가 심각한 문제가 있는 것이 아닌가 하며 의심 어린 눈초리로 스페이스 엑스를 쳐다보았습니다. 그러나 곧바로 발사 재도전 일자가 정해지고 일사천리로 준비가 되자 의심은 금방 기대와 설렘으로 바뀌었습니다. 발사 재시도 날짜로 지목된 4월 20일, 보카치카 해변의 전망 좋은 곳에는 미국은 물론 역사적인 발사 실험을 지켜보기 위해 전 세계에서 인파가 몰려들었습니다.

계획된 시간보다 1시간여 빠른 오전 8시 33분, 스타십은 하늘로 솟아올랐습니다. 3분 뒤에는 1단 로켓이 분리되고 스타십의 2단 비행체가 궤도에 접어든 뒤 90분간 비행 후 태평양 연안에 떨어지면 발사 실험은 성공적으로 마무리되는 것이었습니다. 그러나 발사 후 3분 30초가 지나도록 1단의 분리와 2단 비행체의 엔진 점화가 제대로 진행되지 않았습니다. 120미터의 거대 발사체는 방향을 잃고 하늘에서 이리저리 빙빙 맴돌았고 안전사고 예방을 위해 입력되어 있던 절차에 따라 자폭 기능이 작동되면서 공중에서 폭발했습니다.

이날 사람들을 놀라게 했던 것은 스타십 발사체의 폭발이 아니었습니다. 정작 수많은 사람들을 놀라게 한 것은 공중폭발로 단 4분 만에 20억 달러, 원화로 2조 6천 억 원 이상을 날려 먹은 일론 머스크와 스페이스 엑스의 직원들이 실패 직후 보여준 모습이었습니다. 일론 머스크는 '스페이스 엑스 팀의 흥미로운 스타십 시험 발사를 축하한다. 몇 달 후 다시 있을 다음 시험 발사를 위해 많은 것을 배웠다'라는 글을 자신의 트위터에 남겼습니다. 이를 단순히 약한 모습 보이기 싫어하는 오너 기업인의 허세라거나 주가 하락을 방지하기 위한 고도의 블러핑[3]으로만 볼 수 없는 것이 실제로 이 실패와 실패에 대한 머스크의 코멘트가 있은 직후 스페이스 엑스는 향후 개선 계획 및 추가 발사 계획을 구체적으로 발표했기 때문입니다. 모르는 사람이라면 마치 실패할 것을 예측이라도 한 것처럼 말입니다.

---

3   Bluffing. 허풍, 허세 등의 뜻을 지닌 단어로 주로 포커 등을 할 때 낮은 패로 계속 판돈을 올리며 상대가 지레 포기하도록 유도하는 기술을 의미한다.

성공에 대한 믿음으로 갑질을 견디는 사람들

발사 기지인 스타베이스(Starbase)에서 우주선이 폭발하는 모습을 지켜본 스페이스 엑스 직원들의 표정에는 실망한 기색이 역력했습니다. 이번 발사 시험은 미국은 물론 세계적인 관심을 끌어모은 전 지구급 이벤트였고 그런 만큼 많은 예산과 철저한 준비 끝에 시도가 이루어져서 성공에 대한 기대가 그 어느 때보다도 컸기 때문입니다. 그러나 실망의 순간은 잠시였습니다. 직원들 역시 일론 머스크와 마찬가지 반응을 보였습니다. '우리들은 이미 머릿속으로 이런 실패쯤은 예상하고 있었어'라는 표정으로 묵묵히 실패 요인을 살피고 다음 발사 일정을 챙기기 시작했습니다. 일부 직원들은 아예 에디슨의 명언을 패러디해 자신들의 트위터에 다음 글을 남겼습니다.

"We have not failed. We've just found 10,000 ways that won't work."[4]

그들은 왜 그랬던 것일까요? 일론 머스크라는 리더가 성심성의껏 믿고 따르면 반드시 그에 합당한 보상을 제공하거나 따듯한 말 한마디로 칭찬을 아끼지 않는 리더이기에 그랬던 것일까요? 회사로부터 만족스러운 급여나 복리후생을 제공받기에 그런 것일까요?

이미 언론을 통해 아는 사람도 많겠지만 일론 머스크는 그 천재성

---

[4] 에디슨이 이야기한 원문은 'I have not failed. I've just found 10,000 ways that won't work'로 '나는 실패한 것이 아니다. 나는 효과가 없는 10,000개의 방법을 발견한 것뿐이다'라는 뜻이다.

이나 사업 실력만큼 괴팍한 성격과 독설로도 유명한 인물입니다. 원하는 성과를 가져오지 못하면 불같이 화를 내거나 수시로 인사 발령을 내버리고 심지어 그 자리에서 해고 통보를 내리는 경우도 비일비재하다고 합니다. 다른 계열사인 테슬라도 그렇지만 스페이스 엑스의 업무량 또한 만만치 않다고 전해집니다. 48시간을 연속으로 일하고 몇 시간 뒤에 있을 회의에 참석하기 위해 집에 가지도 못하고 책상 아래 웅크려 잠을 청하는 스페이스 엑스 연구원의 사진은 인터넷을 잠시만 뒤져 보아도 수두룩하게 발견할 수 있습니다.

늘 승승장구하고 돈을 많이 벌어들인 회사라서, 직원들에게 보너스를 두둑하게 챙겨 주어서 그런 것은 아닌 것 같습니다. 지금이야 잘나가지만 초기 테슬라는 양산 자동차라고 말하기가 부끄러울 만큼 품질 수준이 엉망이었습니다. 자동주행 시스템은 사고가 빈발해 회사 이름이 수시로 뉴스의 헤드라인을 장식했습니다. 그에 따라 주가는 출렁거렸고 그럴 때마다 각종 위기설이 시장을 뒤덮었습니다. 스페이스 엑스는 한술 더 떠서 수익 한 푼 못 내는 회사가 쏘아 올리는 로켓마다 매번 폭발했습니다. 로켓을 다시 제작하기 위해 천문학적인 돈이 들어가야 했고 회사는 당장 오늘 문을 닫아도 이상하지 않을 만큼 재정 상태가 어려웠습니다. 그런 상황에서 직원들에게 돌아가는 급여나 복리후생을 후하게 책정할 수는 없습니다. 주주들이 가만히 안 있을 테니까요. 그럼에도 불구하고 스페이스 엑스의 직원들은 열정적으로 자신의 일에 매달립니다. 실패할 때마다 '성공을 위해 지워야 할 오답 하나를 발견했다'라며 대수롭지 않게 여기거나

'성공으로 가는 새로운 방법을 하나 더 발견했다'며 오히려 기뻐하는 신기한 모습을 보여줍니다. 그런 수많은 시행착오 속에서 하나둘씩 성공으로 향하는 발사대를 쌓아 올려 지금은 세계 최고의 우주항공 기업 반열에 올라섰습니다.

이런 모습은 그저 몇몇 대단한 기업에서만 발견할 수 있는 것일까요? 혹은 그런 기업을 세우고 경영한 사람들의 자서전에서나 찾아볼 수 있는 영웅담일까요? 저는 꼭 그렇지만은 않다고 생각합니다. 앞으로 살펴볼 '믿음의 이야기'를 보아도 그렇듯이 말입니다.

지푸라기라도 잡고 싶었던 인류가 남긴 믿음의 발자국

수행승들이여, 그러나 믿음이 없는 어머니와 아버지에게 믿음을 권하고, 믿음에 들게 하여 믿음을 확고하게 하고, 계행[5]이 없는 어머니와 아버지에게 계행을 권하고, 계행에 들게 하여 계행을 확고하게 하고, 인색한 어머니와 아버지에게 보시를 권하고, 보시에 들게 하여 보시를 확고하게 하고, 지혜가 없는 어머니와 아버지에게 지혜를 권하고, 지혜에 들게 하여 지혜를 확고하게 하면, 어머니와 아버지의 은혜를 갚는 것이며, 넘치게 갚는 것이다.

『팔리경장』앙굿따라니까야 부모의 경 중 일부

철학과 수석이 된 법대 낙제생

카를이라는 독일인 소년이 있었습니다. 수백 년 이상의 수령을 자랑하는 고목들이 울창하고 그 사이사이로 운하가 흐르는 동화 속 배경 같은 도시 올덴부르크에서 나고 자란지라 사색을 즐기는 소년이

---

5   戒行. 불교에서 계를 받은 뒤 계법에 따라 실천하고 수행하는 일이다.

었습니다. 하지만 소년의 아버지는 뜻이 확고했습니다. 법학자였던 아버지는 아들이 자신의 뒤를 이어 법학도가 될 것을 원했습니다. 독일에서 가장 오래된 대학이자 독일 철학의 본산과도 같은 하이델베르크 대학교로 진학을 했지만 전공만큼은 아버지 뜻에 따라 법학을 택해야만 했습니다. 첫 학기, 카를의 성적은 참담했습니다. 이 모든 것이 철학적 학문 전통이 강한 하이델베르크 대학교의 교풍 탓이라 여긴 그의 아버지는 이후 1년 반 동안 그를 뮌헨 대학교에서 수업을 듣게 했습니다. 그러나 학교를 다니면 다닐수록 그는 법학 공부에 흥미를 잃었고 성적 역시 형편없는 수준으로 곤두박질쳤습니다.

결국 그의 아버지는 고심 끝에 아들이 그나마 법학보다는 관심 있다고 이야기한 의학에 자신의 미련을 조금 보탠 법의학 쪽으로 카를의 전공을 바꿔 버렸습니다. 그렇게 카를은 다시 하이델베르크 대학교로 복귀해 의학박사 학위를 취득했습니다. 그는 여전히 철학에 대한 관심과 애정이 깊어서 정신과 의사가 되었고 병원에 근무하면서도 틈날 때마다 모교 철학과로 가서 홀로 공부하거나 학생들과 토론을 계속했습니다.

카를은 당시 하이델베르크 대학교의 경제학과 교수로 근무하던 막스 베버(Maximilian Carl Emil Weber)와 친분을 나누게 되었습니다. 스무 살 가까이 나이 차이가 났지만 베버 역시 법률가였던 아버지의 영향으로 억지로 법학을 전공한 뒤 이후 자신의 의지에 따라 경제학, 역사학, 철학 등을 공부했던 이력이 있었기 때문에 카를과는 금방 절친한 사이가 되었습니다. 이후 카를은 딱딱하지만 논리적이고 체계적인 법학 기초 위에 심리학과 철학을 쌓아 올려 그만의 학문 체계를 수립했습니다. 독일은 물론 전 세계적으로 큰 영향을 미친 유신론적 실존주의 철학을 확립했다는 평가를 받는 카를 야스퍼스(Karl Theodor Jaspers)의 등장이었습니다.

학문적 정체성을 확립하던 시기에 야스퍼스는 칸트, 니체, 키르케고르 등 수많은 철학자의 영향을 직, 간접적으로 받았습니다. 하지만 그 누구에게도 치우친 영향을 받지 않고 자신만의 고유한 철학을 확립해 나갔습니다. 그가 주장한 학설 또는 이론은 열 손가락으로 다 꼽기 어려울 정도지만 가장 인상적이었던 것은 기원전 900년에서 200년에 이르는 시기를 '축의 시대(die Achsenzeit)'라 일컫고, 그 시대를 인류 역사상 가장 경이로운 시기라고 평가한 학설입니다. 야스퍼스는 자신의 책 『역사의 기원과 목표』에서 축의 시대에 등장한 이들이 주창한 사상과 철학이 오늘날까지 이어져 현대 사상과 철학의 중심축 역할을 하고 있다고 주장했습니다.

중국에서는 제자백가에 속하는 공자, 맹자, 노자, 장자, 묵자 등이 세상을 돌아다니며 그들의 사상을 널리 알렸고, 인도에서는 싯다르타가 등장해 긴 수행 끝에 얻은 깨달음을 바탕으로 불교를 창시하여 제자들에게 불법을 설파했습니다. 조금 더 서쪽으로 가면 구약성경에 나오는 엘리야, 이사야, 예레미야 등과 같은 선지자가 등장하고 더 서쪽으로 이동해 그리스에서는 서양 철학의 근간이 될 여러 사상적 기초를 만든 소크라테스, 플라톤, 아리스토텔레스 같은 철학자들이 태어나거나 활약했습니다.

야스퍼스의 제자들 혹은 축의 시대를 신봉하는 사람들은 이 시기에 비로소 현재와 같은 모습의 종교가 완성되었다고 이야기합니다. 그들은 인류가 축의 시대를 거치면서 보편적 자연법칙을 탐구하려는 시도가 이루어졌고 이러한 영향으로 사회과학이나 자연과학에 대한 학문적 연구가 시작되었다고 봅니다.

한 번 불붙기 시작한 세상에 대한 호기심은 인간의 삶에 대한 관심으로도 이어져 보편적 삶의 법칙을 탐구하는 시도로 이어졌고 그 결과 지금 당장 눈앞에 보이는 것을 넘어서는 그 이상의 것, 혹은 그 모든 것을 초월하는 존재에 대해서도 인식하기 시작했다고 주장합니다. 야스퍼스는 이러한 변화를 '정신화(Vergeistigung)'라고 정의했는데 이때부터 비로소 인간은 인간이 아닌 존재, 인간은 아니지만 인간의 삶에 영향을 미치고 인간이 할 수 있는 것보다 훨씬 더 크고 대단한 일을, 인간은 상상조차 할 수 없는 일을 해내는 존재를 머릿속에 그리기 시작했다고 주장했습니다.

동굴 밖으로 나와 하늘을 바라보다

지금은 종교가 너무나 익숙해서 처음부터 당연히 존재했을 것 같고 인간의 탄생과 함께 그 시작을 함께했을 것 같습니다. 하지만 실상은 조금 다릅니다. 실제 종교의 시작은 언제부터였을까요?

영국 옥스퍼드 대학교 최초의 인류학 교수였던 에드워드 타일러

(Edward Burnett Tylor)는 인류 문화에 대한 심도 있는 연구로 후대 학자들로부터 '인류학의 아버지'로 불린 인물입니다. 특히 그가 쓴 『원시 문화(Primitive Culture)』는 인류학의 고전 중 고전으로 꼽히는 책입니다. 원시인류에 대한 연구에 몰두했기에 그는 '인간이 언제부터, 왜 종교를 믿기 시작했을까?'라는 궁금증을 그냥 넘길 수 없었을 것입니다. 타일러는 다양한 학술 자료에 대한 검토와 학문적 상상력을 동원해 애니미즘(Animism) 또는 정령숭배(精靈崇拜)라고 불리는 개념을 정립했습니다. 그의 견해에 따르면 본능에 따라 짐승 같은 삶을 살아가던 원시인들이 꿈이나 환상을 경험하면서 우리의 몸에 눈에 보이거나 손으로 만져지지는 않지만 우리 삶을 지배하는 '무언가'가 존재하는 것이 아닌가 하는 의구심을 갖게 되었고 그 무언가의 실체를 밝히기 위해 노력하는 와중에 애니마[6]라는 존재를 인식하여 종교라는 것이 시작되었다고 합니다.

반면, 킹(Barbara J. King)이나 스키너(Burrhus Frederic Skinner)와 같은 학자들은 동물을 대상으로 한 실험 결과를 토대로 종교란 인간만이 가진 고유한 무언가가 아니라 영장류를 포함한 포유류, 심지어 조류조차 가지고 있는 동물의 일반적인 특성이라고 주장하기도 합니다.

일반적으로 사람들이 많이 알고 있는 종교의 시작은 아마도 다음과 같습니다. 인간이 아직 이렇다 할 도구를 마련하지 못해 초원에

---

6   Anima. 영혼(Soul) 또는 정신(Spirit)을 뜻하는 라틴어 단어다.

서 맞닥뜨리는 맹수들의 손쉬운 먹잇감이 되던 시기, 혹은 과학기술이 발달하지 못해 천둥이나 번개와 같은 사소한 자연현상에도 벌벌떨던 시기에, 온갖 두려움으로부터 스스로를 보호하거나 위안받기 위한 수단으로 자신이 그릴 수 있는 가장 강력한 초월자를 상상 속에 그림으로써 종교가 시작되었다고 말입니다. 이는 후기 구석기시대의 것으로 알려진 프랑스의 라스코 동굴(Grotte de Lascaux)벽화나 스페인의 알타미라 동굴(Cueva de Altamira)벽화에 숭고한 모습으로 그려져 있는 동물들의 모습에서도 확인할 수 있습니다. 이는 역사학이나 인류학 또는 생물학이나 지질학을 전공한 학자의 입장에서 지극히 차갑고 건조하게 해석한 결과입니다. 또 다른 많은 사람들은 인간이 신의 피조물이며 신이 인간에게만 특별한 무언가를 부여하였기 때문에 인간만이 신의 존재를 인식하고 그를 믿는 삶을 살 수 있다고 믿습니다.

세계 곳곳에서 발생하기 시작한 종교 혹은 신앙은 하나같이 지독한 핍박을 당하며 등장했습니다. 기독교는 등장하자마자 주변 이민족, 이교도들로부터 온갖 괴롭힘이란 괴롭힘은 다 당하더니 그 정점을 찍은 것은 로마제국 시절이었습니다. 성경, 역사책, 소설이나 영화를 통해서 많이 접한 것처럼 네로(Nero) 황제로부터 시작해서 도미티안(Domitian), 트라얀(Trajan) 등의 황제를 거쳐, 디오클레티안 갈레리우스(Diocletian Galerius) 황제에 이르기까지 물경 250여 년간 갖은 핍박과 굴욕을 다 당했습니다. 아무 죄를 짓지도 않았는데 기독교도라는 이유만으로 감옥에 끌려가는 것은 기본이고 이유 없이 돌팔매질을 당하거나 사람들이 예배를 보는 집에 불덩이가 날아 드는 일이 예사였습니다.

지금은 사람들의 사랑을 받는 유명 관광지로 변모했지만 로마 시대에는 원형경기장이었던 콜로세움은 기독교인과 사자와 같은 맹수 간의 맨손 결투 시합이 벌어지던 참혹한 박해의 현장이었습니다. 기독교인을 괴롭혔던 황제 중에는 의외로 후대 역사가에 의해 훌륭한 황제로 평가받는 마르쿠스 아우렐리우스(Marcus Aurelius)도 포함돼 있습니다.

열 사람 이상의 황제에 의해 지속된 기독교인에 대한 박해는 로마 제국 제44대 황제인 콘스탄티누스 1세가 313년 밀라노 칙령(Edictum Mediolanense)을 통해 기독교를 포함한 모든 종교에 대한 관용을 천명할 때까지 수백 년간 이어졌습니다. 다른 종교 역시 핍박과 설움을 받은 걸로 치면 기독교 못지않습니다. 대부분의 종교가 수많은 순교자의 피와 눈물로 명맥을 이어 나갔으며 그중 소리 소문 없이 명맥이 끊겨버린 종교도 부지기수입니다.

신이 사람 위에 서 있던 세상

갖은 핍박과 굴욕을 견디고 겨우 자리를 잡은 종교는 달라졌습니다. 세상은 지역에 따라, 해당 지역에 전파된 종교에 따라 다소간의 시기 차이는 있지만 모든 것에 있어 신을 최우선시하는 문화 혹은 사회적 분위기, 정치형태가 지속되었습니다.

기독교의 경우 중세에 접어들면서부터 서구 사회를 완벽하게 장악했습니다. 카노사의 굴욕[7]으로 대표되는 몇 차례 굵직한 사건을 통해 교황은 세속 세상을 다스리는 군주보다 자신이 우위에 있음을 대중에게 분명하게 각인시켰으며, 몇 차례의 십자군 원정을 통해 교황 또는 교회의 권한과 권위는 하늘을 찌를 정도로 높아졌습니다. 기독교 철학과 사상이 사회 전반을 지배했으며 세속의 권력 중 상당수가 교회와 성직자에게 주어졌습니다. 가장 대표적인 사례로 갈릴레오 갈릴레이(Galileo Galilei)가 다음과 같이 외쳤다는 재판정을 들 수 있습니다.

"그래도 지구는 돈다!(Eppur si muove!)"

재판정이라고 하니 많은 이들이 검사와 변호사가 등장하고 판사가 판결을 내리는 법정을 생각할지 모르겠으나 실제 갈릴레이가 섰던 재판정은 성직자들이 판결을 내리는 종교재판이었습니다. 당시에는 인간 세상의 법률보다 종교의 계율을 어기는 것이 더 큰 죄악이었고 비교할 수 없을 정도로 혹독한 처벌을 받았습니다.

인문주의의 대두와 함께 르네상스 시기를 겪으며 기독교는 한풀 위상이 꺾였고, 16세기 유럽 곳곳에서 진행된 구교(로마가톨릭교)와 신교(프로테스탄트) 간의 갈등, 루터, 칼뱅, 츠빙글리 등이 주도한 종

---

7   Humiliation of Canossa. 신성로마제국의 하인리히 4세가 자신을 파문한 교황 그레고리오 7세를 만나기 위해 이탈리아 북부 카노사 성으로 찾아가 읍소했다.

교개혁의 진행, 위그노 전쟁[8]과 30년 전쟁[9]으로 대표되는 종교전쟁을 겪으며 급속도로 그 영향력이 줄어들었습니다. 하지만 산업혁명과 제국주의 시기를 겪으며 기독교는 아메리카 등의 신대륙과 아시아, 아프리카 등지로 세를 넓혀 나갔고 가톨릭과 개신교를 합치면 신도 수가 23억 명을 넘어서는 세계 최대 규모의 종교로 그 맥을 이어 가고 있습니다.

불교의 경우, 발상지라고 할 수 있는 인도보다는 오히려 동아시아 지역에서 더 찬란하게 꽃을 피웠습니다. 8세기 무렵까지는 인도에서도 불교가 제법 인기를 끌었습니다. 전 세계에서 수많은 학승들이 원조 불교의 나라에서 가르침을 받고 깨우침을 얻기 위해 인도로 몰려들었고, 그들 중 상당수는 지금까지도 이름만 들으면 알만큼 유명한 종교 지도자로 성장했습니다. 문제는 인도 사람들이 주로 믿는 힌두교에서는 부처를 자신들이 믿는 수많은 신 중 하나로 여긴다는 점이었습니다. 흔히 질서 유지의 신, 균형과 보호의 신 또는 평화의 신으로 추앙받는 비슈누 신은 여러 모습으로 이 세상에 등장하는데 힌두교 신자들은 그 여러 모습 중의 하나가 부처라고 믿었습니다. 마치 '오늘은 무슨 옷을 입고 바깥에 나갈까?' 하는 식으로 비슈누가 선택한 모습 중 하나가 부처라는 이야기만으로도 자존심이 팍팍 구

---

8   Huguenots Wars. 1562년부터 1598년까지 위그노라 불리던 프랑스 내 개신교
     신자들과 가톨릭 세력 간에 벌어진 종교전쟁이다.
9   Dreißigjähriger Krieg. 유럽에서 로마가톨릭교를 지지하는 국가들과 개신교를
     지지하는 국가들이 1618년부터 정말로 딱 30년간 치른 종교전쟁이다.

겨질 지경인데 심지어 힌두교에는 그런 신이 수백, 수천이었습니다. 비슈누 신은 그런 신들 중에서도 최고 수준의 신이었지만 그 옆에는 늘 약간 한 수 위인 느낌을 주는 창조의 신 브라흐마와 파괴의 신이지만 묘하게 매력적인 시바 신이 함께 했습니다. 여러모로 가뜩이나 팍팍한 삶에 웬만한 능력자로는 성이 차지 않았던 인도인들에게 부처는 약간은 뜨뜻미지근한 별 매력 없는 신이었을지도 모르겠습니다.

대신 동쪽과 남쪽으로 퍼져 나간 불교는 중국과 한국, 일본에서 전성기를 맞이했고 동남아시아에서는 상당수의 나라들이 불교를 국교로 택했습니다. 중국의 구마라습(鳩摩羅什), 현장(玄奘), 우리나라의 원효 등과 같은 고매한 학승 덕분에 종교이자 철학으로써 그 기초를 탄탄하게 다질 수 있었고, 보리달마(菩提達摩), 혜능(慧能) 등과 같은 선승 덕분에 참선을 통한 깨우침까지 더해져 불교는 조용히, 그러나 끊임없이 성장했습니다. 최근에는 복잡하고 치열하게 발전한 서구 문명에 지친 서양인들에게도 큰 사랑을 받고 있습니다.

기독교나 불교와 달리 이슬람은 어쩌면 미래진행형인지도 모릅니다. 다른 주요 종교들보다 한참 늦은 시기인 610년에 지브릴 천사의 계시를 받았다고 주장한 무함마드에 의해 창시된 이슬람은 시작은 늦었지만 그 확산세는 무서운 수준입니다. 중동과 북아프리카를 중심으로 약 19억 명의 신도가 믿는다고 알려졌는데 신도 수가 줄고 있는 다른 종교와 달리 그 성장세와 확산세가 놀라운 수준입니다. 여전히 출산율이 높은 편인 아랍과 서남아시아에 이슬람교를 믿는 무슬림이 많은 탓에 자연 발생적인 신도 수가 많고, 이민자들의 영향을 받아 종전에는 개신교와 가톨릭의 텃밭에 가까웠던 북미와 유럽 지역에서도 무슬림 숫자가 급속도로 증가하고 있어 자칫하면 그리스도교 계열의 종교를 제치고 조만간 신도 수 기준 세계 1위 규모의 종교 자리에 오를 것이라는 조심스러운 예측이 있습니다.

2장

신앙의 나라

세상 믿을 사람
하나 없는 나라

If you want to be happy,
try only to please God, not people.

행복해지고 싶다면 사람이 아니라 오직 신에게 빌어라.

레프 톨스토이(Lev Nikolayevich Tolstoy, 1828~1910)
『전쟁과 평화』, 『안나 카레니나』 등의 걸작을 집필한
19세기 러시아 문단을 대표하는 작가

맹신의 힘을 타고난 나라, 대한민국

신(信)이라 함은 믿음을 이름이니, 만사를 이루려 할 때에 마음을 정하는
원동력이니라.

『원불교 정전』 제2교의편 제5장 팔조 제1절 진행 사조

세상 믿을 놈 하나 없다

지난 36년간 치욕의 역사가 남긴 흔적과 상처가 워낙 짙고 아파
서일까요? 우리나라의 사회, 경제, 문화 곳곳에는 여전히 일본이라
는 나라에 대한 터부가 깊게 자리하고 있습니다. 축구를 포함해 어
느 운동 종목에서든 한일전은 최고의 흥행 보증수표이지만 출전 선
수들은 반드시 이겨야 한다는 중압감에 밤잠을 못 이루기도 합니다.
요즘은 훨씬 덜하지만 일본 음식이나 물건을 판매하는 상점을 제외
하고 일본어 간판을 대놓고 내건다거나 일장기를 게양하는 일은 장
사를 포기하려는 정신 나간 업주거나 구설수에 올라서라도 입소문
을 내고 싶은 관종이나 하는 짓으로 치부되기도 합니다.

지금은 일제 강점기로부터 많은 시간이 흘렀고 우리나라의 국력

이 신장되면서 일본에 대한 심정적 위축을 상당 부분 떨쳐서인지 모르겠지만 반일 감정이 많이 수그러든 편입니다. 1980년대까지만 하더라도 지금과는 비교할 수 없을 정도로 강한 반일 감정이 일반 국민들 사이에 팽배했습니다. 그럼에도 불구하고 한동안 우리나라에서 크게 유행했던 일본어 문장이 하나 있었습니다. 그것은 바로 다음 문장입니다.

"민나 도로보데스!(みんな泥棒です!)"

우리말로 '모두 도둑놈이다' 또는 '모두 믿을 수 없다' 정도로 번역되는 이 문장은 원래 드라마 속 대사였습니다. 1982년 MBC에서 방송된 인기 드라마 〈거부실록〉은 공주 지방의 유력한 갑부였던 김갑순(탤런트 박규채 분)이 주인공이었습니다. 일제 강점기 시절 충남 지방에서 세 손가락 안에 꼽히는 막대한 부를 이루었던 그의 주변에는 늘 어떻게 해서든 한 푼이라도 뜯어 가려는 관리와 그를 속여 재산을 빼돌리려는 모리배가 득실댔습니다. 그런 이들의 흉악한 시도를 접할 때마다 그는 입버릇처럼 '민나 도로보데스'를 내뱉었지요. 그런데 이 대사가 어느 날부터 사람들 사이에서 선풍적인 인기를 끌기 시작했습니다. 어른들은 물론이거니와 이제 겨우 한글을 뗀 어린아이들도 골목길에서 딱지치기를 하다 말고 '민나 도로보데스!'라 외쳤으며 반일 반미 왜색 탈피를 외치던 대학생들조차도 저녁 뒤풀이 장소에서 술이 거나해지면 '민나 도로보데스!'를 입에 올렸습니다. 이 말이 사회적으로 얼마나 화제가 되었던지 모 유력 일간지는 이런 풍조에 대해 '급격한 산업화와 도시화로 인해 신뢰를 기반으로 하는 지역사회가 붕괴하고 개인주의가 팽배해지면서 서로가 서로를 믿지 못해 자연스럽게 이런 말이 유행하게 되었다'라고 논평을 냈을 정도였습니다.

대부분의 언론이 그에 동조해 한국 사회가 마치 믿음과 신뢰가 완전히 무너진 사회임을 입증하려는 듯 각종 부조리 현장을 파헤치고 그를 심층 분석한 기사를 쏟아 냈습니다. 언론사마다 언더커버, 잠입 취재 등을 마다하지 않는 민완 기자들이 속출했고 〈카메라출동〉, 〈추적60분〉 등의 탐사 보도가 꽃을 피웠으며 돌다리도 두드려 보는 것이 이 사회를 살아가는데 가장 중요한 생존 미덕인 듯 여기는 분위기가 팽배했습니다.

서로가 서로를 잘 믿지 못하니 믿을 만한 사람 즉, 오래전부터 신뢰한 사람, 믿어도 내게 손해를 끼치지 않을 만한 사람들끼리 뭉치고 서로 밀어주고 당겨주는 문화가 자연스럽게 발달했습니다. 떠난 지 수십 년도 넘은 고향 사람들끼리 재경 향우회다 화수회(花樹會)다 하는 이름으로 뭉치는 것을 현재 곁에 살고 있는 이웃과 어울리는 것보다 선호했고, 이름도 얼굴조차도 가물가물한 초등학교, 중학교 동창들과 어울리는 것을 지금 같이 일하는 동료들과 함께하는 것보다 우선시했습니다.

그런 분위기가 지금까지 계속해서 이어지는 것 같지만 정말 서로에 대한 믿음이 사라진 것일까요? 한국인은 서로가 서로를 믿는 것을 버거워 할 만큼 믿음의 기반이 약한 민족일까요?

믿는 것이 곧 삶인 나라

우리나라의 마을은 그 자체가 하나의 신앙 공동체라 할 수 있을 정도로 믿음으로 똘똘 뭉친 커뮤니티였습니다. 마을 입구에 장승을 세우거나 서낭당을 설치하여 한 마을을 다른 마을과 구분 짓고 이들을 마을 수호신으로 삼아 신성한 장소로 여겼습니다. 높다란 나무로 된 몸체에 사람의 얼굴을 과장된 형태로 새겨 넣고 몸통에는 천하대장군(天下大將軍), 지하대장군(地下大將軍)이라는 이름을 크게 적은 장승은 마을 사람들에게는 보기만 해도 마음이 든든해지는 수호신이자 문패 역할을 했고 나그네에게는 이정표 역할을 했습니다. 하지만 무엇보다도 장승은 신앙의 대상물이 되어 마을에 우환이 있거나 집안에 간절히 원하는 소원이 있을 때 기도의 대상이 되었습니다. 일반적으로 남녀 한 쌍으로 이루어진 천하대장군, 지하대장군이 가장 흔한 장승 형태였으나 인근에 큰 절이 있어서 불교의 영향을 많이 받은 마을에는 호법선신(護法善神)이나 수조대장(受詔大將)과 같은 형태의 장승이, 동묘 앞처럼 도교의 영향을 많이 받았던 마을의 입구에는 상원주장군(上元周將軍)이나 하원당장군(下元唐將軍)과 같은 장승이 세워졌습니다.

제주도에 가면 흔히 볼 수 있는 돌하르방도 일종의 장승이고 북한 지역에서 돌부처와는 전혀 다른 형태지만 돌미륵이라고 부르는 것도 일종의 장승입니다. 한 가지 재미있는 것은 제가 마산 조선소에서 용접공으로 근무할 때 말귀를 잘 못 알아듣거나 작업 솜씨가 무던 후배들을 보면 선배들이 다음과 같이 호통을 쳤습니다.

"야, 이 벅수야!"

그때는 그게 무슨 말인지 잘 몰랐는데 나중에 알고 보니 경상남도나 전라남도 해안가에서 벅수 또는 법수는 장승을 일컫는 말이었습니다. 무슨 말을 하더라도 답을 하지 못하고 멀뚱멀뚱 서 있는 모습이, 무슨 일이 있든지 간에 늘 한결같이 자리를 지키고 서 있는 장승과 비슷해 보여서 쓰이게 된 말이 아닌가 합니다. 그만큼 장승이 우리 생활에 익숙한 존재라는 뜻이지요.

서낭당은 마을 어귀나 마을로 접어드는 고갯마루 초입에 설치돼 있던 조형물 또는 신당으로 그 형태는 여러 가지입니다. 일반적인 서낭당의 모습은 그냥 커다란 돌 하나가 덩그러니 있는 가장 단순한 모양이거나 여러 가지 크기의 돌을 원뿔형으로 쌓아 올리는 모양입니다. 그 돌무더기에 신수(神樹)라는 이름의 나무를 꽂고 흰 천이나 백지 또는 오색의 비단 헝겊 조각을 묶거나 근처에 당집을 세우는 등 서낭당의 형태는 다채로웠습니다. 마을 사람들은 그 앞을 지날 때마다 돌멩이를 올려놓든지 손을 모으고 절을 하는 식으로 예를 표했고, 이는 이 마을을 처음 방문한 나그네에게도 예외가 없었습니다.

예전에 어떤 마을에 놀러 가니 이 신성한 공간을 지날 때마다 반드시 세 번 절을 하고 세 번 침을 뱉는 것을 마을 사람들만의 전통으로 여기고 있었습니다. 절을 해야 하는 건 이해가 갔지만 불결하게 침을 뱉는 것은 잘 이해가 되지 않았습니다. 마을 사람들에게 그 이유를 물어보니 그래야만 액운이 사라지고 바깥세상에서 몸에 붙이고 온 역신[10]을 떨쳐 버린 후 마을로 들어갈 수 있다고 믿기 때문이라고 합니다. 조선을 세운 태조 이성계조차도 최초로 도읍을 정했던 개성의 북쪽 초입에 있었던 송악서낭과 이후 천도한 한양의 북쪽 북악 산자락에 위치한 백악서낭을 신도서낭이라 하여 극진히 가꾸고 여러 차례 친히 제사를 지냈던 것으로 알려져 있습니다.

때가 되면 펼쳐졌던 마을 잔치도 대부분은 믿음, 곧 신과 결부된 행사입니다. 바닷가 어촌에서 한 해의 풍성한 어획량과 안전한 뱃일을 기원하며 지냈던 풍어제 대상은 결국 강과 하천, 호수와 바다를 다스리는 용왕이었습니다. 인도의 물가에는 커다란 뱀이 많이 살았는데 이를 두려워하던 인도인들은 하천의 뱀에게 나가라자(Nāga Raja)라는 이름을 붙여주고 신성시했습니다. 이후 나가라자는 힌두교의 여러 신 중 하나가 되었고 인도에서 중국으로 불교가 전래되는 과정에서 함께 전래되어 뱀이 용으로 바뀌고 어느새 불교의 수호신 중 하나가 되었습니다. 이후 도교 사상과도 결부돼 바다에 사는 신선 이미지가 더해져서 현재와 같은 이미지를 갖게 되었다고 합니다. 배고사, 용왕제로도 불렸던 이 풍어제는 신앙적 성격이 강하다 보니 굿의 형태로 발전되었는데 동해안 지역에서 행해지는 별신굿이 바로 대표적인 사례입니다.

이외에도 우리나라에서는 시시때때로 집단적 신앙 행위가 이루어졌고 그 전통은 현재까지 이어지고 있습니다. 크게는 회사를 창업하

---

10   疫神. 과거 민간에서 역병으로 불리던 천연두를 옮기는 몹쓸 악귀를 말한다.

거나 작게는 가게의 문을 열 때도 돼지머리를 마련해 고사를 지내고 새 차를 하나 사더라도 네 바퀴에 막걸리를 부으며 무사고 안전운행을 기원하는 것은 우리나라에서 그다지 낯선 일이 아닙니다. 빌딩을 지을 때나 단층집을 지을 때도 골격이 거의 완성될 무렵이면 해당 건물의 가장 중요한 지붕이나 마룻대 밑에 제사상을 마련하고 상량식을 치르는데 이는 우리 무속에서 집을 수호하는 신으로 알려진 성주신께 드리는 제사로부터 유래되었습니다. 몇몇 집에서는 아궁이가 있던 부엌에서 불씨를 꺼트리지 않고 보관하거나 찬장 한 귀퉁이에 깨끗한 물 한 사발을 늘 올려놓는 식으로 부엌을 관장하는 조왕신까지 극진히 받들었습니다. 이외에도 매년 새해 무렵이면 곳곳의 산에서 안전 산행을 기원하며 올리는 시산제 역시 신을 가까이하고 믿음을 즐겨한 우리나라 사람들의 정신과 생활 습속이 만들어 낸 모습입니다.

전 세계 종교의 백화점

보통 인도를 전 세계 종교의 백화점이라고 합니다. 인도인 다수가 신봉하는 힌두교를 다른 이름으로 만신교(萬神敎)라고 할 정도로 그들이 믿는 신의 숫자는 수백, 수천을 넘어 셀 수 없는 수준입니다. 아마 이는 분명 우리나라 종교 생활에 대해 무지한 사람이 쓴 글이거나 말일 것입니다. 대한민국이야말로 '전 세계 종교의 백화점'입니다. 세계 3대 종교라고 하는 기독교, 불교, 이슬람교가 모두 존재하고 종교적 성격이 비교적 옅어서 종교로 잘 분류하지 않지만 유교까지 포함하면 전 국민 중 종교를 갖지 않은 사람을 찾기 어려울 정도입니다. 기독교는 개신교, 가톨릭, 그리스 정교회, 동방 정교회, 성공회 등으로 갈라져서 신도를 만나고 개신교는 다시 장로교, 침례교, 감리교, 구세군, 성결운동, 오순절운동 등 수십 개의 갈래로 나누어집니다. 불교 역시 한반도 내에서 역사와 전통을 자랑하는 종교답게 산하에 다양한 종단이 있습니다. 불교 4대 종단으로 꼽히는 조계종, 태고종, 천태종, 진각종 등과 같은 거대 종단부터 시작해 이름을 잘 들어 본 적 없는 종단까지 수백 개가 존재하는데 심지어 승려와 신도 숫자조차 파악되지 않는 종단도 120여 개가 훌쩍 넘는다고 합니다. 이들 종단 중 상당수는 불교가 아닌 아예 다른 종교라 해도 전혀 어색하지 않을 정도로 차이점이 큰데도 불구하고 비교적 조화롭게 지냅니다.

한 외국인 친구는 얼마 전까지만 하더라도 6.25전쟁을 종교전쟁으로 알고 있었다고 합니다. 그런 고정관념이 생길 수밖에 없는 것이 크지 않은 땅덩어리에 다양한 종교가 일정 규모 이상 세력을 유지하는 나라 치고 분쟁이 없는 나라가 드물기 때문입니다. 인도 내에서 힌두교도와 빈번히 부딪히던 무슬림이 크게 한판 붙은 뒤 떨어져 나가 동쪽에 세운 나라가 방글라데시이고 서쪽에 세운 나라가 파키스탄입니다. 두 나라는 독립해서도 여전히 인도와 서로 못 잡아먹어서 안달입니다. 중동의 레바논은 한때 아랍의 진주라고도 불렸던 평화롭고 아름다운 국가였으나 기독교도와 무슬림 간 분쟁이 20세기 중반에 접어들며 치열해지기 시작하더니 결국 내전으로 격화되었습니다. 기나긴 내전으로 인해 과거 레바논의 아름답던 모습은 크게 훼손되어 버리고 말았습니다. 보통 이렇다 보니 '같이 잘 살던 한 민족이 갑자기 두 패로 나뉘어 3년간 전쟁을 치를 만한 이유는 종교밖에 없다'고 생각한 것이 무리는 아닙니다. 하지만 한국인은 다른 듯합니다. 기독교, 불교, 이슬람교는 물론 각종 신흥종교와 교인 수가 불과 수백 명에 지나지 않는 소규모 종교까지 포함하면 종교의 숫자가 세 자릿수에 육박합니다. 조금 예전 자료지만 2015년 기준 우리나라에 등록된 종교 단체는 무려 927개에 달한다고 합니다. 그럼에도 불구하고 우리 민족은 너무나 평화롭게 각자의 종교를 지켜 나가고 있습니다.

신에 대한 믿음뿐만이 아니라 사람에 대한 믿음, 사람으로부터의 믿음 역시 대단한 나라입니다. 삼면이 바다로 둘러싸여 있고 북쪽으로는 오랑캐가 득실댔으며 주변은 아무리 돌아보아도 산밖에 보이지 않는 좁은 땅덩어리에서 서로가 부대끼며 살아가다 보니 자연스레 서로가 서로를 믿지 못하면, 내 곁에 믿을 만한 사람을 두지 않으면 안 되는 상황이 벌어졌습니다.

삼국시대에 한반도에 전해진 불교는 세 나라 모두에 안착하여 국가의 통치 이념으로, 일반 대중의 생활철학으로, 문화 예술의 정신적 기반으로 큰 역할을 했습니다. 호국불교(護國佛教)라는 다른 나라에서는 쉽게 찾아보기 힘든 모습으로 발전해 임진왜란이나 병자호

란과 같은 국난의 시기에는 승병들이 나라를 지키기도 했고, 일제 강점기에는 다양한 형태의 독립운동에 앞장서기도 했습니다.

천주교의 경우 전래 초기에는 숱한 압박 속에 명맥이 끊길 뻔했지만 결국은 서민들의 삶 깊숙한 곳으로 스며들어 폭발적인 교세 확장을 했습니다. 당시의 천주교인들은 신앙을 보다 단단히 하기 위해 중국에 와 있던 서양 선교사들과 접촉을 시도했는데 이는 외국과의 왕래가 자유롭지 못하던 시기에 신문명, 신기술 유입 창구 역할을 톡톡히 했습니다.

개신교의 경우 다른 두 종교보다 비교적 늦게 한반도에 도착했지만 그 성장세는 그 어느 나라, 어느 종교와도 비교조차 하기 힘들 정도로 빠르고 거대했습니다. 선교사 몇 사람의 개별적인 전도로 시작됐지만 곳곳에 교회가 세워지고 미션스쿨이 설립되고 신학교에서는 훌륭한 목회자가 엄청난 숫자로 배출되었습니다.

이렇게 믿음이 체질화된 사람들은 전 세계적으로 유래를 찾아보기 힘들 정도로 엄청난 '믿음의 나라'를 만들었습니다.

왜 우리나라에 성지순례를
오셨습니까?

여러 번 여행하면서 강의 위험과 강도의 위험과 동족의 위험과 이방인의
위험과 시내의 위험과 광야의 위험과 바다의 위험과 거짓 형제 중의 위험
을 당하고, 또 수고하며 애쓰고 여러 번 자지 못하고 주리며 목마르고 여
러 번 굶고 춥고 헐벗었노라.

『신약성경』 고린토후서 11:26~27

성지순례길에 받은 뜻밖의 질문

교회 장로로 봉사 중인 사업가 지인 P회장의 경험담입니다. 몇 년
전, P회장은 여러 달을 준비해 이스라엘로 성지순례를 떠났습니다.
한 해 중 회사가 가장 바쁠 시기였고 중요한 의사결정을 해야 할 일
이 있었지만 평생의 소원이었기에 부하 직원들과 가족의 양해를 구
하고 텔아비브 벤 구리온 국제공항으로 향했다고 합니다. 성지순례
는 매우 만족스러웠답니다. 평상시 성경 구절이나 역사책 속에서나
접했던 통곡의 벽, 성묘 교회(Church of the Holy Sepulchre), 감람산,

갈릴리호, 베들레헴 예수탄생교회 등을 직접 방문해 현지의 모습을 살펴보고 분위기를 느끼고 예배를 드리며 영적으로 이루 말할 수 없는 감흥을 받았다고 합니다.

P회장의 웃기는 경험은 성지순례 나흘째 일정이었던 야르데닛(Yardenit)을 방문했을 때였습니다. 『구약성경』 여호수아서에는 히브리인과 가나안인이 치열하게 다툰 여리고성 전투 이야기가 실려 있습니다. 전투의 배경이 된 여리고는 지금의 모습과는 달리 당대 주위에서 쉽게 찾아보기 힘든 규모의 대도시였습니다. 메마른 황토와 바위 암석투성이 골짜기에 자리 잡고 있으면서도 부족하지 않은 식수와 주요 도로망을 통해 유입된 풍부한 물자 덕분에 향기라는 뜻을 지닌 도시 이름처럼 수많은 이들이 도시의 매력에 취해 몰려들었습니다. 그 근원은 요단강이었습니다. 지금이나 그때나 물이 부족했던 그곳에서 요단강은 사람들에게 생명의 젖줄이자 경제활동의 근간이 되었습니다.

여리고의 동편, 이스라엘과 요르단이 국경을 맞대고 있는 지역이 그 이름도 유명한 카스르 엘 야후드(Qasr al-Yahud)입니다. 이곳이 유명한 것은 성경에 기록된 예수가 세례를 받은 장소로 추정되기 때문입니다. 여기서 추정된다고 한 것은 카스르 엘 야후드를 세례 장소라 하는 이들과 거의 비슷한 숫자의 사람들이 갈릴리호의 남쪽, 요단강이 시작되는 지점에 위치한 야르데닛을 세례 받은 장소라 주장하고 있어서입니다. 두 곳 중 순례객들이 주로 많이 찾는 곳은 야르데닛입니다. 아무래도 1967년까지 요르단의 영토였고 이스라엘과 요르단이 소소한 분쟁을 자주 치르는 곳에 위치한 카스르 엘 야후드에 비해 야르데닛은 순례자 입장에서 방문하기도 안전하고 세례식 등을 치르기에도 여러모로 편하기 때문일 것입니다. 그래서 이 지역은 매년 50만 명 이상의 관광객과 순례객이 찾고 종교적으로 특별한 날에는 몰려든 인파로 인산인해를 이룹니다.

 P회장이 야르데닛을 찾은 날 역시 전 세계에서 몰려든 순례자와 관광객으로 발 디딜 틈이 없었습니다. 인파에 휩쓸려 이곳저곳을 돌아보다가 한국어를 잘하는 이스라엘인 가이드의 제안으로 잠시 더위를 식히기 위해 식당으로 들어갔습니다. 식당 역시 거의 만석이었습니다. 어쩔 수 없이 다른 테이블 사이에 어렵사리 자리를 마련해 일행 모두가 꽉 끼어 앉았습니다. 다닥다닥 붙어 앉다 보니 바로 옆 테이블의 외국인과도 자꾸 눈이 마주쳤고 자연스럽게 말을 트게 되었습니다. 이스라엘에 살고 있는 독일계 미국인 부부였다고 합니다.

 한참 즐겁게 이야기를 나누던 중 갑자기 부부 중 아내가 자신이 조만간 한국을 방문할 예정이라고 합니다. 알고 보니 그녀는 이스라엘의 한 대학에서 비교종교학을 강의하고 있는데 한국의 기독교에 대해 연구하기 위해 방문한다는 것이었습니다. 그들은 '왜 한국이 종교학적으로, 특히 현대 개신교에 대한 연구를 할 때 반드시 방문해야 하는 나라인지?', '한국 개신교의 폭발적인 성장과 발전의 역사가 얼마나 대단한 것이고, 연구할 만한 가치가 있는 것인지?'를 한국에서 온 한국인에게 오히려 더 적극적으로 설명했습니다. 서빙을 하던 틈틈이 그들의 대화를 들었는지 이스라엘 웨이터 청년까지 끼어

들어 자신도 기회가 된다면 한국의 개신교 역사에 대해 공부하고 싶다며 관심을 보였습니다. 알고 보니 하이파 대학교에서 관련 연구를 하다 잠시 휴학한 학생이었습니다. 대화에 여러 사람이 끼어들자 시끌시끌해지기 시작했습니다. 이번에는 인접 테이블에 앉은 다른 나라 관광객까지 관심을 보였습니다.

"한국에는 신도 수가 수십만 명인 교회가 한 개도 아니고 여러 개 있다고 하던데 진짜인가요?"

"한국의 대형 교회는 주일 예배를 시간을 나누어 여러 번 해야 할 정도로 신도가 많다던데 맞나요?"

"어떤 목사님은 종교 집회를 올림픽 경기장을 빌려 진행하기도 했다고 하던데…, 거짓말이지요?"

사람들은 한국 교회에 대해 그들로서는 믿기 어려운 이야기가 사실인지를 물었고 '대부분 맞는 말이다'라는 P회장의 대답에 놀라움의 탄성을 내질렀습니다. 결국 그날 야르데닛의 한 식당에서의 대화 주제는 한국 교회와 한국 개신교의 폭발적인 성장이 되었습니다. 그러자 P회장을 인솔하던 이스라엘인 가이드가 이런 상황이 무척이나 흥미롭다는 듯이 이렇게 말했답니다.

"하하하, 우리나라에 왜 성지순례를 오셨습니까? 21세기의 진정한 성지는 한국인데 말이지요."

늦은 출발, 그러나 폭발적인 성장

21세기 기독교의 진정한 성지, 대한민국 역사에 남아 있는 최초의 개신교 선교사 이름은 카를 귀츨라프(Karl Friedrich August Gützlaff)입니다. 독일 루터교 목사였던 그는 외국어 습득에 천재적인 인물이었습니다. 독일어, 네덜란드어, 영어, 중국어 등에 능통했던 귀츨라프는 1차 아편전쟁 때 영국군 통역사로 중국에 입국한 뒤 주로 중국 동남부 해안 도시와 동남아시아 일대에서 선교 활동을 했습니다. 1832년 7월 영국의 탐사선 로드 앰허스트(Lord Amherst) 호를 타고 지금의 충청남도 보령 앞바다를 통해 조선 땅에 발을 디뎠습니다. 당시 이곳을 다스리던 홍주 목사 이민회는 수군 장수 김형수를 거느리고 나타나 대화를 시도했는데 이민회는 외국어를 단 한마디도 못했고, 귀츨라프 역시 조선어를 할 줄 몰랐음에도 불구하고 두 사람은 한문을 사용해 필담을 나누며 밤이 새도록 이야기꽃을 피웠다고 합니다.

이민회의 배려 덕분에 귀츨라프는 주민들을 직접 만나 한문 성경을 나누어주며 전도를 했고 언어 천재답게 빠른 시간 안에 한글을 익혀 〈주기도문〉을 한글로 번역하기도 했습니다. 이후 중국으로 돌아간 그는 남중국 지역에 복음을 전파하기 위해 힘쓰다 1851년 8월 48세 일기로 홍콩에서 숨을 거두었습니다. 홍콩 중심가인 스탠리 거리와 웰링턴 거리 인근에는 그의 이름을 딴 귀츨라프 거리가 아직 남아 있습니다.

본격적으로 우리나라의 개신교 역사가 시작된 것은 그로부터 수십 년이 지난 1800년대 말엽입니다. 서양인 선교사는 복음을 제대로 전파하려면 조선인을 계몽시키는 것이 먼저라는 생각에 서양식 학교를 앞다투어 개교했습니다. 이 시기 문을 연 것이 이후 연세 대학교와 경신 중·고등학교로 발전하는 경신학당, 이화여자 대학교의 전신이자 한반도 최초의 여학교인 이화학당, 배재 중학교와 배재 고등학교로 개편되는 배제학당 등이 대표적입니다. '하나님 앞에서는 만민이 평등하다', '심지어 여자들도 신학문을 배울 수 있다'는 이야기에 젊은이들이 폭발적으로 서양식 학교에 몰려들었습니다. 그런 분위기에 화룡점정이 된 것은 우리가 흔히 YMCA(Young Men's Christian Association)라고 부르는 기독교청년회의 결성이었습니다. 1800년대 중반 영국 복음주의 개신교인들이 결성한 이 단체는 1903년 우리나라에 들어왔는데 초기에는 서양 문물을 받아들이는 창구, 그중에서도 서양 스포츠가 국내에 알려지는 창구 역할 정도를 했습니다. 2002년 개봉했던 영화 〈YMCA야구단〉이 당시 사정을 잘 보여줍니다. 그러다 1907년 초현대식 대형 건물인 서울YMCA회관이 종로에 세워지고 산하 조직망이 구축되면서 YMCA는 개신교 신앙을 전파하는 종교 단체를 넘어 대한민국을 대표하는 사회단체로 성장합니다. 그러는 사이 일본이 우리나라를 병탄해 식민지로 만듭니다.

개신교가 한국 사회에 다른 나라에서 보기 드문 속도로 빠르게 파고들었던 이유는 역설적으로 일본 제국주의 때문이었습니다. 대부분 서양인 선교사가 세운 미션스쿨에서 민권 사상을 배운 지식인들은 일제의 폭정에 맞서 독립운동의 주축 세력이 되었습니다. 3·1운동을 이끌었던 민족 대표 33인 중 절반에 가까운 16명이 개신교 신자였고, 항일운동에 앞장섰던 비밀결사 단체 신민회의 주축 세력 역시 개신교도였습니다. 우상숭배를 절대로 금지했던 터라 개신교도는 일제의 신사참배에 대해서도 가장 극렬하게 맞서 싸웠습니다. 일제는 아예 개신교도를 타깃으로 삼고 특별고등경찰을 별도로 운영할 정도였습니다. 그 여파로 공식적으로는 수백 개 이상의 교회가 자발적으로 문을 닫고 셀 수 없을 정도로 많은 신도들이 교회를 떠나야 했습니다. 일부 변절한 개신교 지도자들은 친일 반민족행위를 하기도 했습니다. 그러나 대다수의 개신교도는 일제의 기대와 전혀 다른 반응을 보였습니다. 핍박이 거세어질수록 그들의 신앙은 오히려 더 독실해졌습니다. 신앙 공동체는 보다 은밀하게 사람들 사이로 스며들었고 그들 간의 결속력은 이전보다 훨씬 더 단단해졌습니다.

일제 강점기 때 내공을 단단히 다진 개신교 공동체는 해방 이후, 프로테스탄트 국가였던 미국 군정의 시작과 개신교 장로 이승만 박사의 대통령 취임을 거치면서 바야흐로 극적인 전성기를 맞이합니다.

믿음조차 일등이어야 직성이 풀리는 민족

실제로 대한민국 개신교의 성장은 세계에서 그 유래를 찾아보기 힘들 만큼 폭발적이면서도 안정적인 성장세를 구가한 놀라운 역사였습니다. 몇 해 전 미국의 워싱턴포스트는 종교 면에 '왜 글로벌 메가 처치(Mega Church, 이하 초대형교회)가 미국의 초대형교회보다 더 큰가?'라는 제목의 기사를 내보냈습니다. 기사의 내용에 따르면 프로테스탄티즘을 기반으로 독립한 국가인 미국을 제외하고 전 세계에서 가장 많은 초대형교회를 보유한 국가는 대한민국인 것으로 나타났습니다. 대한민국 서울은 휴스턴과 댈러스에 이어 세계에서 초대형교회가 세 번째로 많은 도시입니다.

구로구에 있는 Y교회는 예배당 크기만으로는 세계 최대인 것으로 알려져 있습니다. 실제로 교회마다 다니면서 줄자로 재고 좌석 수를 세서 정하는 것이 아니기 때문에 오차는 있겠지만 적어도 모든 면에서 동양 최대 규모인 것만큼은 틀림없습니다. 하지만 규모로 치자면 대한민국은 물론 전 세계적으로도 여의도에 있는 S교회를 능가할 교회는 없을 듯합니다. 등록 교인 수만 80만 명이 넘고 실제 교회에 자주 출석하는 교인 수도 40만 명이 훌쩍 넘는 이 교회는 주일이 되면 인근 지역의 교통이 거의 마비될 정도로 많은 교인들이 예배에 출석하는 교회입니다. 주일 예배는 영상으로 촬영해 전국의 산하 교회는 물론 해외 지역의 교회까지 실시간으로 송출되는데 한때 특정 예배 때의 동시 시청자 수가 같은 시간대 공중파 방송 시청자 숫자보다 많았던 적이 있었을 정도라고 하니 신도 숫자를 쉽게 가늠하기 어렵습니다.

비단 규모로만 세계적인 기독교 국가의 반열에 오른 것은 아닙니다. 질적으로도 대한민국은 세계 개신교 복음사에 길이 남을 엄청 난 역사를 이루어 냈습니다. 매주 평균 초대형교회에 출석하는 인원 즉, 예배를 보기 위해 실제로 열성적으로 교회에 나오는 인원은 세 계에서 대한민국 교회가 가장 많은 것으로 나타났습니다. 또한 한국 교회는 사회 각 분야에 적극적으로 기여하는 것으로 유명합니다. 수 많은 미션스쿨을 세워 인재를 길러냅니다. 그런 교육적 기여 덕분에 한국은 전 세계에서 가장 낮은 수준의 문맹률을 자랑하는 국가가 되 었습니다. 앞서 말씀드렸던 YMCA를 비롯해 각종 사회단체에 대한 지원 역시 앞장섭니다. 사회적으로 엄혹했던 시기에 종교인적 양심 으로 민주주의를 갈구하는 시위 학생들을 보호하고 그들의 편에 서 서 목소리를 높였던 이들 역시 다수가 개신교 인사였습니다.

전도 역시 세계에서 유래를 찾아볼 수 없을 정도로 적극적인 모습 을 보여줍니다.

"전 세계에 대한민국 대사관이 없는 곳은 있어도 한인 교회가 없 는 곳은 없다."

이런 말이 있을 정도로 한국 교회는 적극적으로 선교사를 파송하 고 해외 지역에 지교회를 설립해 나갔습니다. 예배만 드리는 것이 아니라 해당 지역에 학교나 병원을 세우고 한글을 가르쳐 주며 한국 문화를 소개하는 등 민간 외교관 역할을 톡톡히 해냅니다. 그 과정 에서 의욕과 열정이 지나쳐 타 종교와 마찰을 빚거나 사회적으로 지 탄받을 행동을 한 이들도 일부 있지만 대다수의 일반 신도들은 신앙 인으로서 모범을 보이기 위해 애쓰고 있습니다.

믿음이 지켜준 나의 사람들

저도 매주 주일 예배를 빠짐없이 참석하는 기독교인입니다. 하지만 제 신앙생활의 과거와 현재를 함께 지켜준 두 사람과 비교하자면 아직까지 한참 모자라기만 합니다. 두 사람의 어머니, 즉 저의 어머니와 제 아이들의 어머니는 그냥 신앙인이라고 말하면 실례가 될 만큼 독실하게 신앙생활을 하는, 가족이라서 하는 이야기가 아니라 한 사람의 신앙인으로서도 존경하는 사람들입니다.

제 어머니는 지금의 기준으로 보면 배움이 짧은 사람입니다. 시집을 오면서부터 시작된 가난과 그로 인한 고통은 늘 우리 가정을 괴롭혔고 어머니는 그 고통을 오롯이 홀로 버텨내며 가족들을 건사해야 했습니다. 그럼에도 불구하고 어머니는 주일을 성수하고 돈독한 신앙생활을 지속하셨습니다. 술에 취한 아버지의 불호령이 떨어져도, 자식들이 엇나가는 길을 택하려 해도, 밀린 이자에 새롭게 쌓이는 빚으로 괴로워도 어머니는 그런 현실을 부정하거나 다른 이들을 탓하기보다는 오히려 더 열심히 기도에 매달렸습니다. 그리고 하나씩 둘씩 문제를 해결해 나가셨습니다. 아버지가 돌아가시고 혼자가 된 요즘도 누군가에게 보살핌을 받기보다는 하나라도 다른 사람에게 베풀려고 노력하고 자식들에게도 남들 배 불리는 일에 인색하지 말고 다른 사람 눈에 눈물 나게 하지 말고 서로 사랑하며 함께 잘 살 수 있는 방도를 찾으라고 가르칩니다.

제 아이들의 어머니인 아내 역시 마찬가지입니다. 그녀의 성정을 말해주는 일화가 하나 있습니다. 사업이 승승장구하기 시작할 무렵입니다. 사업이 너무 잘돼 돈이 주체하기 힘들 정도로 잘 벌리자 저는 슬슬 딴생각이 들기 시작했습니다.

'이렇게 돈이 잘 벌릴 때 돈을 융통해서 아들들 명의로 자그마한 건물이라도 하나 사 줘야겠다.'

사실 목돈을 손에 쥐게 되면 다들 한 번은 할 법한 생각입니다. 저는 서둘러 그 생각을 아내에게 말했습니다. 내심 '여보 대단해요!', '아이들이 좋아하겠네요'와 같은 칭찬의 말을 기대했습니다. 하지만 아내의 반응은 예상과 달랐습니다. 달라도 너무 크게 달랐습니다. 술을 반 잔쯤 걸치고 신이 나서 애들한테 빌딩 하나씩 사줘야겠다며 호기롭게 이야기하는데 아무런 대꾸가 들리지 않는 것이었습니다. 평상시 제가 무슨 말을 하든 진지하게 듣고 진심 어린 반응과 조언을 아끼지 않았던 아내였기에 의외였습니다.

'왜 대꾸를 안 하지? 너무 좋아서 그러나?' 이런 생각을 하며 아내를 돌아보던 저는 깜짝 놀랐습니다. 아내는 얼굴이 빨개진 채 매서운 표정으로 조각상처럼 꼼짝 않고 서서 저를 뚫어지게 쳐다보고 있었습니다. 이제까지 단 한 번도 본 적이 없는 차가운 얼굴이었습니다. 저는 깜짝 놀라 아무 말도 못하고 아내의 얼굴만 바라보았습니다. 평소 아내는 늘 상냥하고 예의를 갖춰 저를 대하는 사람이었습니다. 과장이 아니라 아직까지도 소녀적 감성을 잊지 않고 있는 여인입니다. 특히 가정 안에서는 미안할 정도로 깍듯하게 저를 대하고 아이들 앞에서는 가장으로서의 권위를 세워 주기 위해 헌신적으로 노력합니다. 그런 아내가 눈물이 글썽글썽해서 말합니다.

"OO 아빠, 당신 우리 아이들을 망치려고 그러는 거예요? 정신 차려요."

아내는 조곤조곤 제 생각이 얼마나 위험한 생각인지를 이야기했습니다. 돈 좀 있다는 집 아이들이 부모가 마련해 준 불로소득을 마치 자신의 능력으로 벌어들인 소득으로 알고 자만하여 나태함에 빠지게 되는 과정을 들려줍니다. 사업 등에 대한 투자가 아닌 임대 수익만을 바라본 빌딩 투자를 아이들이 어려서부터 보고 배우게 되면 나태함에 빠지거나 커서도 더 큰 도전과 모험에 나서지 못할 수도 있음을 저에게 경고했습니다. 무엇보다 제가 벌어들인 돈은 하나님의 것이지 제가 진정한 주인이 아닌데 왜 그 돈을 저만의 부귀와 영달을 위해 사용하려 하냐고 꼬집었습니다. 그 모든 것을 아이들이 보고 배운다면 분명 그릇된 길로 가게 되고 말 거라며 저에게 생각을 바꾸라고 간곡히 부탁했습니다.

저는 금방 생각을 고쳐 그때 거둔 수익을 십일조와 감사 헌금으로 교회에 봉헌하고 조금 더 보태서 주변의 불우한 이웃을 돕는데 사용하였습니다. 아내는 그런 사람입니다. 그런 아내 덕분에 저와 두 아들, 이제는 그 아들이 이룬 가정 역시 행복한 신앙생활을 하며 믿음의 가정을 지켜 가고 있습니다.

개신교 말고도 우리나라에 많은 영향을 미쳤던 종교는 또 있습니다. 역사를 조금만 거슬러 올라가면 불교 역시 우리나라에서 새로운 꽃을 피운 것을 발견할 수 있습니다.

삼장법사도 깜짝 놀랄
불교의 나라

소리에 놀라지 않는 사자처럼, 그물에 걸리지 않는 바람처럼, 진흙에 더럽히지 않는 연꽃처럼, 무소의 뿔처럼 혼자서 가라.

『숫타니파타』1장 사품 중 세 번째 무소의 뿔 경

불경을 타고 다니는 나라

지금은 단종되고 후속작인 렉스턴에 자리를 내줬지만 한때 대한민국 고급형 SUV 시장에서 최강자로 군림했던 무쏘라는 차가 있습니다. 코란도로 대표되는 2박스형 지프차가 대세이던 시장에 에어로 다이내믹까지 고려한 유려한 디자인에 고급스러운 인테리어와 각종 편의 장치, 지금까지도 세계 최고 수준으로 평가받는 벤츠의 기술력을 접목시킨 구동계 덕분에 제법 비싼 가격에도 불구하고 큰 인기를 끌었던 차종으로 기억합니다. 그런데 이 차가 사람들의 관심을 불러일으킨 이유는 하나 더 있습니다. 바로 차의 이름 때문입니다. 그전까지 자동차의 이름은 그랜저, 스텔라, 쏘나타, 로얄 살롱 등 대부분 라틴어 또는 라틴어스러운 영어나 스페인어, 음악 용어 등이었습니다. 그런데 무쏘는 좀 색달랐지요. 이탈리아어와 비슷한 발음인데 이탈리아어는 아니고 라틴어나 영어 단어 같지도 않았습니다. 인터넷도 드물던 시절이라 사람들은 도대체 무쏘가 무슨 뜻이냐며 서로에게 물었고 엉뚱한 답이 마치 정답인 양 사람들 사이에 회자되고는 했습니다.

저도 무쏘라는 차 이름이 무슨 뜻인지 궁금했지만 답을 찾지는 못하고 궁금한 채로 살아가고 있었습니다. 어느 날, 그에 대한 해답은 엉뚱하게도 자동차 업계나 자동차 관련 책으로부터 구한 것이 아니라 젊은 시절 많은 영향을 받았던 한 스님에게서 찾았습니다. 20대 시절 저는 돈을 빨리 모으기 위해 마산에 있는 한 조선소에서 밤낮, 휴일, 평일 가리지 않고 온갖 잔업을 도맡아 하며 일을 했습니다. 틈이 날 때마다 시를 쓰곤 했는데 그러다 보니 우연한 기회에 지역 문학 동인회에 참여하게 되었습니다. 문학 동인회를 이끌던 사람은 정다운이라는 법명의 스님이었는데 종교인이면서 한국일보 신춘문예를 통해 등단한 시인이고 불교신문 편집국장을 역임한 언론인이기도 했습니다. '부름'이라는 동인회 활동을 통해 스님과 인연을 맺게 되었지요. 자연스럽게 불교에 대해서도 학문적인 관심을 갖게 되었고 무엇인가에 한 번 빠져들면 끝을 보는 성격에 온갖 불경과 불교 관련 서적을 눈에 보이는 대로 긁어모았습니다. 그리고 밤새도록 읽고 또 읽었습니다. 그렇게 얼마간의 시간이 지나자 알 수 없는 외국어 같았던 불경 구절이 하나씩 눈에 들어오고 머리로 이해가 되고 가슴에 남기 시작했습니다. 그때 읽었던 불경 중에 다음과 같은 글귀가 있었습니다.

"무소의 뿔처럼 혼자서 가라."

순간 저는 신차 이름이 바로 이 불경 구절에서 따온 것임을 알게 되었습니다. 무소는 발음상 물소에서 온 것으로 착각할 수도 있지만 인도 물소는 뿔이 2개입니다. 무소는 뿔이 하나인 코뿔소를 뜻합니다. 즉, '무소의 뿔처럼 혼자서 가라'는 말은 '깨달음을 얻기 위해서는 우리를 둘러싼 욕망과 집착에 휘둘리지 말고, 하나밖에 없는 코뿔소의 뿔처럼 꼿꼿이 우직하게 정진하라'는 정도로 그 뜻을 풀이하면 될 것 같습니다. 자동차 회사 관계자가 신차 이름을 짓기 위해 여러 자료를 뒤지던 중 이 문장을 찾았고 무소가 그 이전부터 자신들이 생산했던 사륜구동 자동차, 코란도의 모티브가 된 동물인 코뿔소와도 연결이 된다는 사실을 확인하고 새롭게 출시되는 SUV의 이름으로 짓게 된 것입니다.

이 문장은 이후 공지영 작가가 펴낸 『무소의 뿔처럼 혼자서 가라』라는 소설이 공전의 히트를 기록하고 동명의 영화로 만들어지면서 지나가는 어린아이조차도 아는 유행어가 되었습니다. 이처럼 불교가 우리 언어에 남긴 흔적들, 언어를 포함해 삶과 문화에 남긴 흔적은 엄청나게 많습니다. 애써 찾아보지 않아도 그냥 눈에 보이고 발에 밟히는 수준입니다.

사찰보다 더 큰 것을 짓는 사람들

고된 일상을 마치고 잠자리에 누울 때 많은 사람들이 '아이고, 고되라. 삭신이 다 쑤신다!'는 말을 합니다. 여기서 삭신은 무슨 뜻일까요? 언제, 어디서 유래한 단어일까요? 제법 말을 잘한다고 하는 사람이나 한글 구사 능력이 뛰어난 사람에게 물어봐도 질문에 바로 답을 하는 사람을 보지 못했습니다. 그런데 뜻밖에도 가까이 지내는 스님으로부터 금방 답을 구했습니다.

"그거, 절집에서 쓰는 말인데요?"

스님의 설명에 따르면 불가에서는 빛과 형체가 있는 육신을 이야기할 때 색신(色身)이라는 단어를 사용합니다. 색은 단순히 빛깔을 이야기하기도 하지만 우주 삼라만상을 이루는 물질인 지(地, 땅 혹은 흙), 수(水, 물), 풍(風, 바람 또는 공기), 화(火, 불)를 의미합니다. 고대 그리스 철학자 엠페도클레스가 주창한 이래 플라톤과 아리스토텔레스가 보완하면서 고대 서양 과학의 가장 중요한 학설로 대접받던 원소설(原素說) 속 네 가지 물질 테라(흙), 아쿠아(물), 벤투스(공기 또는 바람), 이그니스(불)와 완벽하게 대응되는 것이 무척이나 신기합니다. 그리고 신은 인체를 뜻합니다. 즉, 색신은 인간의 몸을 이루는 모든 것과 몸을 둘러싸고 있는 모든 것을 뜻합니다. 색신이라는 단어가 삭신으로 발음이 변하고 일상에서 사용되면서 온몸을 뜻하는 단어로 사용되는 것입니다.

일반인들은 그 유래에 대해 잘 모르지만 불가에서는 흔하게 사용하는 단어로 어렵지 않게 만날 수 있습니다. 사람들이 생각이나 고민에 빠져들어 일상에 어려움을 겪거나 누군가로부터 괴롭힘을 당할 때면 시달림을 당한다는 말을 합니다. 여기서 사용된 시달림이라는 단어에 대해 거의 대부분의 사람들이 순우리말로 생각하거나 어떤 한글 동사에서 파생된 명사형 어미 단어라고 생각합니다. 의외로 이 단어는 외래어 그것도 우리에게 생소한 산스크리트어로부터 유래한 단어입니다.

고대 인도 마가다[11] 왕국의 수도 왕사성(王舍城) 북문 밖에는 드넓은 숲이 펼쳐져 있었는데 그 숲의 이름은 쉬타바나(Śītavana)라고 합니다. 사람들은 숲에 시신이나 쓰레기 등을 내다 버렸는데 그 악취가 숲을 빠져나가지 못하고 머물러 고약하기 이를 데가 없었다고 합니다. 마가다 왕국 정부는 숲을 죄인들을 수용하고 벌주는 용도로도 사용했습니다. 사형에 처할 정도로 중죄를 저지르지 않은 죄수들은 쉬타바나 숲에 몰아넣고 그곳에서 살아가게 했는데 숲에서의 생활이 얼마나 고되고 괴로웠는지 숲의 이름 쉬타바나는 곧 괴롭힘, 힘겨움과 동일한 의미로 사용되기 시작했습니다. 쉬타바나를 한문으로 음차 한 단어가 시다림(尸陀林)이고 그로부터 시달림, 시달리다라는 단어가 만들어진 것입니다.

이외에도 일상 단어에서 불교문화의 흔적은 어렵지 않게 만날 수

---

11 摩伽陀國. 기원전 6세기에서 1세기 사이에 인도 갠지스강 중류에 존재했던
    고대 왕국으로 자이나교와 불교를 크게 융성시킨 나라다.

있습니다. 아기를 싸는 포대기, 집 안으로 들어서는 입구가 되는 현관, 글을 쓰는 작가, 맑고 투명한 유리 등의 단어는 모두 불교에서 유래했거나 불가에서 주로 사용하던 단어가 민간에 전래된 경우입니다. 지명에서는 그 흔적을 훨씬 더 흔하게 발견할 수 있습니다. 우리나라에는 참으로 많은 보문동이 있습니다. 서울 북쪽에 위치한 고려 대학교의 서남쪽 지역이 보문동이고 경상북도 경주시에도 보문 관광단지로 유명한 보문동이 있으며, 같은 도내 예천군에는 보문면이 있습니다. 이들 동네는 한자 이름까지 똑같이 보문(普門)입니다. 보문사(普門寺)라는 절 이름에서 마을 이름을 따온 동네입니다. 비슷한 방식으로 작명된 동네로는 청량사(淸凉寺)로부터 유래한 서울특별시 동대문구 청량리동과 전라북도 무주군 청량리가 있습니다.

한 가지 재미있는 사실은 사람들이 흔히 가톨릭 또는 개신교의 언어 혹은 그들 종교에서 사용하는 말로 인식하고 있는 단어 중 상당수가 불가에서 유래한 것이라는 점입니다. 천주, 성당, 장로 등의 단어가 그렇습니다. 하늘의 주인을 의미하는 천주의 경우 뒤에 종교를 뜻하는 교(教)자를 붙여 가톨릭 대신 천주교라는 이름으로 사용하기도 하고, 하나님 야훼를 지칭하는 이름으로 사용하기도 합니다. 하지만 우리나라에서는 그리스도교가 전래되기 훨씬 이전부터 불교의 이상향으로 꼽는 도리천(忉利天)을 다스리는 왕인 제석천(帝釋天)의 여러 가지 다른 이름 중 하나로 사용했습니다. 성스러운 집이라는 의미인 성당의 경우 가톨릭의 예배당으로 흔히 사용하지만 원래 불교에서 법당을 일컫는 용어였습니다. 여전히 시골에 가면 일부 사찰에서는 법당을 성당이라 부르는 보살님이 있어 헷갈리기도 합니다. 어떠한 조직에서 나이가 많고 경험이 풍부해 널리 존경을 받는 이를 일컫는 장로라는 명칭 역시 마찬가지입니다. 개신교에서는 전반적인 교회 운영에 대해 봉사하거나 책임지고 의사결정을 하는 직분의 남성 신도를 일컫는 단어로 주로 사용하지만 불교에서는 원래 주지 스님이나 퇴임한 고승을 지칭해서 장로라고 불렀습니다. 아마도 기독교가 전래되는 과정에서 성경과 교리 등을 번역할 때 마땅한 단어를 찾지 못해 이전부터 한반도에 널리 퍼져 있던 불교의 개념과 개념어를 차용하면서 빚어진 현상이 아닐까 생각합니다.

일찌감치 시작된 부처님 나라

인도에서 시작된 불교는 중국을 거쳐 고구려, 백제, 신라 삼국으로 전래되었습니다. 고구려가 가장 먼저 불교를 받아들였다고 알고 있지만 정확한 사실은 아니며 삼국 중 누가 먼저 불교를 받아들였는지는 지금까지도 의견이 분분합니다.

역사 교과서에서 배운 내용에 따르면 불교가 한반도에 전래된 시기는 백제의 경우 서기 384년에 승려 마라난타가 중국의 동진을 거쳐 들어와 당시 백제의 왕이었던 침류왕을 경배하고 이듬해 사찰을 세워 10명의 승려를 배출하면서부터였다고 합니다. 신라는 이보다 꽤 늦은 시기인 서기 527년에 법흥왕이 불교를 받아들이기로 하면서 전파되었다고 알려져 있습니다. 다만 그 과정이 워낙 드라마틱해서 역사서 속 다른 나라에 비해 꽤 비중 있게 다루어지고 있습니다. 과거 고증을 잘 거치지 않은 일부 역사서에서는 불교를 국교로 받아들여 달라고 주장하던 이차돈의 목을 법흥왕이 베자 목에서 흰 피가 솟았고 그를 보고 두려움에 빠진 왕이 신라에 불교를 받아들이기로 했다는 식의 어설픈 이야기가 기록되어 있지만 다수의 정사에 기록된 역사는 이와 다소 다릅니다. 원래부터 법흥왕은 불교에 심취한 인물이었습니다. 이차돈 역시 불교에 조예가 깊고 신앙심 역시 두터웠던 인물입니다. 그러나 권력은 왕이 아닌 신하들에게 있었습니다. 신하라고는 하지만 각자의 연고지에 자신의 세력과 사병을 보유하고 있는 일종의 영주와도 같았던 이들 대부분은 다신교 또는 원시종교적 성격이 강했던 향토 신앙에 심취해 있었습니다. 그런 자신만의 신을 버리고 오직 부처의 말씀만을 따르라는 건 마치 본인의 기득권을 버리고 왕에게 절대복종하라는 지시처럼 여겨졌을 겁니다. 때문에 불교를 도입하고 신라의 국교로 삼는 것에 대한 반발이 무척이나 거셌습니다.

그때 등장한 것이 바로 법흥왕의 오른팔, 이차돈이었습니다. 그는 왕과 짜고 치는 고스톱을 하기로 합니다. 불심이 깊었던 이차돈은 자신이 순교하면 반드시 이적이 행하여 질 것임을 확신했습니다. 그리고 그를 보면 신하들도 꼼짝 못할 거라는 생각을 했습니다. 이차돈은 신하들이 보는 앞에서 왕명을 대놓고 거역했습니다. 사실 이 부분에서 역사서마다 그 기록이 조금씩 다릅니다. 『삼국유사』의 경우에는 일부러 왕이 사찰을 짓는 것을 앞장서서 방해해 그를 이유로 참수형에 처해졌다고 되어 있고『삼국사기』의 경우 다른 신하들과 노골적으로 분란을 일으키며 왕을 노하게 해 참수형에 처해졌다고 이야기하고 있습니다.『해동고승전』의 경우에는 왕의 이름을 팔며 사찰을 짓는다고 왕실의 숲에서 나무를 마구 베어 내 그 죄에 대한 벌로 참수를 당했다고 적혀 있습니다. 이유야 무엇이든 계획대로 참수되자 이차돈은 목이 베어진 이후에도 한참 동안이나 살아 있었고 잘린 목에서는 흰 피가 솟았으며 책에 따라서는 꽃비가 내렸다는 기록도 있습니다. 그렇게 신라에 불교가 전해졌습니다.

의외로 고구려는 전래 시기가 명확하지 않습니다. 분명 불교가 가장 먼저 국가 종교로 공인된 것만큼은 틀림없는데 언제 처음 들어왔는지에 대한 기록이 불분명합니다. 육로로 인도에 가려면 반드시 거쳐야 하는 중국과 지리적으로 밀접하게 붙어 있고 실제 교류가 빈번했기에 자연스럽게 접경 지역 중심으로 스며든 것이 아닐까 추측할 따름입니다. 기록상 공식적으로는 소수림왕 2년인 서기 372년에 중국 전진의 승려 순도가 황제의 명을 받아 불상과 불경을 들고 찾아왔고 이에 소수림왕이 절을 지어 불상을 모시도록 하면서 한반도에 처음으로 불교가 공인된 것으로 알려져 있습니다. 하지만 훨씬 더 오래전에 출간된 역사서에 고구려와 중국 사이 승려들이 오갔고 그들을 통해 불경과 각종 관련 서적들이 고구려에 유입되었다는 기록이 있는 것으로 보아 고구려를 포함한 한반도에 불교가 전래된 시기는 의외로 상당히 일찍이었다는 것을 유추할 수 있습니다.

이후 삼국을 통일한 통일신라와 그 뒤를 이어 한반도를 다스린 고려 때 불교는 국가 신앙으로 전성기를 맞이했습니다. 당시 불교에 깊이 배여 있던 호국 사상 덕분에 정권 차원에서 보호되고 장려되었습니다. 한마디로 좀 힘들면 '부처님!', 좀 아쉬우면 '보살님!'을 찾았던 것이지요. 고려를 건국한 태조 왕건 시기부터 개경에는 수많은 사찰과 불탑이 세워졌고 승려가 되기 위한 시험인 승과(僧科)를 실시해 국가 차원에서 신분을 보장해주었습니다. 사찰에는 세금을 내지 않아도 되는 특권이 부여되었고 승려들은 병역도 면제해 주었습니다. 심지어 왕(문종)의 아들(의천대사)이 수계를 받고 승려가 되기까지 했습니다. 고려는 나라 전체적으로 불교가 최고 전성기이기도 했지만 온갖 부정 비리와 사회적 병폐 역시 불교로 인해 일어났습니다.

국가 통치 이념이자 왕실에서 적극적으로 권장한 국가 종교라 매년 여러 차례 국가 주도로 대형 불교 행사가 개최되었습니다. 대규모 행사가 있는 곳에는 당연히 콩고물이 있기 마련이고 그를 탐내는 온갖 시정잡배들이 사찰 안팎에 득실댔습니다. 또한 불교계 대표는 왕사 또는 국사라 하여 궁궐을 자유롭게 드나들며 왕과 왕비 그리고 왕실 가족을 편하게 만날 수 있었습니다. 왕실 사람들은 그들에게 조언과 가르침을 구하고는 했습니다. 말 그대로 권력의 중앙에 있었고 무소불위의 힘을 발휘하였습니다. 그러나 시간이 흐를수록 사람들은 불교를 멀리하게 됩니다. 힘겨운 현실을 회피할 수 있는 안식처가 되어주기는커녕 가장 현실적인 영역에 존재하며 부와 권력을 사이좋게 나눠 가진 불교계 지도자들의 모습에 환멸을 느끼게 된 대중들이 나날이 늘어 갔습니다. 거기에 무분별한 사생활로 인해 구설수에 오르내리는 승려들까지 늘어나면서 고려 말 조선 초 불교는 권력적으로는 가장 강력하면서도 도덕적으로는 가장 취약한 종교로 변해버리고 말았습니다.

고려가 문을 닫고 조선왕조가 시작되었습니다. 조선의 국가 정책 중 하나인 숭유억불을 근거로 조선 시대가 한국 불교의 암흑기였다고 이야기하는 사람들이 있습니다. 절반은 맞고 절반은 틀린 말입니다. 조선왕조와 지배 계층은 주자학, 성리학 등으로 대표되는 유교 사상을 통치 철학이자 국가와 사회 전반을 꿰뚫는 사회적 이념으로 중시했습니다. 고려 시대 사찰에 제공되던 왕실 또는 국가 지원을 일체 금했고 과거에서 승과를 폐지했습니다. 일부 눈에 거슬리는 승려는 환속시키거나 더 큰 벌을 내리기도 했습니다. 마을 내에 위치하고 있던 절을 사람들의 발길이 닿기 어려운 산속으로 쫓아냈습니다. 산 좋고 물 좋은 곳, 주로 국립공원이나 도립공원으로 지정된 심산유곡에 고찰이 자리 잡게 된 이유이지요. 사찰의 재산을 몰수했고 심지어 불교 종단을 강제로 통폐합하기까지 했습니다. 여기까지만 보면 확실히 조선은 불교를 탄압했던 나라였습니다.

그러나 뜻밖에도 내적으로 탄탄해지고 조금 더 일반 대중에게 다가갈 수 있게 된 시기 역시 조선 시대입니다. 사회적 활동이나 적극적인 포교 활동이 금지된 승려들은 산속에 틀어박혀 셀 수도 없을 만큼 여러 번 경전을 읽었고 깨우침을 얻기 위한 참선에 몰두했습니다. 입고 쓰고 먹을 것을 스스로 마련하기 위해 산을 개간했고 검소한 살림살이를 지켜 나갔습니다. 그럼에도 나라가 위태로울 때는 불의에 맞서고 중생을 구제해야 한다는 호국불교의 가르침에 따라 기꺼이 죽음을 무릅쓰고 전장에 나섰고 그 모습에 감동한 대중은 다시금 부처님의 가피로 들어섰습니다. 사대부 계층은 여전히 불교를 이단시하며 배척했지만 사회 전반적으로는 불교의 인기가 다시 높아졌습니다. 세종은 『석보상절』, 세조는 『월인석보』를 간행하여 일반 백성들의 불교에 대한 이해를 높이는 데 힘썼으며 정조는 비운의 왕세자였던 아버지 사도세자를 위해 수원성 인근에 용주사를 창건하기도 했습니다.

이처럼 불교는 종교가 아니라 하나의 문화 혹은 생활양식으로 기나긴 역사 내내 우리 삶의 가장 밀접한 곳에 자리해 왔습니다.

스님과의 티타임을 즐기는 기독교인

저는 기독교 신앙인입니다. 하지만 가끔 저녁 식사 자리 등에서 불경 구절을 읊으며 이야기할 때가 있습니다. 그러면 같이 자리한 사람들이 하나같이 놀라며 저에게 기독교인이 아니냐고 묻곤 합니다. 그럴 때면 저는 힌두교 경전으로 취급[12]받는 『바가바드 기타』의

---

12 힌두교는 종교적 특성상 성경이나 금강경 식으로 공식화된 경전을 내세우지 않았다.

구절을 인용해 답을 하기도 합니다. 앞에서 이야기한 것처럼 불교는 수많은 나라에서 주요 종교 중 하나로 인정받고 있지만 우리나라에서는 종교의 범주를 넘어서서 생활 문화와 삶의 철학적 기반으로 그 역할을 해 왔습니다. 삼국시대 후반부와 고려 시대 중반부까지는 국교 역할을 하며 국가의 통치 이념과 국정 철학의 근간이 되었고 이후 주자학, 성리학의 전래로 인해 불교가 배척당했던 고려 후반부에서 조선 시대 전반에 걸친 기간 동안에도 대중의 삶과 한순간도 떨어진 적은 없습니다. 그 흔적들은 앞서 이야기한 것처럼 우리의 언어, 지명, 습속 등에 그대로 남아 있습니다. 그것을 굳이 부정하고 마다할 필요는 없습니다. 서로 인정하고 적극적으로 활용할수록 각각의 신앙생활이 더 윤택해지고 믿음의 깊이가 깊어지며 영혼이 풍성해지는 즐거움을 느낄 수 있습니다. 저는 그 기쁨을 알기에 기회가 될 때마다 절에 들러 고명한 스님들의 말씀을 청해 듣는 것을 즐겨 합니다. 불교는 하나의 종교를 넘어서서 우리나라 정신문화의 한 축으로 한민족 정서 저변에 면면히 흐르고 있습니다. 그를 쓸데없이 부정할 필요도, 지나치게 확대해석 할 필요도 없습니다. 특정한 신을 믿기보다는 마음을 다스리고 수련하며 그를 통해 누구라도 깨달음을 얻을 수 있고 그를 통해 부처가 될 수 있다고 이야기하는 불교는 어떤 면에서 종교이기보다는 마치 철학과도 같이 학문적 성격이 강한 편입니다.

저와 아내를 이어 준 것도 불가의 인연이었습니다. 한 스님이 운영하는 문학 동인회에서 지금의 아내를 만났습니다. 그때 스님이 강조했던 것이 사랑이었습니다. 시라는 것도 묘사하고자 하는 대상에 대한 사랑 없이는 제대로 된 표현이 불가능하며 사랑하는 마음이 없는 사람이 제아무리 수많은 단어를 현란하게 사용하여 멋들어지게 시구를 지어도 그 시를 읽는 이들을 감동시킬 수 없을 거라며 나 이외 타자에 대한 열린 마음과 진정한 사랑을 강조했습니다. 그때 스님의 큰 가르침이 일생동안 제게 큰 도움이 되었습니다.

지금도 스님과 수시로 연락을 나누고 자주 만나 향기로운 차 한잔을 나눕니다. 저는 스님들과 찻잔을 나누는 시간이면 세상 어느 때보다도 더 마음이 편안하고 행복한 기분을 느낍니다. 기독교인이지만 대화에 크게 괴리감이 느껴지지 않습니다. 오히려 이야기를 나누다 보면 이후 성경을 읽을 때 보다 깊이 해석하는데 중요한 팁을 얻고는 합니다. 스님들은 저와 교회를 존중하고 저는 스님들을 마음으로 존경하며 서로 사랑하는 아름다운 관계를 이어 갑니다.

이어서 제게 목사님이나 스님과 더불어 지인 리스트에 있는 성직자가 많은 종교를 하나 소개합니다. 개신교, 불교와 더불어 대한민국의 수많은 사람이 믿는 종교이자 개신교와 뗄래야 뗄 수 없는 관계의 종교인데요, 이번에는 가톨릭이 바로 그 주인공입니다.

교황이 편애하는 나라

하나님이 가라사대 우리의 형상을 따라 우리의 모양대로 우리가 사람을 만들고 그로 바다의 고기와 공중의 새와 육축과 온 땅과 땅에 기는 모든 것을 다스리게 하자 하시고, 하나님이 자기 형상 곧 하나님의 형상대로 사람을 창조하시되 남자와 여자를 창조하시고, 하나님이 그들에게 복을 주시며 그들에게 이르시되 생육하고 번성하여 땅에 충만하라, 땅을 정복하라, 바다의 고기와 공중의 새와 땅에 움직이는 모든 생물을 다스리라 하시니라.

『구약성경』 창세기 1:26~28

교황이 참으로 사랑하는 나라

2014년 8월 16일 참으로 무더웠던 여름 아침, 수많은 사람들이 광화문 광장으로 몰려들었습니다. 이른 아침이지만 햇살은 뜨거웠고 아스팔트는 벌써 열기로 이글거리기 시작했습니다. 그럼에도 불구하고 인파는 끝없이 몰려들었고 그 넓은 광장이 사람들로 가득 찼습니다. 지열에, 몰려든 인파가 뿜어내는 열기에 짜증이 날 법도 하지만 누구 하나 불평하는 이가 없었습니다. 사람들은 애타게 누군가가 나타나기만을 기다렸습니다. 이윽고 특이하게 개조된 하얀색 무개차[13]를 탄 이가 등장했습니다. 국산 SUV를 개조한 차량에 서서 그는 광장을 가득 메운 사람들에게 연신 손을 흔들었고, 사람들은 그런 그를 조금이라도 더 가까이서 보고 두 눈에 담아두고자 했습니다. 이날은 제266대 프란치스코 교황이 대한민국을 방문해 한국인 순교자들을 복자(福者)로 칭하는 시복식(諡福式)을 거행하는 날이었습니다. 사람들은 교황을 알현하고 시복식을 참관하기 위해 행사가 열리는 광화문 광장으로 몰려든 것이었지요. 교황의 한국 방문은 1989년 요한 바오로 2세의 방한 후 무려 25년 만이었습니다.

교황을 태운 무개차는 광화문을 가득 메운 사람들 사이를 천천히 이동했습니다. 교황을 직접 보기 위해 전국 각지에서 몰려든, 심지어 가까이서 만나기 위해 지난밤에 도착해 밤을 새운 신도들은 감격에 겨워 연신 손을 흔들어 댔습니다. 그런 그들에게 온화한 미소를 보이던 교황은 잠시 차를 세우고 차에서 내려 누군가에게 다가갔습니다. 교황이 다가간 대상은 같은 해 4월 어처구니없는 참사로 귀한 딸을 잃은 세월호 유족들이었습니다. 교황은 그들의 손을 맞잡고 위로의 뜻을 전했습니다. 수십 개의 400인치 대형 스크린으로 지켜보던 광화문의 신도들과 TV 중계방송을 통해 시청하던 전 국민들은 교황의 따스한 배려와 한국인에 대한 관심에 감격했습니다.

---

13 無蓋車. 사열이나 퍼레이드 등에 주로 사용되는 천장을 제거한 차다.

프란치스코 교황이 한국인을 감동시킨 것은 그 순간만이 아니었습니다. 방문 전부터 한국에 대한 애정을 수시로 표현했고 한국에 도착한 이후는 매 순간순간이 감동의 연속이었습니다. 경호 등의 문제로 교황의 일정은 사전에 철저하게 계획되고 통제되지만 프란치스코 교황의 한국 일정은 수시로 바뀌었습니다. 교황을 만나고 싶어 하는 이들이 있으면 교황은 일정을 변경하면서까지 그들을 만났습니다. 이동하는 도중에 차를 돌려 가톨릭 재단 대학인 서강 대학교에 방문해 한국의 대학생들을 만났고, 대전에서 열린 가톨릭 아시안 청년대회에 참석해서도 갑작스럽게 한국의 신자들을 만나기 위해 동선을 변경했습니다. 특히 예정 없이 세월호 유가족들과 만나고 실종자 10명의 이름을 한 명씩 언급하기도 했습니다. 이 모든 것이 한국을 사랑하고 한국의 가톨릭 신도들을 존중하지 않으면 있을 수 없는 일이었습니다.

가톨릭 수장 중 한국을 사랑한 이는 프란치스코 교황만이 아니었던 듯합니다. 1984년, 제264대 교황 요한 바오로 2세는 교황으로서는 최초로 대한민국을 방문했습니다. 한국에 가톨릭이 전래된 지 200년 만에 처음 있는 일이었습니다. 물론 한반도에 가톨릭 성직자 또는 성경이 들어온 것은 그보다 훨씬 더 오래전 일입니다. 가톨릭을 믿는 신도 역시 그 이전에도 많았습니다. 그러나 조선 정조 8년이었던 1784년 인천 사람 이승훈이 중국 베이징으로 건너가 예수회 소속이던 그라몽(Jean Joseph de Grammont) 신부로부터 정식 세례를 받은 해를 공식적인 가톨릭 전파 시기로 인정하기에 1984년을

200주년으로 보고 대대적인 행사를 준비했습니다.

행사 참석과 기념 미사 집전을 위해 한국을 찾은 교황 요한 바오로 2세는 도착한 순간부터 큰 관심을 받았고 지켜보던 사람들에게 충격을 주었습니다. 공항에 도착한 비행기에서 내린 교황은 무릎을 꿇고 땅에 입을 맞추었습니다. 기록 영상을 보면 교황의 갑작스러운 행동에 어쩔 줄 몰라 하는 한국 정부 인사의 모습이 그대로 담겨 있습니다. 더 놀라운 상황은 그 뒤에 벌어졌습니다. 한국 도착 후 첫인사를 하는 자리에서 교황 요한 바오로 2세는 다소 서툴지만 분명한 발음으로 다음과 같은 인사말을 건넸습니다.

"여러분이 베풀어 주신 따뜻한 환대에 감격하고 있습니다."

이를 위해 교황은 당시 바티칸 그레고리오 대학에서 유학 중이던 한국인 장익 주교를 40여 차례나 초빙해 한국어를 배웠다고 합니다. 방문국에 대한 예의를 넘어 한국이라는 나라에 대한 애정과 존중이 없었으면 쉽지 않았을 일입니다. 교황의 한국에 대한 관심과 애정은 거기서 그치지 않았습니다. 한국 방문 동안 예정되었던 한국 천주교 200주년 기념 대회 겸 103위 순교 성인 시성식 미사를 한국어로 집전하고 싶어 했습니다. 그를 위해 한국어 수업은 물론 17차례나 미사 예행연습을 해야만 했지만 교황은 흔쾌히 모든 일정을 조절해 모든 연습에 참가했고 성공적으로 방한 행사를 치루었습니다.

이후 교황 요한 바오로 2세는 1989년 10월 서울에서 개최된 제44차 세계 성체 대회의 주요 행사를 집전하기 위해 다시 한국을 방문했고 2002년에는 200명 이상의 목숨을 앗아 간 역대급 태풍 루사로 피해를 입은 한국인을 위해 특별 메시지를 보내기도 했습니다. 가히 편애라고 할 정도로 역대 교황들은 한국인에게 많은 관심과 애정을 보였습니다.

가톨릭, 보편적인 교회의 시작

서기 35년, 지금은 튀르키예의 영토이지만 당시에는 로마제국령이었던 안티오케이아라는 마을에서 한 아이가 태어났습니다. 성경 구절에는 주로 안디옥이라는 이름으로 등장하며 초기 그리스도교의 역사에서 빼놓을 수 없는 중요한 위치를 차지하는 마을입니다. 태어난 아이의 이름은 이그나티오스. 그에게는 폴리카르포스라는 친구가 있었습니다. 이그나티오스는 열정적이면서도 인간적인 매력이 넘치는 인물이었고 폴리카르포스는 지혜롭고 학문을 좋아하는 인물이었습니다. 잘 안 어울릴 것 같지만 우연히 두 사람은 둘도 없는 친구 사이가 되었고 함께 사도 요한의 제자가 되었습니다. 폴리카르포스는 본인의 성향처럼 초대교회의 진리에 대해 탐구했고 그를 통해 수많은 이단과 맞서 싸웠습니다. 또한 교회에 배타적인 외부 세력과 맞서 싸울 수 있는 이론적 무기를 제공해 주었습니다. 이그나티오스는 그 무기를 들고 안티오케이아의 주교로 활동하며 그리스도교 전파에 앞장섰습니다.

당시 로마의 황제는 트라야누스였습니다. 트라야누스 황제에 대한 그리스도교인의 평가는 매우 흥미롭습니다. 일단 통치자이자 행정가로서 트라야누스 황제는 로마 역사상 비슷한 인물을 찾아보기가 힘들 정도로 훌륭한 인물입니다. 수많은 원정을 거의 대부분 성공으로 이끌어 영토를 이전보다 엄청난 크기로 확장했고 그에 따라 물자가 풍부해지고 일자리가 늘어나면서 경제 역시 호황이었습니다. 정치는 안정되고 문화가 융성하니 태평성대의 전형적인 모습이었습니다. 오죽하면 트라야누스 황제 치세 이후부터 황제의 즉위식에서는 군중들이 다음과 같이 외치는 것이 하나의 전통이 되었을 정도였습니다.

"펠리시오르 아우구스토, 멜리오르 트리아노!(Felicior Augusto, Melior Traiano!)"

우리말로 번역하자면 '아우구스투스[14]보다 더 큰 행운이, 트라야누스보다 더 나은 통치를!'이라는 뜻인데, 당시 로마 시민들이 트라야누스 황제의 치세를 얼마나 높게 평가했는지를 알 만한 대목입니다.

이는 후대의 평가에서도 마찬가지입니다. 단테가 지은 『신곡』에는 수많은 인간 군상이 등장하고 그들은 지나온 삶의 궤적에 따라 각각 지옥과 천국 혹은 그 사이 어디쯤에 살고 있는 것으로 묘사됩니다. 거주지의 판단 기준은 생각보다 훨씬 엄격해서 알렉산드로스 대왕 같은 위대한 통치자들 상당수가 지옥에 살고 있고 심지어 니콜

---

14 Augustus. 율리우스 카이사르의 양자로 안토니우스, 레피두스 등과 같은 정적들과의 경쟁에서 이겨 로마제국의 초대 황제로 등극했다.

라오 3세, 클레멘스 5세 등과 같은 교황마저도 층은 조금 다르지만 지옥에 살고 있는 것으로 서술되어 있습니다. 지옥보다는 낫지만 하나님을 맞이할 수 있는 변옥에는 사람들이 알 만한 인물이 모두 모여 있습니다. 아리스토텔레스와 플라톤을 비롯한 고대 철학자와 히포크라테스 등과 같은 의사, 키케로와 호메로스 같은 문학가들이 대표적인 인물입니다. 하지만 이곳에서도 트라야누스 황제의 이름은 발견되지 않습니다.

트라야누스 황제는 뜻밖에도 『신곡』의 천국 편에 등장합니다. 그곳에서도 정의로운 자들(Spiriti Giusti)이 머무르고 있다는 목성천(Cielo di Giove)에서 발견되지요. 함께 그곳에 머무는 인물로 기술된 이가 성경에 등장하는 다윗, 그리스도교를 최초로 공인한 콘스탄티누스 1세인 것을 보면 트라야누스 황제에 대한 서양인 특히 그리스도교인들의 생각을 알 수 있습니다.

그러나 의외로 바로 그 트라야누스 황제에 의해 이그나티오스는 잡혀갑니다. 트라야누스 황제는 다른 황제처럼 그리스도교인이라고 마구잡이로 잡아들이지는 않았습니다. 정권 초기에는 오히려 적극적으로 보호하는 정책을 펴기도 했습니다. 정권 후반기에 들어 안정적인 정치 활동을 위해 원로원과의 원만한 협력 관계가 필요했고, 그들이 주장하는 것을 일부라도 들어주지 않을 수가 없었습니다. 그 중 하나가 그리스도교도들이 로마제국 내에서 더 이상 활개 치고 다니지 못하도록 하는 것이었습니다. 트라야누스 황제는 그 청을 받아들여 복음 전파 활동의 우두머리 격인 인물을 잡아들이도록 했고 그

중 한 사람이 이그나티오스였습니다.

안티오케이아에서 체포된 이그나티오스는 재판을 받기 위해 로마까지 압송되었습니다. 말이 재판이지 실제로는 처형을 당하기 위한 여정이었지요. 최종 목적지에서 맞닥뜨릴 결과가 뻔히 정해져 있는 죽음의 행로였지만 그곳까지 가는 여정 또한 만만치 않았습니다. 걸어야 할 도로 길이만 3천 5백여 킬로미터가 넘고 중간중간 어떤 위험이 도사리고 있을지 모르는 험난한 행로였습니다. 21세기에 비행기를 타고서도 무려 7시간이 넘게 걸리는 거리입니다. 하지만 이그나티오스는 낙담하기보다는 그 길을 복음 전파의 기회로 활용했습니다. 당시 여건상 한 번에 긴 거리를 이동할 수 없고 수시로 인근 마을에 들러 숙식을 해결하고 필요한 물자를 보급받아야 했는데 그때를 이용했습니다. 긴 이동의 시간 동안 생각을 정리하고 노숙을 할 때면 몰래 가죽이나 천에 글을 남겼습니다. 그리고 마을에 들르게 되면 그때를 이용해 해당 지역의 교회에 몰래 쓴 글을 전했습니다. 그렇게 전해진 편지는 총 일곱 편으로 여섯 편은 해당 지역의 교회와 그 교회를 섬기는 이들에게 남긴 것이었고 나머지 한 편은 친구이자 신앙의 동반자였던 폴리카르포스에게 남겼습니다.

이그나티오스가 남긴 편지는 초기 교회의 주요 활동, 성직자의 역할, 신도들의 신앙생활 등에 대해 연구하는데 매우 중요한 역할을 하는 자료입니다. 그는 교회의 필요성 혹은 교회가 신앙인 사이에서 갖게 되는 권위와 역할 등에 대해 설명하면서 당시 안티오케이아에서 주로 사용되던 그리스어 형용사 단어를 사용했습니다. 보편적인이라는 뜻의 카톨리코스라는 단어로 자신들의 교회를 설명했는데 이 편지의 이 단어로부터 현재의 '가톨릭'이라는 이름이 사용되기 시작했습니다.

한자 문화권인 우리나라에서는 초기에는 가톨릭이라는 말 대신 천주교라는 명칭이 더 일반적으로 쓰였습니다. 아무래도 초기에 가톨릭이 전래될 때 성경과 신앙을 설명하는 자료(책)와 사람(신부)의 대부분이 중국을 통해 들어왔기 때문에 그랬을 것입니다. 실제로 우리나라에서 종교와 관련한 정책을 총괄하는 주무부처에 등록되어 있는 종교 재단 명칭도 아직까지 천주교로 되어 있습니다. 하지만 이제는 젊은 신도들을 중심으로 가톨릭이라는 명칭이 더 즐겨 사용되는 듯하고 일반인들 역시 가톨릭이라는 이름을 더 친숙하게 여기게 되었습니다. 한반도에 처음으로 가톨릭이 전래된 시기에 대해 이야기할 때도 당시 사용되던 천주교라는 명칭 대신 가톨릭이라는 이름을 사용합니다.

박해의 역사, 발전의 역사

가톨릭이 한반도에 처음 전래된 시기는 명확하지 않습니다. 임진왜란 시기에 왜군의 무리 중 예수회 선교사가 있었고 그를 통해 우리나라에 최초로 가톨릭 교리가 전파되었다고 주장하기도 하고, 병자호란 때 청나라에 볼모로 잡혀 있던 소현세자를 수행했던 무리를 통해 중국어로 된 가톨릭 서적이 들어온 것이 조선 가톨릭의 시초라 하는 이도 있습니다. 비교적 명확하게 글로 기록된 근거는 실학자 홍대용이 쓴 『담헌연기(湛軒燕記)』로, 책의 내용에 따르면 조선 사람들은 이미 강희제[15] 집권기(1661년~1722년)에 북경을 오가며 서양 신부들과 교류했고 미사에 사용하거나 신도 개인이 지니는 성물 등을 전달받아 가지고 들어왔다고 합니다. 실제로 조선 정조 시기에 양반, 사대부 집에는 유교 서적과 함께 가톨릭 관련 책이 꽂혀 있는 것을 심심치 않게 볼 수 있었다고 하지요. 다산 정약용 선생과 그의 형제 정약전, 정약종 등이 가톨릭 신도로 활동했던 시기도 바로 이때였습니다.

1780년대 중엽 한양 수표교 인근에는 이벽(李蘗)이라는 인물이 살고 있었습니다. 기골이 장대하고 인물이 출중하며 언변까지 화려해 한양에서도 유명한 한량이었던 이벽은 머리가 명석해 학문도 곧잘 했지만 출세에는 뜻이 없었습니다. 대신 당대 학문이 높은 유생들과 자주 어울렸는데 자신의 누나와 결혼해 매형 처남 사이가 된 정약현도 있었습니다. 정약현은 약전, 약종, 약용을 포함한 정씨 집안 4형제의 맏아들입니다. 이벽은 조선의 모순적 사회구조에 큰 불만을 품고 젊어서부터 세상 밖의 신문물과 신학문에 많은 관심을 가졌습니다. 그러던 그의 눈에 들어온 것이 서학 또는 천주학이라 불리던 가

---

15 康熙帝. 강력한 외치와 안정적인 내치를 통해 정치사회는 물론 경제, 문화 측면에서 청나라의 전성기를 열었다고 평가받는 황제다.

톨릭이었습니다.

　이벽의 집에는 유독 가톨릭 관련 서적이 많았는데 조선 인조 대에 세자시강원을 지낸 그의 선대 할아버지 이경상이 바로 청나라의 볼모가 되어 북경에 머물던 소현세자를 지근거리에서 모셨던 인물이기 때문입니다. 여기서 기록은 둘로 갈라집니다. 어떤 이들은 소현세자의 지시로 이경상이 북경에 와 있던 독일인 선교사 아담 샬 신부를 만나 가톨릭 관련 서적들을 입수했다고 하고, 다른 이들은 이경상이 개인적인 판단으로 움직였다고 하지요. 수행원 생활을 마치고 귀국한 이경상의 보따리 속에는 엄청난 양의 가톨릭 서적이 있었고 상당수가 집안 대대로 전해져 이벽의 손에까지 들어갑니다.

　마당발 이벽을 통해 가톨릭은 조선 지식인들 사이에 엄청난 속도로 퍼져 나갔습니다. 그는 친하게 지내던 두 살 아래 후배에게 북경 사신으로 가는 아버지를 졸라 따라갔다 오라는 비밀 지령을 내리기도 했는데, 그렇게 북경으로 간 후배는 현지에 와 있던 프랑스인 신부에게 세례를 받는 대형 사고를 칩니다. 조선인 최초로 정식 세례를 받은 가톨릭 교인 이승훈이 바로 그 두 살 터울 후배였습니다. 이후 이승훈과 이벽, 그의 사돈댁 정씨 형제들은 더 맹렬하게 가톨릭 교리에 대해 공부했고 더 독실하게 믿었으며 더 적극적으로 포교 활동에 나섰습니다.

　외래 종교의 시작이 대개 그러하듯 가톨릭 역시 박해의 대상이 되기 시작했습니다. 지금은 명동으로 불리는 명례방(明禮坊)에 김범우라는 역관이 살고 있었습니다. 역관 일을 하며 부업으로 무역업에도 손을 댄 터라 큰돈을 벌었고 덕분에 중인 신분에 걸맞지 않게 큰 저택에 살았습니다. 평소 통역 일 때문에 청나라를 자주 드나들었던지라 가톨릭에 대해 어느 정도 들어서 알고는 있었지만 그가 본격적으로 가톨릭에 빠져들게 된 것은 역시 이벽과 이승훈 덕분이었습니다. 마침 신도 수가 급격하게 늘어나기 시작해 적당한 예배 장소를 찾지 못하고 있던 이벽에게 김범우는 자신의 집을 이용하라고 내어 주었습니다. 이곳에서 가톨릭 교인들은 신앙 공동체를 꾸려 함께 교리를 공부하고 미사를 올렸습니다. 서양 귀신에 물든 양반과 상놈이 한데 모여 요상한 주문을 외우고 노래를 부른다는 소문은 조정의 귀에까지 들어갔고, 이들을 벌하라는 유생들의 상소가 빗발쳤습니다. 결국 김범우는 주동자로 몰려 목숨을 잃게 되었고 공동체는 와해되었습니다. 이른바 조선 최초의 천주교 박해 사건이자 천주교 신앙을 이유로 최초로 신자가 목숨을 잃은 사건이었습니다.

이는 시작에 불과했습니다. 사농공상의 신분제에 의해 안정을 유지하던 나라에 하나님 외에 모든 인간은 다 평등하다는 사상은 사회의 근간을 뒤흔드는 불순한 사상이었습니다. 신에 대한 예배를 제외한 모든 제사 행위를 금지한다는 가톨릭의 의례 원칙은 가부장적 권위와 유교적 의례를 통해 공동체를 이루어 나가던 사회를 뿌리부터 흔드는 위험한 원칙이었습니다. 남녀가 한자리에 모여 노래를 부르고 동등한 입장에서 신앙에 대해 토론하는 가톨릭 모임은 가정의 평화를 위태롭게 만들 것만 같았습니다. 그 모든 것이 당시 사회를 지배하던 집권 세력에게는 간과할 수 없는 도전으로 간주되었습니다.

결국 조선왕조와 지배 계층의 권력자들은 명례방 사건을 시작으로 칼을 빼 들고 사정없이 휘둘렀습니다. 1791년에는 조상의 제사를 폐하고 모친상을 천주교식으로 치른 윤지충을 참수형에 처하고 그에 동조하는 무리를 귀양 보낸 신해박해(辛亥迫害)가 일어났습니다. 이는 서인과 남인의 당파 싸움으로까지 이어져 꽤 큰 사회적 문제가 되었습니다. 1795년과 1797년에는 역사상 처음으로 한국에 입국해서 포교 활동을 한 선교사 주문모(周文謨)를 잡아들이기 위해 그와 교류한 이들을 잡아들이고 목숨을 빼앗은 을묘박해(乙卯迫害)와 정사박해(丁巳迫害)가 일어났습니다. 하지만 역설적으로 세 차례의 박해를 거치며 조선의 가톨릭 신도 수는 폭발적으로 늘어납니다.

1801년, 정조가 갑작스럽게 사망하고 어린 순조가 즉위하자 대왕대비였던 영조의 계비 정순왕후가 수렴청정을 하게 되었습니다. 정권 기반이 부실했고 수렴청정에 대한 당위성 역시 부족했던 터라 안 그래도 불안하던 차에 자신의 권위에 은근히 반발하던 남인 소장파가 슬슬 성질을 긁기 시작하자 정순왕후는 숨겨두었던 칼을 빼 들었습니다. 다수의 남인 소장파가 사상적으로, 신앙적으로, 단순한 학문적 관심으로 가까이하던 천주교를 구실로 삼아 대대적인 숙청에 나선 것입니다. 신유박해(辛酉迫害)는 기존의 박해와 규모도 내용도 크게 달랐습니다. 이승훈, 정약종, 주문모 등 수백 명이 순교했고 정약용을 비롯한 수백 명이 유배형에 처했습니다. 단순히 신도만 처벌한 것이 아니라 그 가족까지 모조리 죄를 물어 사람들의 머릿속에 천주교를 믿으면 집안이 망한다는 생각이 깊이 뿌리박히도록 만들어 버렸습니다.

하지만 조선 왕실과 집권 세력의 바램과는 달리 신유박해 뒤로도 천주교의 명맥은 끊어지지 않았고 그에 따라 강원도와 경상도에 숨어 있던 신앙 공동체들을 초토화시킨 1815년의 을해박해(乙亥迫害), 조선 가톨릭을 응원하기 위한 외세의 지원에 놀란 신정왕후와 그의 친정 풍양 조씨 일파들이 일으킨 1839년의 기해박해(己亥迫害), 한국인 최초의 천주교 사제였던 김대건 신부가 순교한 1846년의 병오박해(丙午迫害), 프랑스인 선교사를 대거 처형해 후에 이어질 병인양요의 한 원인이 된 1866년의 병인사옥(丙寅邪獄) 등 천주교 신도에 대한 박해는 끊임없이 이어졌습니다. 하지만 결국 문을 닫은 것은 가톨릭이 아닌 조선왕조였습니다.

신부님의 눈부신 부활

가톨릭을 핍박하던 조선왕조의 힘이 쇠하고 암묵적으로 신앙의 자유가 허락되었지만 의외로 그때부터 가톨릭의 폭발적인 성장세가 꺾이고 말았습니다. 일제 강점기 당시 한반도에 들어와서 포교 활동을 하던 신부들 중 대다수가 조선을 다스리게 된 일본 제국주의 세력에 대해 비교적 우호적이었던 서구 제국주의 국가 출신이었습니다. 그들 중 상당수는 일제에 대해 별다른 저항을 하지 않았습니다. 비폭력만을 강조하며 사회의 부조리에 맞서기보다는 현실을 인정하고 그 안에서 신앙생활을 원만하게 이어 나가도록 권했습니다. 다수의 의식 있는 선교사들이 그에 반발해 조선 땅을 떠나거나 지하로 스며들어 한국의 독립운동가들을 도왔습니다. 덕분에 안중근, 장규섭, 최정숙 같은 가톨릭 신도들이 독립운동에 매진할 수 있었지만 일반 대중들에게 가톨릭은 크게 인심을 잃고 말았습니다.

한 번 꺾인 교세는 쉽게 회복되지 않았습니다. 현실 문제에 대해 외면하는 종교, 실생활에 대해 지나치게 피상적으로 접근하는 종교라는 이미지가 굳어지면서 일상생활 속에 자리 잡는데 실패했습니다. 그 빈자리는 한반도 신앙계의 전통 강자 불교와 신흥 강자 개신교가 대신했습니다. 우리나라 가톨릭이 극적으로 반전 기회를 맞이한 것은 1968년부터였습니다. 대한민국 가톨릭 역사상 최초의 한국인 주교이며 어려운 시기 한국 가톨릭의 정신적 지주 역할을 했던 노기남 주교[16]가 고령을 이유로 스스로 물러나며 자신이 맡고 있던 서울대교구 교구장 자리를 당시 불과 마흔다섯 살의 젊은 주교에게 물려준 것[17]입니다. 이듬해인 1969년 3월 28일 당시 로마가톨릭교회를 이끌던 교황 바오로 6세는 그를 추기경으로 임명했습니다. 한반도 역사상 최초이자 동아시아 역사상 세 번째이며 당시 세계 가톨

---

16 노기남 주교는 몇몇 자료에 의해 일제 강점기 친일 행위를 한 인물로 기록되어 있다. 그러나 다른 자료와 김수환 추기경 등에 의해 해당 시기 자발적, 적극적 친일을 한 것이 아니며 일제 강압에 의한 불가피한 상황이었다는 기록 또한 존재하기에 객관적인 입장에서 그의 이름을 명기하였다.

17 가톨릭은 중앙집권적 체제로 운영되기 때문에 직접적인 대물림은 불가능하고 일단 로마 교황청에 추천을 하면 교황이 직접 임명하는 방식이다.

릭교회 최연소 추기경 탄생이었습니다. 지금까지도 가톨릭 신도는 물론 일반 대중들의 머릿속에 가톨릭 사제 하면 자연스럽게 떠오르는 인물인 김수환 스테파노 추기경입니다.

1970년에서 1990년대까지 이어진 엄혹했던 시기에 김수환 추기경은 가난한 사람들, 고통받는 사람들, 힘없는 사람들의 편에 섰습니다. 최고 권력자 앞에서 그 누구도 쉽게 입을 열기 어려웠던 시절에 김수환 추기경은 기꺼이 세상의 목소리를 전달했습니다. 대표적인 사건이 1971년 성탄 미사 강론 사건입니다. TV 방송을 통해 생중계된 이날 자정 미사에서 김수환 추기경은 강론을 통해 유신헌법 제정을 준비하던 정부를 신랄하게 비판했습니다. 대중들은 열광했고 독재 정권은 당황했지만 공식적으로 바티칸 시민이자 전 세계에 150여 명이 채 안 되는 가톨릭 최고위직 중 한 사람을 처벌할 수는 없었습니다. 이후로도 낮은 곳으로 임하고자 하는 김수환 추기경의 행보는 멈춤이 없었습니다. 민주화 운동이나 노동운동을 하던 이들이 경찰이나 안기부(현재의 국가정보원) 수사관 등에 쫓길 때면 명동성당은 늘 든든한 도피처가 되어 주었습니다. 그를 못마땅하게 여긴 제5공화국 정권이 1987년 6월, 대규모 시위를 주도하고 성당 안으로 도피한 대학생 시위대를 잡아들이기 위해 명동성당에 쳐들어가려 하자 '경찰이 명동성당에 들어오면 가장 앞에는 내가 그 뒤에는 신부들과 수녀들이, 그리고 그 뒤에 비로소 학생들이 있을 것입니다'라는 유명한 말을 남기며 공권력 투입을 막아섰습니다. 이외에도 늘 어려운 사람들의 편에 섰던 추기경의 모습은 가톨릭교회 전체에 대한 사람들의 신뢰 회복과 관심 복원에 큰 영향을 끼쳤습니다.

　수많은 매체 속 가톨릭의 모습 역시 이 무렵부터 크게 달라졌습니다. 권위적, 형이상학적, 비현실적 이미지였던 성당이 친근하고 푸근한 안식처로 묘사되었고 우리와는 먼 세상에서 그들끼리만 사는 사람들로 여겨지던 사제들도 우리와 같은 사람, 우리를 지켜줄 수 있는 사람, 믿고 의지할 수 있는 사람으로 묘사되었습니다. 1986년도에 개봉한 영화 〈미션〉과 1989년에 개봉한 〈로메로〉는 가톨릭 성직자에 대한 일반인들의 존경심을 크게 고취시켰고 1992년부터 시작된 시리즈물 영화 〈시스터 액트〉는 경외 또는 존경의 대상이던 성직자들을 일반 대중들이 보다 친근하게 받아들이는 계기가 되었습니다. 〈엑소시스트〉와는 조금 다르지만 한국 영화인 〈박쥐〉, 〈검은 사제들〉 같은 영화 역시 가톨릭 사제를 보다 친근하게 인식하게 하는데 많은 영향을 미쳤습니다. 우리나라에서는 특히 TV 드라마 등에 성당과 사제들이 자주 등장하는데 고아였던 주인공을 어린 시절부터 돌보아 주던 사람 중 둘에 하나는 수녀님이고, 주인공이 어려움에 처했을 때 고민을 들어 주는 사람 중 셋에 하나는 신부님이며, 주인공 혹은 악당이 회개하거나 극적인 반전을 이루는 의사결정을 내리는 곳 중 절반 이상은 성당이라고 보면 거의 틀림없습니다.

　종교 생활을 멀리하는 인구가 늘어나고 있는 현대사회의 흐름을 반영하듯 가톨릭 역시 냉담자가 늘고 신도의 고령화가 계속되고 있지만 아직은 젊은 계층의 가톨릭에 대한 관심과 인기가 만만치 않고 전체적인 교세 역시 무시 못할 수준으로 유지되고 있습니다.

사이비와 구세주,
종이 한 장 차이

그런 사람들은 거짓 사도요 속이는 일꾼이니 자기를 그리스도의 사도로
가장하는 자들이니라 이것은 이상한 일이 아니니라 사탄도 자기를 광명
의 천사로 가장하나니 그러므로 사탄의 일꾼들도 자기를 의의 일꾼으로
가장하는 것이 또한 대단한 일이 아니니라 그들의 마지막은 그 행위대로
되리라.

『신약성경』 고린토후서 11:13~15

말리는 시누이가 더 미운 이유

'때리는 시어머니보다 말리는 시누이가 더 밉다'는 말이 있습니
다. 뚜렷하게 적대적인 사람보다 우리 편인 줄 알았던 사람의 배신
이 더 쓰리고 아프다는 뜻을 담은 말입니다. 많은 이들이 총부리를
맞대고 있는 적군의 도발보다 친근한 이웃인 줄 알았던 이가 알고
보니 간첩이었다는 사실에 충격을 받고 더 큰 위협으로 느끼는 것이
대표적인 사례입니다. 그런 점에서 보면 수많은 정통 종교가 이교도

보다 이단을 더 싫어하고 그 존재 자체를 두려워하며 어떻게 해서든 배척하려고 하는 모습도 이해가 됩니다.

통상적으로 학자들의 견해에 따르면 전통적 권위를 인정하고 기존의 질서에 따르며 모든 일에 우선하여 사회적 안정을 앞세우는 명분이나 그 명분에 따르는 정치적 세력을 정통이라고 하며, 정통에 반발해 기존의 체계나 체제를 부정하고 전혀 상반되는 가치를 추구하며 자신들의 조직이나 권익을 스스로 옹호하는 집단을 이단이라고 합니다.

이단의 역사는 꽤 오래전으로 거슬러 올라갑니다. heresy나 cult와 같은 영어 단어는 잘 모르겠지만, 한자의 경우 이단이라는 단어가 역사 속에 공식적으로 처음 등장한 것은 아마도 공자의 『논어』에서였을 것입니다. 공자가 활동했던 춘추전국시대는 단어에서 느껴지는 느낌 딱 그대로 세상이 거꾸로 뒤집힌 천하 대란의 시대였습니다. 공자가 이상적으로 여겼던 주나라의 예법은 이미 헌신짝처럼 버려진 지 오래고 다들 재물과 권력만을 탐하며 서로 물고 뜯고 싸우느라 바빴습니다. 이때 공자가 설파한 가르침을 담은 책 『논어』에 이단이라는 단어가 나오는 것은 전혀 이상한 일이 아닙니다. 공자는 『논어』의 위정(爲政) 편에서 다음과 같이 말했습니다.

攻乎異端 斯害也已(공호이단 사해야이)

혹자는 '나와 다른 쪽에 서 있다는 이유만으로 상대방을 공격하고 배척한다면 자신에게 해로운 결과를 가져올 뿐이다'라고 해석하기도 합니다만 이는 한자의 뜻을 그냥 곧이곧대로 해석한 것에 지나지 않습니다. 『논어』를 가장 제대로 해석한 주석서 중 하나로 평가받는 『논어집주(論語集注)』에 따르면 이는 '이단을 전공하면 해로울 뿐이다'라고 해석하는 것이 맞습니다. 주자는 해석에 덧붙여서 여기서 '이단'이 뜻하는 것에 대해 사례까지 들어 자세하게 설명하였습니다. 그는 이단을 '성인의 도가 아닌 양주(楊朱)와 묵적(墨翟), 혹은 그들이 설파하는 도와 같은 것'이라고 했습니다. 양주는 제자백가 중 하나로 개인의 이기심과 쾌락을 강조하여 서양의 에피쿠로스학파와 유사하다는 평가를 받는 사상가입니다. 반면 묵적은 이후 묵자로 불리기도 하는데 사랑, 그것도 차별 없는 평등한 사랑인 겸애(兼愛)를 강조한 사상가입니다. 여기서 '차별 없음'은 부모까지 포함한 것이었기에 부모에 대한 효도, 군왕에 대한 충성을 강조하던 유교 사상가의 입장에서는 속칭 어미 아비도 못 알아보는, 근본 없는 학문이라는 평가를 했습니다.

과거 우리나라에서는 뜻밖에도 불교가 꽤 오랜 기간 대표적인 이단 취급을 받았습니다. 고려 말기부터 조선 시대 내내 우리 사회를 지배했던 주자학은 불교와 도교를 이단시하고 배척했는데 그중 과거 고려왕조의 통치 철학 역할을 했고 언제라도 집단적 반발을 할 수 있는 인적, 조직적 힘을 갖춘 불교가 주된 타깃이었습니다. 조선 건국 초기 국가의 기틀을 세운 인물 중 가장 주요한 인물인 정도전은 자신의 책 『불씨잡변』을 통하여 불교에 어떤 문제가 있으며 조선은 왜 불교를 멀리해야 하는가에 대해 논리 정연하게 비판하였습니다. 이를 토대로 숭유억불이라는 조선 초기 국가 운영 기조가 만들어졌습니다.

같은 유교적 뿌리를 갖고 있는 종교에 대해서도 주자학의 이단 공격은 자비를 베풀지 않습니다. 퇴계 이황 선생은 자신이 학문을 하는 이유 자체가 파사현정(破邪顯正), 즉 이단을 분쇄하고 정통을 드러내 알림에 있다고 할 정도로 이단에 단호한 인물이었습니다. 그는 주자학을 제외한 다른 모든 이론은 모두 말살시켜야 할 사악한 이단으로 취급했고 그의 뒤를 이은 제자들 역시 불교, 양명학 타파에 앞장섰습니다. 한 가지 재미있는 사실은 파사현정이라는 단어 자체가 퇴계가 그토록 미워했던 불교에서 유래한 단어라는 점입니다.

우리나라 유교 내부에서 나 아닌 다른 종파를 이단 취급하고 말살 대상으로 삼는 행태는 당파 싸움이라는 형태로 극대화되었습니다. 다툼의 시작은 '왕(효종)이 죽었는데 그 왕의 의붓어머니(장렬왕후)가 상복을 어떻게 입어야 하나?'와 같은 일견 단순해 보이는 문제였으나 그 여파는 일파만파 커져만 갔습니다. 그 중심에는 여러 의미에서 조선 정치사에 큰 족적을 남긴 우암 송시열이 있었습니다. 그는 자신의 학파를 제외한 다른 무리를 사문난적(斯文亂賊)이라 하여 유교를 어지럽히는 도적 무리 취급을 했고, 자신의 당파가 아닌 이들을 이단으로 몰아 말살시키려 했습니다. 이는 조선 중·후기 치열하게 전개된 당파 싸움과 세도정치로 이어졌고 이후 천주교 박해와 천주교의 배후에 있는 서양 외세 세력에 대해 배척하는 양이(攘夷) 사상과 아예 나라의 문을 틀어 잠그고자 하는 쇄국정책에도 일정 부분 영향을 미쳤습니다. 즉, 때리는 시어머니보다 말리는 시누이, 내부의 이단이라 일컫는 대상에 대한 미움과 증오가 우리나라 역사의 물길을 크게 바꾸어 놓았습니다.

엉뚱한 길로 빠져든 탕자들의 역사

개신교는 우리나라에서 가장 신도 수가 많고 비교적 최근에 교세가 가장 폭발적으로 확장된 종교이기에 이단이라 불릴 만한 모습 역시 가장 쉽게 발견할 수 있습니다. 개신교가 우리나라에 전파된 초기부터 등장한 이단과 사이비는 대부분 한국의 물정을 잘 모르는 서양 선교사들의 횡포와 무분별한 차별, 간섭 등에 대한 반기로 시작되었습니다.

전라북도 부안을 중심으로 발생한 최동진 목사의 부안 자유교 운동과 그로부터 영향을 받은 평안북도 의주의 의주 자유교 운동, 대구의 이만집 목사 주도로 벌어진 자치교 운동 등이 대표적입니다. 외세의 참견을 탈피해 우리 민족 주도하에 교회를 만들어 나가겠다는 생각은 전국에 들불처럼 번졌습니다. 전라남도 장성에서 시작해 충청북도 보은을 거쳐, 경기도 고양과 서울을 지나, 황해도와 평안도까지 한반도 전역의 교회가 자치교 운동에 가담했습니다. 그리고 이들 교회와 목회자들은 여지없이 이단으로 낙인찍혀 버리고 말았습니다. 당시까지만 하더라도 현대에 이단을 판별할 때 사용하는 기준으로는 크게 이단이라 하기 힘든 모습이었습니다. 심지어 이들 다수는 만세 운동 등을 주도했던 항일 독립투사이기도 했습니다.

현대까지 영향을 미치는 이단 사상이 본격적으로 등장하게 된 것은 1930년대 무렵부터입니다. 나라 잃은 식민지 백성이라는 자괴감과 상실감에 빠져 있던 차에 일제의 가혹한 탄압과 수탈까지 이어지자 사람들은 종교 안에서나마 괴로운 현실을 잊고 싶어 했습니다. 영혼의 도피처를 찾던 이들에게 함경남도 원산 지역을 중심으로 등장한 신비주의자들은 한 줄기 빛과 같은 존재가 되었습니다. 원산 감리교회의 여신도였던 유명화는 기독교적 제례에 한국 전통의 무속 신앙을 접목시킨 입신강신극(入神降神劇)의 귀재였습니다. 그는 마치 하나님이 자신에게 빙의된 것처럼 연기하며 '예수 가라사대…'로 모든 말을 시작했습니다. 그 말에 신도들은 껌벅 넘어갔습니다. 그 중에는 감리교 목사였던 이용도라는 사람이 있었습니다. 그는 공교롭게도 예수님처럼 서른세 살에 눈을 감았는데 초기에는 그저 부흥회에 열성적이었던 성실한 목회자였지만 유명화를 만난 뒤로는 자기 스스로가 예수의 대리자, 더 나아가 예수 그 자신이라는 착각에 빠졌습니다. 비슷한 시기 머리와 수염을 길러 아예 예수님의 외모를 흉내 냈던 황국주라는 청년도 있었습니다. 이들은 마치 자신들이 예수님인 것처럼 행동하며 사람들을 현혹시켰습니다. 특히 황국주는 '내가 기도를 하고 있었는데, 예수가 내 목을 떼고 자신의 머리를 내 몸에 갖다 붙여서 머리도 예수의 머리, 피도 예수의 피, 마음도 예수의 마음이 되었다'라는 얼토당토아니한 이야기를 떠벌리고 다녔습니다. 불행히도 꽤 많은 사람들이 그들의 말에 빠져들어 가정과 가족을 버리고 따라나섰습니다.

일제가 조선과 대한제국을 멸망시키고 한반도를 식민지로 다스리던 시기, 일본이 패망하고 미국과 소련이 남과 북을 신탁통치 하며 분단으로 치달았던 시기, 3년간 참혹했던 전쟁을 겪고 전 국토가 허허벌판이 되었던 시기…. 한민족 역사상 가장 힘겨웠던 20세기 초·중반의 60여 년간 심신이 피폐해진 사람들에게 위안을 주기 위해 또는 그들을 현혹시켜 원하는 것을 뜯어내기 위해 이단 혹은 사이비라고 단죄될 수많은 종교, 종교 지도자들이 등장했습니다.

김백문이라는 사람이 있었습니다. 개신교 이단과 연관된 수많은 인물들과 달리 그는 20대 초반까지만 하더라도 무신론자였다고 합니다. 대구의학전문학교(현재의 경북 대학교 의과대학) 4학년 학생이었던 그는 여름방학을 맞아 수련의 실습을 위해 함경남도 도립 병원을 갔다가 그곳에서 한 할머니를 치료합니다. 공교롭게도 그 할머니는 함경북도 청진에서 신비주의 운동을 이끌고 있던 김남조였습니다. 그녀의 소개로 원산 이스라엘수도원장 백남주를 만나게 되면서 김백문의 인생은 180도로 달라집니다. 기독교에 푹 빠진 그는 인텔리 출신답게 자신의 신앙생활과 그 안에서 학습하고 깨달은 내용을 바탕으로 『기독교 근본 원리』라는 책을 집필했습니다. 이 책은 어떤 의미로든 대한민국 개신교 역사에 큰 획을 긋는 초대형 베스트셀러가 되었습니다.

대한민국에서 개신교는 다른 어느 나라에서도 그 비슷한 모습을 찾아보기 힘들 정도로 빠르고 강력하게 정착했고 교세를 성장시켜 나갔습니다. 등록 신도 숫자로 보면 항상 대한민국에서 가장 교세가 큰 종교로 꼽히고 많은 이들이 모여 믿음 생활을 하다 보니 그만큼 구설수에 오를 만한 일도 많이 벌어집니다. 특히 성경에 대한 종교적 해석을 달리하는 이들이 자신만의 주장을 앞세우며 교단을 설립하고 교회를 짓고 신도를 끌어모아 신흥종교 세력을 만드는 경우가 다른 종교보다 빈번하게 일어납니다. 아직까지도 수많은 종교 지도자들이 성경에 대한 희한한, 때로는 기발하다는 생각이 들 정도로 파격적인 해석과 다양한 견해, 자기 자신에 대한 과도한 이미지 메이킹과 지나친 과신을 앞세우며 신흥종교, 교단을 만들어 사회적 물의를 일으키는 모습을 볼 수 있습니다. 보다 현명한 신앙생활이 필요한 시기가 된 것 같습니다.

누구나 부처가 될 수 있다

일반적으로 불교는 개신교에 비해 조용한, 점잖은 종교라는 이미지가 있습니다. 여기서 일반적이라는 것은 사실이 그렇다는 의미보다는 불교나 개신교 모두를 믿지 않는 사람들이 대략적으로 하는 판단이라는 의미에 보다 가깝습니다. 우리나라 개신교가 초기 전파 과정에서 다소 적극적, 공격적인 전도 방식을 택하면서 그에 비해 당시 신도들의 평균연령대가 높고 종교 예식의 방법이나 전반적인 분위기가 차분했던 불교는 그러한 이미지를 굳히게 되었습니다. 그러나 비교적 조용한 불교에도 이단과 사이비로 인한 시비와 분란은 늘 있습니다. 아직 석가모니가 현세에 생존하고 있을 때부터 논란이 있었습니다.

석가모니의 사촌이자 제자 중 데바닷타라는 인물이 있었습니다. 원래 다른 바라문[18]의 제자였으나 석가모니의 제자가 된 뒤 뛰어난 말솜씨와 같은 혈족이라는 장점을 바탕으로 수많은 승려들의 신임을 한 몸에 받았습니다. 세속 권력에는 아예 관심이 없고 부자들의 시주에도 크게 상관하지 않았던 석가모니에 비해 데바닷타는 욕심이 많고 야심만만한 인물이었습니다. 당시 마가다 왕국을 다스리던 빔비사라 왕은 독실한 불교 신자였습니다. 그는 석가모니에게 자신의 권력과 군대, 돈을 빌려줄 테니 교세를 넓히는데 사용하라고 권했지만 번번이 거절당했습니다. 눈앞에 들어온 복을 걷어차는 석가모니의 답답한 모습에 데바닷타는 매번 분통을 터뜨렸습니다. 한편 빔비사라 왕에게는 아자타샤트루라는 왕자가 있었습니다. 그 역시 데바닷타와 마찬가지로 대단한 야심가였습니다. 백성들을 위한답시고 최소한의 세금만 걷고, 왕이면서도 승려들에게 머리를 조아리고 겸손하게 구는 아버지 빔비사라 왕이 답답해서 죽을 지경이었습니다. 결국 데바닷타와 아자타샤트루 왕자는 의기투합했습니다. 두 사람은 서로 석가모니와 빔비사라 왕을 죽이고 교권과 왕권을 각각 찬

---

18 婆羅門. 과거 인도에서 힌두교 제사를 치르거나 가르침을 설파하던 승려 혹은 그 집단 계층을 일컫는다.

탈하기로 했습니다.

초반에는 모든 것이 두 사람의 계획대로 돌아가는 듯했습니다. 반란의 기미가 있다는 소식을 들은 빔비사라 왕은 뜻밖에도 흔쾌히 왕권을 아자타샤트루 왕자에게 물려주었습니다. 왕자는 거기에 만족하지 않고 아예 왕을 궁의 지하 깊은 곳에 있는 감옥에 가두어버렸습니다. 왕자의 쿠데타를 방해할 사람은 없어 보였습니다. 데바닷타 역시 석가모니에게 대놓고 교단을 넘겨 달라 요청하더니 아예 신흥종파를 만들어 버렸습니다. 그가 내세운 계율을 보고 따르겠다 나선 제자들이 무려 500명이 넘었습니다. 완벽한 성공으로 보였지요. 그러나 성공의 기쁨은 그리 길게 가지 못했습니다. 균열은 먼저 아자타샤트루 왕자로부터 시작되었습니다. 왕자에게는 아들이 하나 있었습니다. 그 아들을 어찌나 사랑했던지 아이의 등에 종기가 나자 그 고름을 자신의 입으로 빨아내서 치료해 줄 정도였습니다. 그 모습을 지켜보던 아자타샤트루 왕자의 모친이자 빔비사라 왕의 아내였던 코살라 부인이 말했습니다.

"휴…. 어쩜 너희 부자는 그렇게 똑같을 수가 있니? 네 아버지도 어린 시절 네 몸에 종기가 나면 그렇게 하지 말라고 해도 자기 입으로 빨아내더니…."

그 이야기를 들은 아자타샤트루 왕자는 순간, 후회의 눈물을 펑펑 쏟아 내더니 마치 실성한 사람처럼 아버지가 갇혀 있는 지하 감옥으로 달려갔습니다. 이미 빔비사라 왕은 기력이 다해 막 숨을 거둔 뒤였습니다. 아자타샤트루 왕자는 석가모니를 찾아가 자신의 죄를 참

회하고 부처에 귀의했습니다. 아자타샤트루 왕자는 뒤늦게나마 제정신으로 돌아왔지만 데바닷타는 끝까지 그러지 못했습니다. 자신을 교주로 하는 이단을 이끌며 석가모니에게 해코지를 하기 위해 온갖 노력을 일삼았습니다. 그 모습에 진절머리가 난 제자들은 하나둘씩 그의 곁을 떠났고 어느새 그는 홀로 남았습니다. 끝까지 석가모니를 해치려 했지만 그 시도는 성공하지 못했고 오히려 독살하려고 손가락에 묻힌 독이 그의 온몸에 퍼져 몹시 고통스러워하다가 산 채로 지옥에 떨어지고 말았습니다.

최초의 이단이라고 평가받는 데바닷타의 사례 이후에도 조용하지만 은근히 치명적인 이단 무리가 불교계에도 항상 존재했습니다. 불교의 이단에 대해 이야기하려면 먼저 부처와 석가모니의 관계부터 명확하게 이해해야 합니다. 이런 말을 하면 불교도가 아닌 사람은 궁금할 것입니다.

"부처가 석가모니고, 석가모니가 곧 부처 아닌가요?"

절반은 맞고 절반은 틀린 말입니다. 일단 부처는 여러 가지 이름으로 표기됩니다. 산스크리트어로 표기했을 때는 붓다라고 발음되고, 한자로 옮겨 표기했을 때는 불타(佛陀)라고 읽힙니다. 이외에도 부타(浮陀), 부도(浮屠), 부두(浮頭), 줄여서 불(佛)이라고도 합니다. 표기와 발음이 모두 깨달은 이라는 뜻입니다. 마치 특정한 사람의 이름처럼 여겨지고 있지만 사실은 일반명사입니다.

반면 석가모니는 고유명사입니다. 석가모니의 본명은 고타마 싯다르타로 기원전 563년 지금의 네팔 남쪽 국경 근처에 살던 샤카족을 다스리던 슈도다나와 마야데비 사이에서 태어난 실존 인물입니다. 슈도다나와 마야데비는 한자로 된 불경에는 정반왕(淨飯王)과 마야부인(摩耶夫人)이라고 기록되어 있는 인물들이지요. 왕족의 일원으로 태어난 싯다르타는 진리를 깨달은 이후로 '샤카 부족의 성자'라는 뜻인 샤카모니라는 이름을 가지게 되었고 샤카모니는 이후 우리나라 등에 석가모니라는 발음으로 전해졌습니다. 싯다르타가 깨달음을 얻었기에 석가모니라 불리게 되었고 곧 부처가 된 것입니다.

불교가 정립되던 시기의 부처는 당연히 석가모니뿐이었지만 그 이전과 이후에도 수많은 '깨달은 이' 즉 부처가 있었습니다. 대표적인 부처로 연등불(燃燈佛), 비바시불(毘婆尸佛), 시기불(尸棄佛), 비사부불(毘舍浮佛), 구류손불(拘留孫佛), 구나함불(拘那含佛), 가섭불(迦葉佛) 등이 있고 현재의 아촉불(阿佛), 아미타불(阿彌陀佛) 등이 있습니다. 즉, 인간을 포함한 모든 중생은 누구나 다 부처가 될 수 있고 석가모니는 그 부처 중 한 사람이었으며, 부처는 시기에 따라 다양한 모습으로 존재하되 각각의 부처가 서로 따로 존재하는 것이 아니라 상호연관이 있다 정도로 생각하면 됩니다.

너도 미륵불? 나도 미륵불!

미륵불(彌勒佛)은 수많은 부처 중 아직 등장하지는 않았지만 조만간 등장한다고 이곳저곳에서 예언된 부처입니다. 사실 미륵불은 미륵보살(彌勒菩薩)의 줄임말로 의외로 역사책에도 등장하는 실존 인물입니다. 역사 속 미륵보살은 현재 인도의 바라나시(Varanasi) 근방에 살던 브라만 집안에서 태어났습니다. 그는 일찍이 석가모니로부터 가르침을 받은 인물입니다. 수련의 정도가 깊고 깨달음의 수준이 빼어났던 미륵에게 석가모니는 '너는 미래에 부처가 되어 환생할 것이다'라는 수기[19]를 내려 주었고, 미륵보살은 도솔천[20]에 머물다가 때가 되면 환생해 고통받는 중생들을 구제할 것이라는 것이 불가에서 전해지는 미륵불 사상의 중요한 뼈대입니다. 학자 또는 스님들의 해석에 따라 조금씩 다르기는 하지만 일반적으로 석가모니가 열반에 든 이후 56억 7천만 년이 되면 용화수(龍華樹) 아래에서 환생할 것이라고 합니다.

　문제는 석가모니가 열반에 든 지 아직 1만 년도 채 지나지 않았는데 너무나도 성급하게 '내가 미륵불이다'라며 등장하는 이들이 있다는 것입니다. 사회적으로 혼란스러울 때면 가짜 미륵불은 여지없이 등장하는데 이들 중에는 이름만 들어도 알 만한 역사 속 인물들이 수두룩합니다. 대표적인 인물이 신라 왕족임을 주장하며 태봉(泰封)을 건국했던 궁예입니다. 그는 자신이 현세에 다시 태어난 미륵이며

19　受記. 불교에서 수행자에게 내리는 부처님의 약속 또는 예언을 일컫는 말로 기독교에서의 계시와 유사한 의미로 사용된다.

20　兜率天. 불교에서 천상의 정토를 가리키는 이상 세계로 외원궁(外院宮)에는 선택받은 천인들이 즐거움을 누리며 살고, 내원궁(內院宮)에는 미륵불이 머물며 미래에 환생할 것을 기다리고 있다고 한다.

사람의 마음을 꿰뚫어 보는 관심법과 미래를 예견하는 예지력 등을 갖고 있다고 했습니다. 그를 토대로 왕권을 넘어서는 강력한 권력을 휘둘렀으며 자신을 신과 같은 반열로 대하라고 강요했습니다. 궁예는 자신이 아우처럼 아끼던 왕건의 손에 권력과 목숨을 모두 잃고 말았습니다.

고려 후기에 접어들어 국력이 쇠하고 사회가 혼란해지자 여기저기서 미륵불을 자처하는 인물들이 또다시 등장했습니다. 그들 중 고려 사회에 가장 해악을 끼친 인물로 이금(伊金)이라는 승려가 있습니다. 스스로 환생한 부처라고 주장했던 그는 자신이 마음만 먹으면 나무에서 곡식이 열리게 할 수 있고 귀신을 부려 왜구와 오랑캐를 물리칠 수 있다고 주장했습니다. 그가 사회에 끼친 가장 큰 해악은 가축이 죽어도 그 고기를 먹지 못하게 한 것이었습니다. 그는 소나 말의 고기를 먹는 자는 반드시 가까운 시일 내에 죽을 것이라는 저주를 퍼부었습니다. 그를 두려워한 사람들이 멀쩡한 육류를 내다 버리면서 고려 하층민들의 만성적인 식량 부족은 더더욱 심각해졌고 거리에는 버려진 고기가 썩으며 풍기는 악취가 진동했습니다. 거기에 이금을 미륵불로 믿고 그를 열렬히 따르던 무리들이 일반인들에게 믿음을 강요하며 행패를 부리는 일이 잦았습니다. 결국 전국을 떠돌아다니며 미륵불 사칭 쇼를 벌이던 이금의 무리들이 지금의 충청북도 청주시 부근에 도착했을 때 청주목사 권화(權和)가 이들을 잡아들였고 우왕의 명에 의해 이금을 포함한 우두머리 전원이 극형에 처해지면서 고려 말기 사회를 뒤흔들었던 미륵불 환생은 해프닝으로 마무리되었습니다.

　미륵불을 자처하거나 미륵 사상, 미륵 신앙을 내세운 종교 활동은 근대를 지나 현대에 접어들어서도 계속 이어졌습니다. 구체적으로 이름을 거론하기는 어렵지만 불교 또는 우리나라 전통 신앙의 색채를 띠면서 묘하게 말세와 구세주의 환생을 강조하고 그를 준비하기 위한 헌금을 강요하는 종교 집단은 둘에 하나는 미륵불을 내세우거나 적어도 미륵 사상의 영향을 받았습니다.

　개신교나 불교만큼은 아니지만 천주교 또는 기타 종교를 기반으로 변형된, 혹은 그 영향을 받은 종교 단체도 여럿 있습니다. 천주교의 경우 조직 자체가 로마 교황청을 정점으로 수직적, 체계적으로 촘촘히 구성되어 있고 대부분의 종교 예식을 서품 받은 성직자만 진행할 수 있기에 다른 종교보다 이단이 만들어질 가능성이 크게 떨어지지만 그래도 간간이 문제를 일으키는 종교 단체가 있었습니다. 대표적인 사례가 2007년 우리나라를 떠들썩하게 만들었던 마리아의 구원방주입니다. 1985년 윤 모 씨의 '성모 마리아의 계시가 자신을 통해 이곳 나주에 임할 것이다'라는 예언으로 시작된 이 종교 단체는 전라남도 나주 지역을 중심으로 세력을 크게 넓혀 갔습니다. 몇 차례 사회적으로 큰 파장을 일으킨 사건에 휘말렸고 공중파 탐사 프로그램과 메인 뉴스에 대대적으로 방송되면서 그 세력이 크게 줄어들었지만 아직까지도 무척이나 희소성 있는 가톨릭 계열의 이단 사례로 남아 있습니다. 이외에도 우리나라 전통 신앙을 기반으로 한 종교 단체 또는 하나의 종교에 다른 종교의 교리가 더해진 일명 하이브리드 신흥종교도 다양한 모습으로 활동하고 있습니다.

믿음을 이끌어 내는 히든카드를 찾아라

이 책에서 말하고 싶은 것은 이단, 혹은 사이비 종교에 대한 이야기가 아닙니다. 이단을 한번 믿어 보라거나 절대로 믿지 말고 무조건 멀리하라는 이야기 역시 아닙니다. 조금은 다른 의미에서 '믿음'에 대한 이야기를 하고자 합니다.

제 휴대전화와 수첩에는 수천 명의 연락처가 등록 혹은 기록되어 있습니다. 비서들이 따로 관리하는 연락처까지 포함하면 그 수는 천 단위가 아닌 만 단위가 될 것 같습니다. 게다가 매일 대여섯 개에서 수십 개의 명함이 제게 옵니다. 대규모 강연에 강사로 나설 때나 조찬 모임, 기관 초청 행사 등에 참석할 때는 수백 장 단위의 명함이 새롭게 들어옵니다. 그러다 보니 제 연락처 기록 매체는 늘 과부하 상태입니다. 알고 지내는 사람이 워낙 많다 보니 그들의 직업 역시 참으로 다양합니다. 직업 정치인으로 크게 활약하는 사람부터 아직 앳된 정치 지망생까지, 진로 선택의 기로에 서 있는 사회 초년생부터 그 친구들이 입사하고 싶어 하는 회사의 CEO까지, 매 순간 눈에 보이는 숫자와 과학적 실험 결과에 매달리는 사람부터 눈에 보이지도 않는 세상을 쓰고 그리는 예술가들까지 참으로 많은 사람들과 교류하며 지내고 있습니다.

그중에는 앞에서 언급한 신흥종교 또는 기존의 전통적인 종교나 교단에서 이단, 사이비라 비판하는 종교의 지도자도 몇 사람 있습니다. 당연히 신앙적으로 알게 된 사이는 아니고 다른 인연으로 알게 되거나 지인 소개로 알게 된 경우가 대부분입니다. 저소득층이나 사회 빈곤 계층 등 우리 사회의 어려운 이를 돕기 위한 방법을 찾기 위해 모인 행사에서 알게 되거나 북한 동포를 돕기 위한 활동을 할 때 친분을 쌓은 사람도 있습니다. 심지어 법조계 친구들과 만나는 자리에서 우연히 합석하여 인연을 맺은 사람도 있습니다.

그들과 교류하고 이야기를 나누면서 여러 가지 사실을 알게 되었습니다. 사람들이 경계하던 모습과 달리 굉장히 인간적이면서 소탈한 면모를 발견할 때도 있고 의외로 소심하고 겁이 많은 연약한 모습을 알게 된 적도 있습니다. 어떤 사람은 기성 종교 단체에서 활동을 하다가 크게 상처 입고 실망하여 떨어져 나온 경우, 어떤 사람은 자신이 종교 단체를 세우기 전까지 한 번도 신앙생활을 하지 않은 경우도 있었습니다. 또 어떤 사람은 자리를 함께한 세 시간 내내 거의 숨 쉬는 시간만 제외하고 계속해서 혼자 이야기를 한 경우도 있고 반대로 엄청나게 수줍음을 타서 입을 다물고 있거나 이야기는 하되 계속 듣고 있기가 힘들 정도로 비논리적이고 눌변이어서 놀랐던 적도 있습니다.

'도대체 이들에게 어떤 면모가 있기에 사람들이 이들을 그토록 믿고 따르는 걸까?'

'이들이 어떤 말, 어떤 행동을 했기에….'
'혹시 이들에게서 우리가 배워야 할 만한 것은 없을까?'

위와 같은 고민을 하며 그들을 만나고 그들이 행하는 모습을 바라보니 공통적으로 발견되는 것이 있었습니다. 인간적이거나 비인간적이거나, 기성 종교 단체 경험이 있거나 아예 없거나, 엄청난 달변이거나 심각한 눌변이거나와 상관없이 그들은 공통적으로 '무엇'인가를 했고 그 '무엇'인가에 대해 사람들은 열광하며 몰려들고 무한한 신뢰를 제공했습니다. 지금부터 그 '무엇'인가에 대한 이야기를 시작으로 우리가 고민하는 '믿음' 그리고 '신뢰' 문제에 대한 중요한 해답을 찾아 나가려고 합니다.

3장

교사와 반면교사

그들은 해냈고
우리는 못했던 것들

Religion is a disease,
but a noble disease.

종교는 질병이다.
하지만 (종교는) 고귀한 질병이다.

헤라클레이토스(Heraclitus of Ephesus, B.C. 535~475년경)
어두운 철학자라는 별칭으로 명성이 높았던
고대 그리스의 철학자이며 사상가

가장 약한 곳을 찾아내는
동물적 감각

부처님께서 말씀하셨다. "지금부터 화상(和尙)이 있거든 화상이 제자를 간호하되 자식과 같이 하고, 제자는 화상을 간호하되 아버지와 같이 하여 서로서로 공경하여 정중히 보살펴라. 이렇게 하여야 바른 법이 오래 머물러 오래도록 이로움이 광대하리라."

『사분율』 제33권 중

프랑스에서 안 되는 것이 없었던 여자

퐁파두르 부인(Madame de Pompadour)이라는 사람이 있었습니다. 원래 이름은 잔 앙투아네트 푸아송(Jeanne Antoinette Poisson)이고 공식 호칭은 퐁파두르 여후작이라 해야 맞지만 역사를 전공한 몇몇을 제외하고 프랑스인 중 그렇게 부르는 사람은 없습니다. 다들 그저 '마담 퐁파두르'라고 그녀를 부릅니다. 그 이름에 어떤 존경이나 애정을 담아 부르는 것은 아닙니다. 마치 우리나라 사람들이 성춘향, 장희빈, 장녹수 등을 부르는 것처럼 흥미는 있지만 그다지 존중하고 싶지는 않다는 투로 언급할 따름입니다. 그 이유는 명성에 비해 그녀의 출신이 지극히 미천했기 때문입니다. 그녀의 아버지는 요즘으로 치면 경제사범으로 수배를 받아 국외로 망명한 상태였고 어머니는 고관대작만 상대하는 고급 매춘부였습니다. 때문에 어린 시절부터 그녀는 반드시 부유한 고위층이 되어서 집안을 살리겠다는 일념으로 욕망 실현에 도움이 되는 일이라면 무엇이든지 하는 인물로 성장했습니다.

퐁파두르의 인생이 극적인 반전을 맞이하게 된 것은 프랑스 왕 루이 15세와의 우연한 만남 때문입니다. 사실 우연한 만남이라고 하기에는 좀 어려운 것이 퐁파두르는 어려서부터 루이 15세와 이어지기 위해 엄청난 노력을 기울였습니다. 그녀는 엉망진창으로 꼬인 자신의 인생을 펼 방법은 오로지 권력자 그것도 다른 사람은 쉽게 넘볼수 없는 최고 권력자의 가장 가까운 자리를 차지하는 것이라고 생각했습니다. 몇 차례 우여곡절 끝에 그녀는 왕의 공인된 애첩을 뜻하는 메트레상티트르(maîtresse-en-titre)로 불리게 되었고 이내 프랑스 사교계의 여왕으로 군림하였습니다. 많은 이들이 퐁파두르의 타고난 미모가 루이 15세를 사로잡았고 왕의 권세 덕분에 사람들이 그녀의 주위로 몰려들었다고 생각했습니다.

루이 15세의 공인된 애첩이라는 후광이 일부분 작용했다는 것을 부정할 수는 없지만 퐁파두르가 프랑스 사교계를 쥐락펴락하는 인물로 다시 태어날 수 있었던 가장 중요한 요인은 다른 것에 있습니다. 그것은 바로 그녀가 다른 사람의 아픈 곳을 찾는데 거의 천부적인 재능을 가지고 있었다는 것입니다. 퐁파두르는 만나는 귀족마다 그가 현재 어떤 부분이 힘들고, 어떤 점에서 도움이 필요하며, 무엇을 갈구하고 있는지 파악하는데 능했습니다. 연회장에서 만난 귀족들의 표정, 그들끼리 나누는 인사말과 대화를 놓치지 않고 기억했다가 이후 확인 절차를 통해 현재 그 귀족들이 처한 상황을 간파했습니다. 그녀의 재능은 거기서 끝이 아니었습니다. 그렇게 파악한 어려움을 해결할 수 있는 사람을 찾는 것에도 능했습니다. 그리고 그 둘을 능수능란하게 연결시켜주었습니다. 즉, 문제가 있는 사람과 문제를 해결할 수 있는 사람을 찾아서 서로 맺어주는데 엄청난 능력을 발휘한 사람이 바로 마담 퐁파두르였습니다.

가령 연회장에서 만난 귀족의 행색을 살펴 그가 예전보다 몰골이 초췌하거나 치장이 부실하다 싶으면 은근슬쩍 사람을 시켜 그의 경제 상황을 알아보도록 했습니다. 대충 그녀가 지목한 귀족 중 열에 아홉은 예상대로 재정 상태가 엉망이었습니다. 마담 퐁파두르는 그냥 재정 상태만 살핀 것은 아니었습니다. 경제 상태가 엉망인 귀족은 보유하고 있는 다른 능력, 정부 내에서 맡고 있는 공직이나 보유하고 있는 학문적 소양, 물려받은 가보 등을 통해 해결책을 찾았고 없다면 포장해서라도 만들어 냈습니다. 경제적 여유는 있지만 공직의 도움이 필요하거나 학식 있는 이의 조언이 필요하거나 전통 깊은 유물에 관심이 있는 귀족을 찾아 둘을 서로 연결시켜주었습니다.

그런 식으로 문제를 해결하고 도움을 받는 사람들이 많아지자 프랑스 사교계에는 마담 퐁파두르를 통하면 해결되지 않는 문제가 없다는 소문이 퍼져 나가기 시작했습니다. 그리고 그 소문은 이내 프랑스에서 어떤 문제를 해결하려면 반드시 마담 퐁파두르를 찾아가야 한다는 정도가 되었습니다. 한 가지 놀라운 점은 사이비 혹은 이단이라고 폄훼하고 손가락질했던 종교도 신앙적 기준이나 윤리적 판단을 한 꺼풀 벗겨 내고 살펴보면 마담 퐁파두르와 같은 모습이 있다는 것을 발견할 수 있습니다.

약불현야번작이끽야[21]

사람들이 이단이라 꺼리고 사이비라 배척하는 종교를 옹호하거나 존중하고 싶은 생각은 추호도 없지만 왜 사람들이 그러한 종교에 빠져들고 그 리더를 믿고 의지하는지에 대해서는 관심이 무척 많습니다. 우리 사회의 치명적인 문제로 부각되고 있는 구성원 간의 질시와 반목, 조직과 구성원 간의 불신을 해결할 만한 단초를 찾을 수도 있겠다는 생각에서 말입니다. 그리고 실제로 그 종교와 그 종교 안에서 그들이 살아가는 모습을 살펴보면 의외로 무릎을 내려칠 만큼 신기하게도 배울 만한 교훈이 존재하고 있었습니다. 교사(教師)로든 반면교사(反面教師)로든 말입니다.

---

21 若不現也燔灼而喫也. 『삼국유사』 가락국기에 실린 구지가(龜旨歌)의 한 구절로 내어놓지 않으면 불에 구워 먹는다는 뜻이다.

사람들이 종교를 믿는 이유는 무엇일까요? 예측하기 쉽지 않고 홀로 감당하기 어려운 세상이 두려워서일까요? 지금 가지고 있는 것보다 더 큰 행운과 부유함을 얻고 싶어서일까요?

아마도 모두 정답일 것입니다. 그러나 무엇보다도 사람들이 종교를 믿는 이유는 현재 처한 문제를 해결하고 그에 대한 해답을 얻고자 하는 갈구 때문이 아닐까요? 그 문제가 개인의 힘으로 해결하기 불가능하거나 인간의 힘으로 풀기 어려울수록 종교에 대한 간절함은 더욱더 깊어집니다.

한때 기존 기독교 교단에서는 이단으로 평가하는 신앙 치료, 이른바 신유(信癒)를 내세워서 어마어마한 숫자의 신도를 끌어모은 종교 집단이 있었습니다. 그 종교를 이끄는 여성 교주는 자신이 하나님의 계시를 받아서 사람을 한 번 쳐다보기만 해도 어떤 질병이 있는지 훤히 보이고 병이 있는 부위에 손을 갖다 대면 씻은 듯이 낫게 만들 수 있다고 주장했습니다. 당연히 말도 안 되는 소리였지만 사람들이 양 떼와 같이 몰려들었습니다. 대부분 기존 의료 기술로는 치료 불가 판정을 받은 불치병 혹은 난치병 환자와 그 가족들이었습니다. 이 여성 교주의 행동은 분명히 비난받아 마땅한, 비난을 넘어 법적인 처벌을 받아야 하는 기망 행위입니다. 그렇지만 이 상황을 자세히 살펴보면 반면교사로 삼아야 할 점이 분명히 있습니다.

기존의 기성 교단에서, 전통적인 종교 집단으로 신뢰받는 곳에서, 대기업과 학교에서 함께하는 이들의 문제와 어려움에 대해 과연 얼마나 관심을 가졌고 그를 해결하기 위해 얼마나 진지하게 머리를 맞대고 함께 노력했는지에 대해서 한 번쯤 깊이 반성해 보아야 할 것 같습니다. 이단이나 사이비 종교를 믿는 이들의 우매함을 탓하기 전에 먼저, 우리가 그들의 간절한 목소리에 얼마나 귀를 기울였는지에 대해서는 한 번쯤은 반성과 고민을 해야 할 때라고 생각합니다. 문제 해결은 의외로 크게 어렵지 않고 많은 투자가 필요하지 않을 수도 있습니다.

몇 해 전 모 불교 종단을 이끄는 최고 어른을 만날 일이 있었습니다. 이런저런 이야기를 하는 와중에 스님이 갑자기 물었습니다.

"한 회장님, 큰 배를 부두에 댈 때 선체에 흠집을 내지 않으려면 어떻게 하면 되겠습니까?"

한창 불경에 관한 이야기를 나누고 있던 터였는데 갑작스러운 배 이야기에 조금은 뜬금없었습니다. 잠시 대답을 머뭇거리자 스님은 껄껄 웃으며 "바퀴를 대면 되지요"라고 합니다. 바닷물 위에 뜬 배를 부두에 정박시키는데 바퀴가 필요하다니? 속뜻을 살피기가 쉽지 않았습니다. 이어진 스님의 설명을 듣고 나서야 말씀의 뜻을 알게 되었습니다. 스님의 말씀에 따르면 아무리 베테랑 선장이라도 배를 부두 선창에 닿지 않으면서도 딱 붙여 정박시키는 것은 거의 불가능에 가깝다고 합니다. 배를 모는 기술의 문제가 아니라 배를 띄운 물결이 한시도 가만히 있지 않기 때문입니다. 그래서 바닷사람들은 예전부터 폐타이어를 배의 측면과 선창의 모서리에 부착해서 배가 살짝 닿아도 파손되지 않게 한다고 합니다. 스님은 그런 모습을 보며 늘, 세상에 큰 배와 같은 모습으로 살아가려면 때로는 남이 버리는 가치 없어 보이는 존재라도 곁에 두고 귀하게 쓸 줄 알아야 한다는 깨우침을 얻는다고 덧붙였습니다. 또한 세상에 아무리 어려운 문제라도 막상 문제를 풀려고 보면 의외로 작은, 일상의 것에서 해답을 얻는 경우가 많으니 문제에 봉착하면 너무 거창한 것부터 고민하지 말고 문제의 본질에 집중해야 한다고 했습니다.

당신의 눈앞에 닥친 문제 중 가장 큰 문제는 무엇인가요? 정말로 해결하기 어려운 것인가요? 혹시 스님 이야기의 큰 배가 간절히 필요했던 폐타이어처럼, 당신의 문제를 해결할 수 있는 것이 곁에 있음에도 보잘것없다는 이유로, 남도 다 버리는 가치 없는 것이라는 핑계로 무심하게 그냥 흘려보내고 있지는 않은가요? 당신에게 폐타이어 같은 것이 있음에도 이런 게 무슨 소용이 있겠냐며 허비해 버리고 있지는 않은가요?

불경의 변신은 무죄

인간의 가장 약한 것, 가장 고민하는 것, 가장 원하는 것을 찾아서 그에 대한 직접적인 해답을 주고 해답을 찾을 만한 힌트를 주고 그도 아니면 최소한 스스로 해답을 찾는 과정에서 겪게 될 어려움과 고난을 버틸 힘을 주는 힘…. 그런 것에 관심 갖고 제 기능을 한 것이 비단 이단, 사이비라고 부르는 종교만 그랬던 것은 아닙니다. 보수적인 것으로 유명한 전통 불교에서도 그와 유사한 유연함은 어렵지 않게 찾아볼 수 있습니다.

불교는 오랜 역사만큼이나 수많은 종류의 경전이 존재합니다. 그러한 경전이 인도에서 다른 나라로 전파되며 서로 다른 문화로 이해되고, 서로 다른 언어로 설명하다 보니 처음과는 사뭇 다른 형태를 띠게 되었습니다. 달라진 경전을 중심으로 새로운 교리와 교파가 생기면서 불교라는 하나의 종교로 묶기 어려울 만큼 이질적인 모습으로 굳어진 경전의 종류와 다양함과 내용의 방대함은 타의 추종을 불허합니다.

기본적으로 불교 경전은 크게 부처의 가르침을 담은 교법과 계율, 후대의 제자들이 교법과 계율에 대해 연구해 주석을 단 해석서로 구분할 수 있습니다. 불교에서는 교법을 경장(經藏) 또는 숫타 피타카라 하고, 계율을 율장(律藏) 또는 비나야 피타카라고 하며, 해석서를 논장(論藏)이라 합니다. 이들 경장, 율장, 논장을 총칭해 삼장(三藏)이라 하는데 불교를 믿는 이들이 가장 소중하게 여기는 경전입니다. 실존 인물인 현장(玄奘) 스님을 모티브로 만들어진 『서유기(西遊記)』 속 캐릭터 삼장법사의 이름 역시 바로 이 삼장에서 따온 것이라는 점만 보더라도 불교도들이 얼마나 삼장을 좋아하고 중요시하는지를 알 수 있습니다.

『대장경(大藏經)』은 삼장을 집대성한 것입니다. 그런데 대장경마저도 수많은 판본이 존재하고 판본마다 그 내용이 제각각입니다. 부처 또는 그의 제자들이 실제로 사용했을 것으로 추정하는 고대 마가다어로 대장경이 제작되었다고는 하지만 현존하지 않고 그와 가장 유사한 언어이자 초기 부처의 설법이 구전될 때 사용된 팔리어로 기록된 『팔리어 대장경』이 전해지고 있습니다. 그보다 조금 북쪽 지방으로 전래된 불교를 믿은 사람들은 한나라 시절부터 원나라 때까지 약 1천여 년간 끊임없이 서역으로 유학하고 자료를 끌어모아서 한문으로 된 『한역대장경』을 편찬했습니다. 이후 이 대장경은 한국과 일본으로도 전해져 현재 사람들이 공부하고 암송하는 불경의 근간이 되었습니다. 어떤 경전은 티베트 지역의 독창적인 샤머니즘적 전통과 합쳐지면서 티베트 불교 혹은 라마교라고 하는 독특한 종교로 변이되었습니다. 티베트에서 새롭게 해석된 대장경은 『티베트 대장경』이라는 이름으로 재탄생하였습니다.

이들 대장경은 전해진 국가와 민족의 문화적 전통, 불교에 대한 이해 수준과 학습 기반 등에 따라 새롭게 더해지거나 덜어지는 작업을 거치며 새로운 판본의 대장경으로 거듭났습니다. 우리나라에는 『팔만대장경』이라는 이름으로 더 익숙한 『고려대장경』이 있습니다. 경상남도 합천 해인사 경내에 위치한 장경판고에 보관되어 있는 이 대장경은 고려 고종 23년인 1236년에 제작에 들어가 1251년까지 무려 16년간의 작업을 통해 완성되었습니다. 팔만이라고는 하지만 실제 보관하고 있는 경판의 숫자는 8만 1,352개에 달한다고 하는데, 아마 불교에서 흔히 많음을 뜻하는 숫자로 사용되는 8만 4천에 가깝게 맞추기 위해 분량을 미리 계획하고 경판을 만들었을 것이라는 설이 전해집니다.

그러나 가뜩이나 살기 팍팍한 세상에 가만히 앉아서 이 많은 불경을 독경할 수 있는 사람은 많지 않았습니다. 불교에서는 석가모니를 중심으로 핵심적인 내용을 정리해『묘법연화경(妙法蓮華經)』, 흔히 『법화경』이라고 일컫는 경전을 편찬했습니다. 줄였다고는 하나 글자 수가 무려 7만 자에 가까운 방대한 분량이었습니다. 8만 장이 넘는 대장경보다야 간소화되었지만 이마저도 읽기에 부담스러워하는 신도가 대부분이었습니다. 불교에서는 다시 부처의 가르침 중 제자들과의 대화를 중심으로 정수를 뽑아『금강경』이라고 부르는『금강반야바라밀경(金剛般若波羅蜜經)』을 편찬했습니다. 총 6천 단어 정도로 독경에 능한 신도라면 30분 남짓하면 처음부터 끝까지 다 읽을 수 있는 분량을 자랑했습니다. 하지만 이마저도 길어서 읽기 힘들다는 이들이 있었습니다. 불교에서는 어떻게 했을까요? "아니, 명색이 부처를 믿겠다는 양반들이 끈기가 없어서…. 됐어, 관둬!"라고 했을까요? 불교에서는 다시 부처의 가르침 중 핵심에 다시 핵심을 뽑아내 색즉시공 공즉시색(色卽是空 空卽是色), 아제 아제 바라아제(揭諦 揭諦 波羅揭諦) 등의 문구로 유명한『반야심경(般若心經)』을 편찬했습니다. 글자 수는 불과 260자에 지나지 않았습니다. 그제야 신도들은 마치 가벼운 노래를 부르듯 불경을 읊조렸고 여기저기서 부처의 가르침과 깨달음을 칭송하는 목소리가 들리기 시작했습니다.

　자칫 보수적이고 변화에 둔감할 수 있는 기성 종교조차도 자신들의 종교적 전통만을 고집하지 않고 신도들이 어려워하는 부분을 살피고 그들의 목소리에 귀를 기울여 과감하게 스스로를 바꾸어 나갔고, 그를 통해 상대가 원하는 해답을 제시합니다. 오늘날 사람들은 과연 어떨까요?

아버지와 아들의 화해

제가 아는 경영자 중 참 존경스러운 사람이 있습니다. 우리나라에서는 불모지와도 같았던 보석 가공 사업에 거의 맨손으로 뛰어들어 지금은 세계 시장을 좌지우지하는 큰손이 된 사람입니다. 세상그 누구도 부러울 것 없을 것 같은 그에게도 고민은 생기나 봅니다. 어느 날 저를 만난 자리에서 한숨을 크게 내쉬더니 묻지도 않았는데고민거리를 술술 늘어놓았습니다. 사실 저는 그 회장님의 고민을 진즉부터 알고 있었습니다. 왜냐하면 워낙 서로 가깝게 지내다 보니회장님의 아들과도 잘 알고 있었기 때문입니다. 우선 아들의 고민은다음과 같았습니다. 아버지가 워낙 입지전적인 인물이고 대단한 사람인 것을 알지만 어려서부터 매일 부족한 부분, 못하는 부분만 지적할 뿐 단 한 번도 칭찬해 준 적이 없었던 것이 불만이었습니다. 아마도 빈손으로 사업을 일군 자신의 의지와 노력, 하나를 시작하면어떻게 해서든 끝을 보고야 마는 집념, 이런 것을 원하는 듯한데 아버지와 다른 시대, 다른 환경에서 자라난 아들이 아버지가 원하는모습을 갖추기란 불가능에 가까웠습니다.

회장님은 회장님대로 불만이 있었습니다. 부유한 환경에서 낳아애지중지하며 키우고 남들이 부러워할 정도로 모든 것을 다 해주었는데 왜 생활하는 것도, 맡겨 놓은 일도 느슨하기만 하고 똑 부러지지 못하냐는 것이었습니다. 무엇을 하나 해도 완벽하게 해내는 것이없고, 사생활 역시 문제만 보인다는 것입니다. 그러다 보니 서로 말

한마디가 나가도 곱게 나가지 않고 대화를 하면 그 끝은 회장님의 고성과 아들의 반항만 남았습니다. 아예 얼마 전부터는 얼굴도 잘 마주치지 않고 대화도 의도적으로 하지 않는다고 했습니다.

회장님의 이야기를 들은 이후 저는 기도할 때마다 두 사람을 떠올렸습니다. 그리고 제가 할 수 있는, 그리고 해야 할 역할을 찾았습니다. 먼저 아들에게는 아버지가 어떤 삶을 살아왔는지, 그 가운데에 어떻게 아들을 낳고 어떤 마음으로 키웠는지를 이야기했습니다. 언젠가 사석에서 회장님께서 한 이야기도 함께 했습니다.

"전, 제 아들을 위해서는 제 목숨을 바치라 해도 흔쾌히 바칠 수 있습니다."

반대로 아버지인 회장님께는 아들이 어떤 삶을 살고 있는지, 무슨 생각을 하고 있고 어떤 어려움이 있는지를 이야기했습니다. 아들이 속마음과는 다른 행동을 보이지만 그게 다가 아님을 알려드렸지요. 아버지와 아들, 두 사람에게는 속을 터놓은 대화가 필요했습니다. 하지만 대화하기를 부담스러워 했고 어쩌다 대화할 기회가 생겨도 서로 엉뚱한 이야기만 늘어놓다가 말싸움으로 번져 버리기 일쑤였습니다. 두 사람이 간절히 원하지만 스스로의 힘으로는 차마 하기 힘든 것을 제가 챙겨야겠다고 생각했습니다. 수시로 두 사람을 방문해 이야기를 나누었고 그를 잘 정리해 서로에게 전달하는 일종의 가교 역할을 마다하지 않았습니다. 편안한 분위기의 자리에서 두 사람이 서로 쉽고 간단한 이야기부터 나눌 수 있도록 도왔습니다.

처음에는 쉽지 않았습니다. 대화를 나누던 중 서로 얼굴을 붉히는 경우도 빈번했고 때로는 언성이 높아지는 경우도 있었습니다. 하지만 저는 두 사람이 서로 부족한, 결핍되었다고 생각하는 부분을 잘 알고 있었습니다. 바로 아버지로부터의 인정과 칭찬, 아들의 친근한 말 한마디와 성실한 모습입니다. 저는 부자간에 서로가 상대방의 결핍된 부분을 채워주도록 도왔고 지금 두 사람은 대한민국 어느 아버지와 아들보다 더 서로가 서로를 아끼는 따스한 부자지간으로 살아가고 있습니다.

진상 고객도 끌어들이는
세일즈 포인트 찾기

말로써 설명할 수 있는 '도(道)'는 영원한 도가 아니며, 부를 수 있는 '이름 (名)'은 영원한 이름이 아니다. 무명(無名)은 하늘과 땅의 기원이요, 유명 (有名)은 만물을 기르는 단순한 양육자일 뿐이다.

『도덕경』 1장 도가도비상도(道可道非常道)

바로 그 '터무니없음'에 매료된 SKY 대학생들

교주와 관련된 여러 가지 법적 문제로 지금은 세력이 줄었지만 한 때 한국 사회를 넘어서 국제 문제로까지 비화될 정도로 교세가 크게 번창했던 신흥 교단이 있었습니다. 주로 체육 활동과 예술 행사 등을 통해 교세를 넓혀 나갔는데 이 교단이 특히 유명했던 것은 초기 교세 확장기를 이끌었던 이들이 주로 서울대, 고려대, 연세대, 이화 여대 등 속칭 명문대생이라는 점 때문입니다. 특히 이공계 학생들이 주축을 이루었습니다.

이와 같은 현상에 대해 기존 교단을 이끌던 성직자들은 한 가지 궁금증에 빠졌습니다. 이단, 사이비라고 비난하던 신흥 교단 신도 중 다수를 차지한 명문대생들은 그들도 꼭 포교하고 싶었던 이들인데 쉽게 전도되지 않기로 유명한 부류였습니다. 자기 자신에 대한 자부심과 믿음이 단단하고 합리성을 기반으로 한 체계적 사고 습관이 몸에 밴 이들이 대부분이었던 명문대생들은 쉽게 신성에 대해 마음의 문을 열지 않았습니다. 특히 이공계 학문을 전공한 이들은 더더욱 그러했습니다. 신의 섭리와 역사하심에 대해 기록된 성경 구절에 대해 과학적 의심의 눈초리를 거두지 않았습니다. 그런데 그런 이들이 신흥 교단에는 마음의 문을 열고 나아가 열렬 신도로 활동한다는 사실이 쉽게 믿기지 않았습니다.

자칭 선생님이라 하는 이의 정규 학력 수준은 그다지 높지 않았습니다. 이러저러한 학위를 취득하기는 했지만 종교 관련 전공 박사학위에 심지어 신학교 교수, 총장 이력을 갖고 있는 다른 종교 지도자들에 비교할 바는 아니었습니다. 그렇다고 사람을 매혹시키는 대단한 언변이나 보는 순간 상대를 압도하는 풍채를 갖고 있는 것도 아니었습니다. 수시로 맥락이 툭툭 끊기고 사투리가 잔뜩 섞인 수더분한 말투는 대화 상대에게 쉽게 신뢰를 주기 힘들었습니다. 외모에서 풍기는 느낌 역시 전형적인 종교 지도자와는 거리가 멀어도 한참 멀었습니다. 선생님이라 불리는 사람을 가까이에서 만난 사람들은 하나같이 시골 촌부와 같은 수수한 모습에, 달변이지 못한 말투에 깜짝 놀랐다고 이야기했습니다. 도대체 어떤 면이 기성 종교 단체에서 전도나 포교가 어렵기로 소문난 서울 소재 명문대 수재들의 마음을 흔든 것일까요?

이 종교 단체를 시작한 지도자는 성경을 파격적으로 해석하는 것으로 유명한 인물이었습니다. 그는 성경은 온갖 종류의 비유로 봉인되어 있다고 주장하며 그 봉인을 열고 비유를 풀어야 비로소 성경에 담긴 모든 비밀을 알 수 있다고 말했습니다. 여기서 제가 이야기하고 싶은 것은 그 해석이 옳다 그르다, 혹은 그렇게 해석한 내용이 온당하다 잘못되었다가 아닙니다. 그가 시도했던 방식에 대해서 이야기하고 싶습니다. 그가 주목한 것은 성경이 아니라 성경을 읽는 사람, 그 당시에는 주로 대학생들이 성경을 어떻게 읽고, 어떻게 받아들이는가였습니다. 관찰을 통해 그는 성경에 대한 기존의 해석에 대해 대학생들이 반감을 가지고 있고 특정 부분에 대해서는 터무니없다며 신뢰하지 못한다는 것을 알게 되었습니다.

그는 성경을 적혀 있는 그대로 받아들일 것이 아니라 현대의 시대정신으로 재해석하여 읽어야 한다고 주장했습니다. 과거에 비해 과학기술이 발달했고 그를 통해 신의 영역이라 생각했던 것 중 과학적 현상으로 입증된 것이 늘어났기에 단순히 성경 속 단어를 있는 그대로 해석하면 안 된다고 했습니다. 특히 대중의 전반적인 지적 수준이 높아졌기에 무조건적으로 복종하고 이해가 안 되어도 받아들이라는 식의 성경 해석은 문제가 많다고 설득했습니다. 천동설이 우주를 이해하는 유일한 지식이었던 시기에 쓰인 성경은 지금 시대의 진리인 지동설로 재해석하여 풀어내야 한다는 주장이 대표적이었습니다. 이러한 성경 해석 방식이 대학생, 특히 자기 똑똑한 맛에 살아가는, 자신의 지적 능력과 학문적 성취도에 대한 자부심이 강한 명문대 학생들의 마음을 사로잡았습니다.

포커판에서 절대로 지지 않는 법

제법 오래전 일로 기억합니다. 제가 경영하던 회사 사업과 관련해 중요한 정부 기관장을 만나야 할 일이 있었습니다. 약속한 날짜가 다가오자 비서가 두툼한 종이 뭉치 하나를 가져다주었습니다. 인물 검색 사이트에서 출력한 기관장의 주요 이력이었습니다. 제가 이걸 왜 주지? 하는 표정으로 물끄러미 쳐다보자 비서는 당황한 기색이 역력했습니다.

"부족한 부분이 있으면 말씀해 주십시오. 보완해서 가져다드리겠습니다."

아마도 제가 자료가 별로 마음에 들지 않아서 쳐다보는 거라 느끼는 듯했습니다. 어쩔 줄 몰라 하는 비서에게 저는 다음과 같이 말했습니다.

"자료는 그냥 두고 가세요. 만드느라 수고하셨어요. 다음부터 이런 자료는 출력해주지 않으셔도 됩니다."

그 말이 비서를 더욱더 당황스럽게 만든 듯했습니다. 어찌할 줄 몰라 하는 그녀에게 저는 왜 이런 자료가 필요 없는지, 앞으로는 어떻게 하면 되는지에 대해 차근차근 설명했습니다.

일반적으로 사람들은 누군가를 처음 만날 때 상대가 어떤 사람인지 알아내기 위해 애를 씁니다. 네이버, 조인스, 연합인포맥스 등 전통적으로 인물 정보를 제공하는 수많은 사이트를 검색하고 얼마 전부터는 링크드인이나 여타 숱한 SNS의 바다를 헤엄쳐 다니며 상대방에 대한 정보를 하나라도 건지려고 눈에 불을 켜고 달려듭니다. 하지만 경험상 그렇게 모은 정보는 크게 도움이 되지 않았습니다.

조금 엉뚱하기는 하지만 잠시 포커 게임 이야기를 하겠습니다. 포커를 칠 때 많은 사람들이 자신에게 어떤 패가 들어왔는지에만 집중해서 게임을 합니다. 원 페어[22], 투 페어[23]만 들어와도 막 이길 것 같은 생각에 표정 관리가 잘되지 않습니다. 그래서 오죽하면 포커페이스라는 말이 생겨났을까요? 모든 카드의 무늬가 같지는 않지만 5장의 숫자가 순서대로 연속된 패인 스트레이트나 숫자는 중구난방이지만 모든 카드의 모양이 같은 플러시가 들어오면 그때부터는 얼굴이 자신의 것이 아닌 상태가 됩니다. 만화책과 드라마 제목이기도 했던 풀 하우스[24]나 숫자가 똑같은 4장의 카드가 들어오는 포 카드 정도의 패가 들어오면 이제 통제 불능 상태가 됩니다. 카드 5장의 모양이 모두 같으면서 그 숫자 역시 5개가 연달아 있는 스트레이트 플러시, 그중에서도 연달아 있는 숫자가 10, J, Q, K, A로 이루어진 로얄 스

---

22 One Pair. 5장의 카드 중에서 2장의 숫자가 같은 패다.

23 Two Pair. 5장의 카드 중에서 2장의 숫자가 같은 원 페어가 2개 있는 패다.

24 Full House. 3장의 카드가 같은 숫자이면서 나머지 2장 역시 숫자가 같은 원 페어인 패다.

트레이트 플러시 같은 패가 들어오면 인생 전부를 얻은 듯 정신을 못 차립니다. 그러나 이런 사람 중에 포커로 큰돈 벌었다는 사람은 본 적이 없습니다. 제대로 판돈을 땄다는 사람조차 찾아보기 힘듭니다.

왜 그런 걸까요? 포커라는 게임이 원 페어가 들어왔다고 해서 늘 지는 것도, 로얄 스트레이트 플러시가 들어왔다고 해서 쉽게 이기는 것도 아닌 게임이기 때문입니다. 내게 원 페어가 들어왔더라도 같이 게임 하는 상대에게 모양이나 숫자가 아무런 짝이 안 이루어지는 노 페어가 들어가면 내가 이기는 것이고 내게 천하무적이라는 로얄 스트레이트 플러시가 들어왔더라도 다른 사람의 패에 스페이드 로티플[25]이 있으면 판돈을 내줘야만 하기 때문입니다. 때문에 일반적인 포커가 아닌 중간 고수들은 자신에게 들어오는 패 못지않게 상대에게 어떤 패가 갔는지를 살피는 데 모든 에너지를 집중합니다. 같이 게임을 하는 상대방이 한두 장 오픈한 카드를 보고 상대에게 어떤 카드가 들어갔는지 계산하는 확률, 카드 카운팅(Card Counting)을 연마하기 위해 몇 년간 공을 들이기도 하고 표정을 읽는 기술을 배우기 위해 대학 심리학 전공 교과서까지 탐닉하는 사람을 본 적도 있습니다. 그러나 놀라울 정도로 이들 역시 들인 노력에 비해 승률이 높지는 않습니다. 그렇다면 진짜 고수들은 어떻게 포커를 치는 걸까요?

---

25   스페이드 무늬의 로얄 스트레이트 플러시로 포커 게임에 등장할 확률이 0.00015% 미만이며 포커의 모든 패를 압도하는 가장 강력한 패다.

진짜 고수도 자신의 카드나 상대의 카드에 어떤 패가 들어왔는지를 체크하기는 합니다. 그저 초짜나 중간 고수처럼 그 패에 매몰되지 않을 뿐입니다. 정보 수집 차원에서 기본적인 체크만 하는 것이지요. 그들이 정작 신경 쓰는 것은 같이 게임 하는 상대가 내 패를 어떻게 읽고 있는지입니다. 그들은 상대방이 자신의 패를 어떻게 읽고 있는지를 파악해서 속칭 레이스[26]를 겁니다. 내게 들어온 것은 투 페어인데 상대방이 '분명 저 녀석은 원 페어도 안 들어왔을 거야'라며 원 페어를 들고 덤빈다면 너무나 쉽게 이길 수 있습니다. 내게 들어온 것은 원 페어도 이루지 못하는 카드인데 상대방이 '저 녀석 플러시 정도는 들어온 것 같은데?'라며 투 페어를 들고도 게임을 포기하면 그것만큼 행운이 또 없을 것입니다. 그래서 상대가 내게 들어온 패를 어떻게 생각하고 게임 하는지를 아는 것이 중요합니다.

다시 인물 검색 자료 이야기로 돌아가서 살펴보면 많은 사람들이 누군가를 만나거나 교섭해야 할 때 상대방에 대해 조금이라도 더 많은 정보를 끌어모으고자 합니다. 상대가 어디 출신이고 어느 학교를 나왔고 장점은 무엇이며 단점은 어떤 것인지를 알아내기 위해 혈안입니다. 과거에는 그런 이들에게 맞춰 제 비서 역시 저에게 미팅 전 두툼한 인물 검색 자료를 챙겨줬을 것입니다. 그러나 진짜 유용한 것은, 비즈니스 전장에서 승리하는 비결은, 마치 포커판의 진짜 고수들

---

26 Raise. 앞의 플레이어가 올린 판돈을 받아들이고 그에 더해 추가로 더 배팅한다. 외래어 표기법으로는 레이즈로 읽어야 하나 경주(Race)와 비슷한 행위로 인식해 일반적인 한국의 포커판에서는 레이스로 발음한다.

처럼 상대가 나에 대해 어떤 정보를 얼마만큼 가지고 있는지, 혹은 상대가 나를 어떤 사람이라고 생각하는지를 정확하게 아는 것이 보다 중요합니다. 즉, 우리가 어떤 사람을 만나려 할 때 그 사람에 대한 정보를 다 파악하기 위해 안달복달할 것이 아니라 그 사람이 나에 대해서 어떤 정보를 가지고 있는지를 파악해서 가야 한다는 말입니다.

지피지기가 아니다, 지기지피다

대다수의 사람들은 여기서 지피지기 백전불패(知彼知己 百戰不敗)라는 말을 떠올릴 수 있을 것입니다. 많은 사람들이 적을 알고 나를 알면 백 번 싸워도 지지 않는다는 지피지기 백전불패라는 말을 익히 잘 알고 있고 수시로 사용합니다. 원래 문장은 다음과 같습니다.

> 지피지기 백전불태 (知彼知己 百戰不殆)
> 부지피이지기 일승일부 (不知彼而知己 一勝一負)
> 부지피부지기 매전필태 (不知彼不知己 每戰必殆)
> 적을 알고 나를 알면 백 번 싸워도 위태로움이 없으며, 적을 알지 못하고 나를 알면 한 번 이기고 한 번 지며, 적을 모르고 나를 모르면 매 치르는 싸움마다 반드시 위태로워질 것이다.

손무의 역작 『손자병법』 제3장 모공(謀攻)의 마지막 맺음말로 쓰인 문장입니다. 참 좋은 말입니다. 특히 사회생활을 하는 사람이라면 이 내용에 공감하지 않을 수 없을 것입니다. 그렇지만 이 말은 해석을 잘해야 합니다. 있는 그대로, 곧이곧대로 해석하다가는 낭패를 볼 수 있기 때문입니다. 적을 아는 것은 중요합니다. 하지만 나를 아는 것보다 앞에 있다 해서 더 중요한 것은 아닙니다. 또한 이를 따로따로 해석하는 것도 위험합니다. 현대사회에서의 경쟁은 '적이 나에 대해 어떻게 알고 있는지를 아는 것'이 보다 더 중요해졌습니다. 따라서 이 말을 현대에 맞게 재해석하자면 '나에 대해 제대로 파악하고, 적이 나에 대해 내가 파악하고 있는 것과 얼마나 다르게 알고 있는가에 대해 잘 알아야 한다' 정도가 될 것 같습니다.

요즘 젊은 중국인들은 지피지기라는 말 대신 지기지피(知己知彼)라는 단어를 사용한다고 합니다. 지기는 상대가 인지하고 있는 나의 수준이라고 설명하는 이도 있습니다. 현명하게도 싸움의 승패는 '상대가 인식한 나'로부터 시작하는 것임을 우리보다 먼저 깨닫고 말부터 바꾸어 사용하는 것이지요.

나 스스로 나에 대해 잘 아는 것은 중요합니다. 그리고 자기 본연의 모습, 자기 스스로의 본질은 지켜야 합니다. 상대에 맞추어 일일이 다른 모습으로 대하는 것은 자칫 줏대 없고 믿음이 가지 않는 사람이라는 인상을 줄 수 있습니다. 하지만 생각과 관점의 기준을 상대에게 두고 상대가 나에 대해 어떻게 생각하는지를 깊이 고민해 그에 맞추어 적절하게 대하는 것은 기본적인 대인 관계에서뿐만 아니라 종교에서도 비즈니스에서도 무척 중요합니다.

일부 종교 집단에서 경전을 제멋대로 해석하는 것에 대해 비난을 많이 하는 것으로 알고 있습니다. 종교라면 지켜야 할 선이 있고 그를 넘어서는 일을 해서는 안 된다고 생각합니다. 다만 그들이 자신들을 믿고 따르는 이를 위해 취한 자세와 태도, 노력에 대해서는 한번쯤 살펴보고 배울 점이 있는지 정도는 고민해 보아도 된다고 생각합니다.

인간관계를 포함한 매사를 나 중심에서 생각하지 않고 상대로부터 시작하는 자세는 중요합니다. 그를 통해 또 다른 관점에서 나에 대해 바라보고 객관화할 수 있는 능력을 키우고 그 능력을 활용해 상대와 나와의 관계를 보다 발전시켜 나갈 수 있는 콘텐츠를 지속적으로 제공하는 것은 중요합니다. 지기지피를 체득한다면 사회적 성공을 위한 경쟁에서 보다 유리한 출발선에 설 수 있을 것 같습니다.

약속을 반드시 지키는 혹은
지킬 수 있는 약속만 하는 능력

너희는 처음부터 들은 것을 너희 안에 거하게 하라. 처음부터 들은 것이
너희 안에 거하면 너희가 아들과 아버지 안에 거하리라. 그가 우리에게
약속하신 것은 이것이니 곧 영원한 생명이니라.

『신약성경』 요한일서 2:24~25

비가 올 때까지 기우제만 지냈을까?

미국 애리조나주에는 인디언 보호구역이 여러 개 있습니다. 가장
넓은 면적에 많은 인구가 거주하는 것으로 알려진 나바호 인디언 보
호구역(Navajo Nation)은 Reservation을 쓰는 다른 보호구역과 달리
명칭에 국가(Nation)라는 단어를 붙여 쓸 정도로 거대한 규모를 자
랑합니다. 규모는 그에 한참을 못 미치지만 우리나라 자동차 업체가
자사의 대형 SUV 이름으로 가져다 쓰면서 유명세를 떨치게 된 모하
비 보호구역(Fort Mojave Reservation)도 애리조나주에 있고 규모와
상관없이 인지도만큼은 세계 최강인 아파치 보호구역(Fort Apache

Reservation) 역시 같은 주에 위치하고 있습니다. 그리고 제법 큰 규모와 인구를 자랑함에도 불구하고 다른 보호구역에 비해 주목을 덜받는 호피족 인디언들의 집단 거주지인 호피 보호구역이 있습니다. 6천 5백 제곱킬로미터가 넘는 땅에 7천여 명의 호피족들이 거주하고 있음에도 불구하고 수백 년 이상 갈등 관계인 나바호족의 등쌀에밀려 제대로 기를 펴지 못하고 살면서 존재감을 발휘하지 못하는 보호구역입니다.

그런데 호피족 인디언이 갑작스럽게 관심을 받게 된 일이 있었습니다. 그것도 미국이 아닌 지구 반대편 대한민국에서 말입니다. 미국의 사회학자 로버트 머튼(Robert Merton)은 1996년 책 한 권을 출간했습니다. 『사회 구조와 과학(On Social Structure and Science)』이라는 제목의, 이름만 들어도 딱딱함이 묻어나는 학술 서적입니다.

호피족은 가뭄이 들면 기우제를 지냅니다. 그것도 꽤 오랜 시일 동안 지내는 것으로 유명했습니다. 머튼은 이 책에서 자신의 논문을 인용해 호피족 인디언들이 치르는 기우제는 하늘에서 비가 내리도록 하는 주술적 제례가 아니라고 주장했습니다. 그런 미신적 행사라기보다 극심한 가뭄 속에 자칫 깨질 수 있는 공동체 의식을 보호하고 사회적 유대 관계를 다잡기 위한 행위라는 설명을 덧붙였습니다. 즉, 과학적으로 효능을 입증할 수 있는 지극히 합리적인 조직개발이라는 것입니다. 회사가 사업적으로 어렵거나 구성원들이 동요할 때 워크숍을 통해 분위기를 환기하거나 야유회 등을 통해 단합을 강조하는 것과 흡사하다는 주장이었습니다.

머튼 교수가 언급한 기우제 사례를 우리나라의 한 심리학자가 자신의 책에 인용했습니다. 이 심리학자 역시 호피족의 기우제에 대해 제대로 이해하고 있었습니다. 그는 그들의 기우제가 단순히 미신에 기대려는 제례 의식이 아니라 척박한 환경 속에서 처한 불편한 상황(가뭄)을 이겨내기 위해 '미래에 대한 긍정적인 인식(우리가 버티는 한 언젠가는 비는 내린다)'을 공유하고 '든든한 공동체 의식(내 곁에는 나와 같이 고난을 이겨낼 동료들이 있다)'을 함께 나누는 장이었다고 표현했습니다. 즉, 개인적 믿음이 사회적 믿음으로 승화되는 숭고한 장이라 묘사했지요. 하지만 많은 사람들이 호피족의 기우제에 담긴 진의를 깊이 있게 이해하려고 하기보다는 '비가 내릴 때까지 기우제를 지낸다'는 문장 하나에 환호를 보냈습니다. 인디언 기우제는 의지의 한국인과 같은 느낌의 유행어로 자리 잡았습니다.

지킨다, 지켜준다, 반드시 지키고야 만다

보통 사람들이 거리를 두는 다양한 종교에서 인디언 기우제와 같은 사례를 발견할 수가 있습니다. 흔히 이단, 사이비라고 손가락질하는 종교는 약속을 잘 지키지 않고 어떻게든 사람들을 속이고 현혹시키려고만 한다고 생각합니다. 그러나 실제로 잘 살펴보면 놀라운 모습을 발견할 수 있습니다. 의외로 그들의 종교를 믿는 사람들과의 약속을 칼같이 잘 지키는 것으로 유명합니다.

한때 신흥종교 또는 이단, 사이비라고 부르는 종교 사이에서 가장 매력적인 포교 대상은 대학생이었습니다. 신학기가 되면 대학 교정에는 거짓말 좀 보태 신입생 반, 이제 막 고등학생 티를 벗어난 신입생들을 자신의 종교로 이끌려는 사람들 반일 정도였습니다. 전도자들은 대부분 처음에는 정체를 밝히지 않고 음료나 간식을 사주거나 재미있는 무료 강연에 초대하고 싶다는 식으로 접근합니다. 그리고 언제 어디서 만나자고 약속해서 그 자리에 가면 반드시 그들은 있었습니다. 아직 사회 물이 덜 들어 약속을 쉽게 생각하고 숙취 때문에, 여자친구가 만나자고 해서, 휴강이라 집으로 바로 가서 등 만남을 쉽게 펑크 낸 상대도 끝까지 기다렸습니다.

해당 종교의 신도가 되어서 함께 신앙생활을 할 때도 마찬가지입니다. 유독 그들은 다른 보편적인 종교의 신도와 다르게 신도 간의 약속은 철저하게 지키고 신도들에게 해주기로 한 것은 어떠한 수단과 방법을 가리지 않고서라도 해주는 것으로 유명합니다.

"에이, 그들은 전도하거나 포섭해야 할 할당량이 있어서 그런 거겠지요."

"그 사람들 뒤에 또 그러라고 지시를 내리고 감시하는 사람들이 있어요."

"처음의 사소한 약속은 잘 지키지요. 그렇게 사람을 믿게 만든 뒤에 진짜 큰 약속을 펑크 내서 사람 뒤통수를 치는 것이 그들의 특징이에요."

물론 위와 같은 사람들도 있겠지만 대다수의 그들이 철저하게 지킨 약속 지키기를 통해 사람들의 마음을 움직였고, 그렇게 움직인 마음이 그들의 교세를 키운 것만은 틀림없습니다.

양복쟁이가 오대산 정상에 오른 이유

2010년 1월 새해 첫 출근을 하는 날 아침, 서울을 포함한 중부지방에는 엄청난 폭설이 내렸습니다. 사람들은 출근길 기상 상황과 교통정보를 알아보기 위해 TV 뉴스를 틀었고 충격적인 장면을 목격합니다. 한 공영방송의 젊은 기자였던 박대기 기자가 장갑도 끼지 않은 손으로 마이크를 들고 눈을 맞으며 기상 상황을 전하는 모습이 화면으로 생중계되고 있었습니다. 이때까지만 하더라도 사람들은 '기자가 고생이 많네' 정도로 생각했습니다. 그러나 뉴스가 몇 꼭지 보도된 뒤 다시 중계차가 연결되었을 때 기자는 머리와 어깨에 눈이 쌓인 채 오들오들 떨며 바뀐 날씨 상황을 전했고 이때부터 사람들은 화면에 집중했습니다. 그리고 '과연 다음 연결에도 기자가 그대로 있을지' 기대했고 마지막으로 연결된 화면 속 기자는 하얀 눈을 완전하게 뒤집어쓴 채 이제는 다 얼어붙은 표정으로 겨우겨우 날씨 상황을 전달했습니다.

이날 이후 박 기자는 말 그대로 벼락스타가 되었습니다. 각종 TV 프로그램에서 그의 기상 상황 중계 모습이 반복적으로 방영되었고 수많은 사람들이 그의 모습에 열광했습니다. 각종 패러디가 난무했고, 그날 방송에 비친 박대기 기자의 모습을 본 딴 캐릭터 용품과 이모티콘이 만들어질 정도였습니다. 왜 이런 일이 벌어졌을까요? 아마도 그가 대중에게 한 '약속' 때문이 아니었을까요?

첫 번째 중계 때부터 심상치 않았던 기상 상황은 두 번째 연결을 할 때는 무척이나 심각해졌습니다. 함박눈은 폭설로 변했고 기온 역시 덩달아 크게 떨어졌습니다. 하지만 박 기자는 눈을 그대로 맞으며 그 자리에서 시청자를 기다렸습니다. 그리고 오들오들 떨면서 방송을 했습니다. 얼마간의 시간이 지나 세 번째 연결을 해야 할 무렵, 많은 시청자들은 그가 자리를 옮겨 날씨를 전하든지 적어도 방송 연결 직전까지 따뜻하고 안락한 곳에서 기다리다가 등장하리라 예상했습니다. 하지만 그는 그 자리에서 우직하게 시청자를 기다리기라도 한 것처럼 쌓인 눈을 그대로 맞으며 화면에 등장했습니다. 마치 시청자와의 약속을 지키기 위해 최선을 다한 것처럼 보이는 그의 모습에 대기라는 이름이 상승작용을 일으키면서 대중들은 열광하게 된 것입니다.

누군가와의 약속을 지킨다는 것은 생각하는 것보다 훨씬 더 강력한 힘이 있습니다. 지금이야 엉성산악회라고 대한민국에서 가장 강력한 사조직이면서 또 가장 엉성한 산악회 핵심 멤버로 살고 있지만 저는 나이를 제법 먹을 때까지는 산이라고는 근처에도 가지 않았던 사람이었습니다. 아니, 갈 수가 없었습니다. 지금은 초등학교라고 부르는 국민학교 시절 가난한 집안 살림에 도움이 되고자 신문 배달, 우유 배달일에 나서면서부터 또래 아이들처럼 한가하게 들로 산으로 다니며 뛰어놀지 못했습니다. 커서는 몸이 약해 산에 오르기가 힘들었습니다. 폐에 깊은 병이 들어 50킬로그램 초반을 왔다 갔다 하는 피골이 상접한 모습에, 조금만 오래 걸어도 끊임없이 잔기침이 터져 나오고 조금 컨디션이 안 좋다 싶으면 밤새 기침이 이어지다 피를 토하고는 했던 몸이라 산에 오르는 것은 언감생심 불가능한 일이었습니다. 그랬던 제가 취미 삼아 수시로 산에 오르고 산악회까지 꾸려 사람들을 산으로 이끄는 등산 전도사가 된 것은 엉뚱하게도 '한 사람과의 약속' 때문이었습니다.

처음으로 기업 경영을 맡아 정신없이 바쁘게 살던 무렵입니다. 그 전부터 알고 지내던 어른이 제게 주말에 등산이나 한 번 같이 하자고 했습니다. 그분 체면도 있고 해서 함께 가겠다고 약속을 덜컥 해버렸습니다. 그분이 주말에 가자고 한 산이 오대산인 것은 그 이후에야 알게 되었습니다. 부끄럽게도 등산 문외한인 제가 그때까지 올라 본 산이라고는 내장산이 전부였습니다. 그마저도 제대로 된 등산이 아니라 관광 삼아 설렁설렁 다녀왔습니다. 무슨 생각이었는지 모르겠지만 저는 잘 알지도 못하면서 내장산도 한 번 올라가 보았는데 오대산이라고 별거 있겠어? 어차피 둘 다 국립공원이고 산 중턱까지 차 타고 가겠지 하고 확신한 채 별다른 준비 없이 주말까지 시간을 흘려보냈습니다.

문제의 시작은 갑작스럽게 회사에 중요한 의사결정을 내려야 할 일이 발생하면서였습니다. 간단한 문제가 아니었기에 주주총회를 대전에서 열어야 했는데, 개최가 가능한 일정이 오대산에 가기로 한 바로 전날밤에 없는 것이었습니다. 일단 회사 일을 마무리 짓기 위해 대전으로 내려갔습니다. 하루 종일 진을 빼며 주주총회를 끝내고 다른 일행들이 투숙하고 있다는 강원도 리조트로 가 보니 이미 새벽 2시, 그러나 제 이름으로 예약된 방이 없었습니다. 대전에서 중요한 회사 일정이 전날 잡혔다는 소식을 듣고 당연히 제가 오지 못할 거라 생각해 방 예약을 취소한 듯했습니다. 원주로 차를 돌려 어렵게 문을 연 작은 모텔에 방을 잡기는 했지만 이미 동이 틀 무렵이었습니다. 샤워를 하고 침대에 걸터앉기는 했는데 이대로 누우면 산에 오를 새벽에 눈을 뜰 자신이 없었습니다. 제가 선택할 수 있는 답은 하나뿐이었습니다.

뜬눈으로 밤을 샌 뒤 아침 7시 집합 장소였던 오대산 입구에 도착했습니다. 나중에 전해 듣자니 일행들은 두 번 놀랐다고 합니다. 우선 어제 저녁 늦게까지 대전에서 주주들과 함께 있었다고 한 사람이 출발 시간에 딱 맞춰 등장한 것에 놀랐고, 등산을 하겠다고 나타난 사람의 차림이 양복바지에 와이셔츠, 신발만 급히 어디에선가 구해 온 운동화인 것에 또 한 번 놀랐다는 것입니다. 저는 다른 사람들이 놀라거나 말거나 함께 산행에 나섰습니다. 거기서 일행들은 마지막으로 놀랐다고 합니다. 제가 체면치레를 위해 어떻게든 온 것이지 진짜 산에는 따라 오르지 않을 거라 생각해서였습니다. 그도 그럴 것이 백두대간의 딱 중간 어귀에 위치한 오대산은 해발 1천 5백 미터가 넘는 높이에 행정구역상으로 강릉, 평창, 홍천의 3개 시군에 걸쳐져 있는 큰 산이었기 때문입니다. 제대로 된 등산 장비를 갖추어도 만만하게 볼 산이 아니었고 게다가 등산 경험이라고는 해발고도를 따지기조차 무엇한 뒷산에 서너 번 올라가 본 것이 전부인 생초보에게는 위험한 산이었습니다.

하지만 저는 성큼성큼 산길을 걸어 올라갔습니다. 반면 에베레스트산이라도 오르려는 듯 완벽하게 등산 장비로 중무장한 이들이 하나둘 처지기 시작했습니다. 그날 따라 등산로 컨디션이 좋지 않았고 준비를 단단히 한 이들에게도 쉽지 않은 상황인 듯했습니다. 그러니 저는 오죽했겠습니까? 그럼에도 저는 속도를 늦추지 않았습니다. 한 번 마음이 풀어지면 저 또한 중도 포기하고 싶다는 마음이 들 것만 같았습니다. 계속 내려가서 식당에서 기다리겠다며 발길을 돌리는 이들이 줄줄이 이어졌습니다. 결국 정상에 올랐을 때 일행 중 남은 사람은 초대해 주신 분과 저, 단 두 사람뿐이었습니다. 저를 산으로 이끌어 주신 분께서 놀랍고 기특하다는 표정으로 제게 '아니, 한회장은 어떻게 밤을 새고 그 복장으로 나타나서 이 산꼭대기 끝까지 따라오겠다는 생각을 했습니까?'라고 물었습니다. 그 물음에 저는 단 한마디로 답할 수밖에 없었습니다.

"약속했으니까요."

이 말 빼고 무슨 말을 더 할 수 있을까요? 이후 등산은 평생 취미이자 삶의 동반자가 되었고 '약속했으니까요' 이 한마디는 사업을 할 때나 조직을 운영할 때나 사람을 만날 때나 늘 한결같은 제 마음속 금언이 되었습니다.

줬다 빼앗는 놈이 제일 밉다

다만 약속에 대해 한 가지 주의할 점이 있습니다. 신도의 굳은 믿음 속에 승승장구하던 종교 단체들이 한순간에 무너져 버릴 때가 있습니다. '약속한 것'들이 지켜지지 않기 시작하다가 결국 가장 중요한 약속조차 어기게 될 때입니다. 대표적인 사례가 1992년 대한민국을 발칵 뒤집어 놓았던 휴거(携擧) 소동입니다. 당시 기존 교단에서 목회를 하던 이 모 목사가 우연히 접한 종말론 관련 내용을 이리저리 조합해 시한부 종말론을 주장하기 시작했습니다. 그가 못 박은 종말 날짜는 1992년 10월 말이었습니다. 그는 아예 몸담고 있던 교단을 떠나 D선교회라는 단체를 만들어 대대적으로 종말론을 펼치기 시작했습니다. 이 모 목사는 비슷한 종말론을 다룬 해외 종교 서적에서 종교에 심취했을 때 경험하게 되는 황홀경의 의미로 사용되던 단어 Rapture를 휴거로 대체해서 교리를 만들었습니다. 휴거란 이끌 휴(携) 자에 들 거(擧) 자를 더해 '이끌려 들어 올림'이라는 뜻을 가지게 된 단어입니다. 개신교에서 예언하는 종말의 시기에 예수가 재림하면 선택받은 사람들이 저절로 들려 올라가 공중에 임한 예수와 만나 천국으로 간다는 것이 휴거의 내용이었습니다.

그 여파는 실로 대단했습니다. 아빠나 엄마가 자녀를 데리고 가출해 기도원에서 종말을 맞겠다고 나서면서 파탄 난 가정이 속출했습니다. 직장에 다니던 멀쩡했던 회사원이 갑자기 사표를 내고 종적을 감춰 버리는 일도 빈번했습니다. 가장 황당했던 것은 그해 대학 입시를 치러야 할 고3 수험생들이 10월 말이면 세상이 끝나는데 연말에 치러질 학력고사를 준비하는 것이 무슨 의미가 있겠냐 하며 보충수업, 자율 학습을 빼먹고 흥청망청 놀러 다닌 일입니다. 신문과 TV 뉴스에서는 연신 휴거를 믿는 이들로 인해 발생하는 여러 가지 사건사고, 문제에 대한 보도와 기사가 폭발했습니다.

이 모 목사가 못 박아서 휴거가 일어날 것이라고 이야기한 바로 그날이 되었습니다. 해당 목사를 믿는 신도들은 일찌감치 주변을 정리하고 모든 것을 처분한 뒤 공동체에서 생활하고 있었습니다. 그들은 그날이 되자 설렌 표정을 감추지 못하고 열렬한 기도에 들어갔습니다. 예배당 곳곳에서 울부짖는 사람, 고함을 치는 사람, 제 기운을 이기지 못하고 실신하는 사람이 속출했습니다. 각 언론사에서는 그들을 취재하기 위해 기자와 취재 차량을 보내 예배당 주위는 교통이 마비될 지경에 이르렀으며, 공중파 방송 3사 모두가 생중계로 현장 분위기를 보도했습니다.

하지만 그날, 아무 일도 일어나지 않았습니다. 예언 혹은 약속했던 1992년 10월 28일 자정이 지나 29일로 넘어갈 때까지 세상은 평온하기만 했습니다. 이날 한 공중파 앵커의 뉴스 오프닝 멘트는 다음과 같습니다.

"역시…, 아무 일도 일어나지 않았습니다."

아니, 아무 일도 일어나지 않은 것은 아니었습니다. '약속이 깨졌다'는 결과를 접한 신도들은 분노에 휩싸였습니다. 약속을 받지 않았을 때보다 지속적으로 약속 받았던 것들이 지켜지지 않았다는 것을 알게 된 이들은 폭도로 변해 약속을 지키지 않은 교회 리더에게 달려들었고 대장 격인 목회자를 찾아 나섰습니다. 그들을 법정에 세우기 위해 사방팔방 노력했고 이 모 목사와 관련자들은 법의 심판을 피할 수 없었습니다.

기업 역시 마찬가지입니다. 약속하지 않는 기업보다 한 번 한 약속을 지키지 않는 기업, 더 나아가 약속을 지키다가 정작 중요한 순간에는 지키지 않는 기업이 소비자나 몸담고 있는 구성원들로부터 더 큰 반발과 분노를 자아내는 경우가 많습니다. 대표적인 경우가 최근 들어 많은 비난의 대상이 되고 있는 그린워싱(Greenwashing) 기업입니다. 그린워싱이란 실제로는 친환경적이지 않으면서 친환경 제품이나 서비스를 제공하는 기업인 척하거나, 과거에는 친환경 기업임을 고객이나 구성원들에게 표방했다가 이후 수익성 등을 이유로 그 약속을 깨뜨려 버리는 기업을 말합니다.

대표적인 사례가 버락 오바마 전 미국 대통령과 할리우드의 슈퍼스타 레오나르도 디카프리오가 즐겨 신는 신발로 명성이 자자했던 올버즈(Allbirds)입니다. 친환경 소재를 사용한다고 광고하며 선풍적인 인기를 끌었던 이 업체는 신발의 품질에 문제가 발생하고 소재가 진짜 환경친화적인지 의심이 든다는 의혹이 들자마자 소비자들의 거센 반발에 휩싸였고 주가는 급락하고 말았습니다. 일부 신발 소재의 강도에 문제가 있는 것은 사실이었지만 다른 합성섬유 소재 신발 회사 제품에 비하면 환경 오염 물질 배출 정도가 적고 수익 중 상당한 금액을 여러 관련 단체에 기부한 것은 사실이었습니다. 하지만 회사가 내뱉은 말, 소비자와의 약속, 즉 신뢰성에 문제가 있다는 판단을 소비자들이 하게 되면 하락세를 피할 수가 없습니다.

물론 반대의 경우도 있습니다. 세계적인 생활용품 기업 피앤지 (P&G)에서 생산, 판매하는 분말세탁세제 타이드(Tide)는 출시와 함께 내건 슬로건이 '미국에서 가장 강력한 세정제'였습니다. 실제로 최초 출시 당시 타이드의 세정력은 타의 추종을 불허했고, 주요 소비자였던 미국의 주부들은 타이드가 미국에서 가장 강력한 세정력을 제공할 거라는 약속을 믿어 의심치 않았습니다. 타이드와 그를 만든 피앤지는 그 약속을 지키기 위해 표백 타이드(Tide with Bleach), 울트라 얼룩제거 타이드(Tide Ultra Stain Release), 울트라 산소 타이드 (Tide Ultra Oxi) 등을 계속해서 만들어 냈습니다. 때때로 어떤 제품은 막대한 연구 개발비를 들여 출시해도 별 이득을 보지 못할 것이 뻔히 보였지만 피앤지는 계속해서 미국에서 가장 강력한 세정제를 개발하기 위해 노력했습니다. 소비자와의 약속을 지키려는 피앤지의 노력에 소비자들은 깊은 신뢰로 화답했고 타이드와 피앤지 모두 현재까지도 소비자들의 가장 많은 사랑을 받는 세탁 제품과 생활용품 기업으로 승승장구하고 있습니다.

한 번 한 약속은 무조건 지키는 것이 중요합니다. 하지만 그것보다 더 중요한 것이 계속 지키는 것, 꾸준하게 지키는 것일 듯합니다. 우리 조직에는, 우리 학교에는, 우리 회사에는 줬다 빼앗기 식으로 약속을 어기는 경우가 없는지 각별하게 살펴보아야 하는 이유입니다.

상대의 공감을 이끌어 낼
입과 귀를 가져라

그(상불경보살)는 육근의 청정[27]을 얻자마자, 2백만 년 동안 자신의 생명을 신통력을 써서 늘려 2백만 년 동안 '바른 가르침의 백련'이라는 법문을 설했다. 그래서 상불경이라는 이름을 붙인 교만한 비구, 비구니, 신남, 신녀 들 모두가 그의 광대한 신통의 위력, 설득하는 웅변력, 지혜의 위력을 보고 가르침을 듣기 위해 따르게 되었다.

『법화경』 제20장 상불경보살의 덕화(常不輕菩薩品) 중

신의 귀를 가지게 된 무속인

과거 후배의 소개로 잠깐 알고 지낸 무속인이 한 사람 있습니다. 과거 인천에서 꽤 이름을 날리던 무당이었는데 어느 날 그녀를 제게 소개시켜 준 지인에게 근황을 물었더니 속칭 신빨(神氣)이 떨어져서

---

27 六根淸淨. 육근(六根)은 눈, 귀, 코, 혀, 몸, 생각으로 신체에서 감각을 느끼는 모든 기관을 의미한다. 청정(淸淨)은 진리를 깨달아 그 기관에 생겨날 수도 있는 욕심과 집착을 없애는 것을 말한다.

지방 소도시로 낙향했다는 답을 들었습니다. 그 뒤로는 그 무속인을 잊고 지냈습니다. 신기가 사라졌으니 그동안 벌어 놓은 돈으로 먹고 살든가 그저 그런 잡무당으로 자잘한 기원굿, 액막이굿, 개업 기념 고사나 지내 주며 살아가겠지 싶었습니다.

어느 날 놀라운 소식을 들었습니다. 그녀가 모 지방 도시에서 점을 기가 막히게 잘 보는 용한 무당으로 이름을 날리며 복채를 쓸어 담고 있다는 것이었습니다. 한 번 빠져나간 신기가 다시 돌아오는 일은 거의 없는 것으로 알고 있는데 그에게는 그 희박한 확률의 현상이 발생한 것 같았습니다. 그러나 여전히 그 무당과 연락하고 지내던 후배가 전해준 이야기는 전혀 뜻밖이었습니다. 그 무당의 신기는 돌아오지 않았다고 합니다. 그냥 일반인이 된 것이지요. 그렇다면 용하다는 평가를 받으며 복채로 거액의 돈을 긁어모은다는 소문은 어떻게 된 것일까요?

그 의문은 오랜만에 다시 그녀를 만나서 대화를 나누자마자 곧 풀렸습니다. 일단 신당 인테리어가 달라졌습니다. 뒤편 제단은 간소화시키되 무당 본인이 앉는 좌석은 훨씬 더 크고 화려하게 만들어 놓은 것이 눈에 띄었습니다. 과거, 처음 만났을 때 그녀는 안 그래도 작고 소박한 의자를 뒤로 잔뜩 밀어서 제단에 거의 파묻힐 정도로 기대앉았습니다. 반면 길흉화복을 점치러 온 의뢰인은 멀찍이 떨어져 문간 근처에 놓인 방석에 앉아야 했습니다. 바뀐 점집에서는 무당인 그녀와 의뢰인 사이가 굉장히 가깝게 배치되어 있었습니다. 두 사람 사이에 놓여 있던 개다리소반도 전통찻집 같은 곳에서 흔하게 볼 수 있는 예쁜 찻상으로 바뀌었습니다. 하지만 가장 크게 달라진 부분은 그녀의 자세였습니다. 예전에는 등을 뒤로 젖히고 한 손에는 부채를 든 채 양손은 팔짱을 끼고 있어서 마치 '네 길흉화복을 내가 알려주마!' 하는 고압적인 목소리가 귀에 저절로 들리는 듯했지만, 다시 만났을 때 그녀의 손에는 부채도 없고 팔짱도 끼지 않았습니다. 대신 따뜻한 재스민 차를 앞에 두고 몸은 약간 상대방(의뢰인) 쪽으로 기울여서 가뜩이나 가까운 간격을 더 가깝게 만들었습니다. 그 모습은 마치 '그래요, 당신이 고민하는 것에 대해 내가 다 들어줄게요'라고 말하는 듯했습니다.

바로 거기에 답이 있었습니다. 가만히 살펴보니 그녀는 과거보다 훨씬 더 말수가 적어진 듯했습니다. 점사(占辭)를 내기 위해 행하는 퍼포먼스 역시 이전보다 많이 차분해지고 조금은 밋밋해 보였습니다. 그러나 그럴 수밖에 없었던 것이 같은 시간 동안 의뢰인들이 그녀에게 털어놓는 이야기의 양이 엄청나게 늘었기 때문입니다. 통상 기본 복채에 25분간 점을 봐주게 되어 있었는데 그녀를 찾아온 사람들은 20분 넘게 자신의 고민과 알고 싶은 내용에 대해 털어놓았습니다. 심지어 자기 이야기만 하다가 시간이 지나서 추가 시간을 끊고 다시 또 그 시간의 대부분을 자기 이야기만 하는데 할애하는 사람도 속출했습니다. 그 시간 동안 의뢰인들은 그들이 하고 싶은 이야기는 물론, 듣고 싶은 이야기까지 모두 꺼내 놓았습니다. 최소한 듣고 싶은 이야기가 어떤 방향인지 정도는 틀림없이 말했습니다. 무당인 그녀는 그 이야기를 잘 듣고 있다가 적절한 순간 맞장구를 치거나 요약해 주거나 몇 가지 경험을 더해 이야기에 보태 주는 것만으로도 '용하다'는 평판을 얻게 된 듯했습니다.

일상은 과묵한 최고의 웅변가

세상에는 말 잘하는 사람이 참 많습니다. 최고의 웅변가를 꼽으라고 하면 아마도 엄청난 수의 인물들이 거론될 것입니다. 그중에서도 많은 사람들이 엄지손가락을 치켜드는 인물로 전 미국 대통령 버락 오바마가 있습니다. 그는 말을 참 잘하는 대통령, 아니 사람입니다. 한 유명 저널리스트가 오바마 대통령의 화법을 일컬어 '그가 한 말을 그대로 옮겨 적기만 해도 완벽한 신문 기사가 된다'며 극찬을 한 적이 있을 정도로 그의 화술은 빈틈이 없습니다. 꼭 필요한 말을 거의 완벽하게 문법과 맞춤법에 맞춰 조리 있게 하면서도 지나치게 야박하지 않고 적절하게 감정에 호소하는 그의 연설은 현대 미국식 영어 웅변의 정석으로 여겨집니다.

오바마 대통령이 처음 전국적인 인지도를 얻게 된 것은 2004년 민주당 전당대회 때입니다. 찬조 연설자로 나선 그는 당시만 하더라도 민주당 당직자들 사이에서도 아는 사람이 거의 없었던 초선의 흑인 상원의원이었습니다. 변호사이자 젊은 시민운동가 출신이라는 것이 그의 배경 전부였습니다. 그러나 그는 존 케리 민주당 대선 후보의 지지 연설에서 아프리카 케냐 출신 이민자의 아들로 태어난 자신의 출신 배경부터 시작해 미국이라는 나라가 얼마나 대단한 나라인지로 이야기를 이어 나갔고 이내 전당대회가 열린 플리트 센터(Fleet Center)를 가득 메운 민주당 지지자들의 엄청난 환호를 이끌어 냈습니다. 그 연설 단 하나로 그는 에이브러햄 링컨 대통령과 마틴 루서 킹 목사를 잇는 대중 연설가로 명성을 얻게 되었고 불과 4년 뒤 미합중국 제44대 대통령으로 취임하게 되었습니다.

그가 얼마나 말을 잘하는 사람이었는지는 정해진 장소, 정해진 대상에게 한 웅변이 아니라 이동 중 갑작스럽게 들른 패스트푸드점에서 우연히 만난 시민들과 나눈 대화에서 더 잘 드러납니다. 오바마 대통령은 소탈한 외모만큼 패스트푸드 음식도 곧잘 즐겨 먹는 것으로 알려져 있습니다. 그중에서도 친환경 식재료를 사용하는 것으로 유명한 굿 스터프 이터리(Good Stuff Eatery)의 햄버거와 밀크셰이크를 즐겨 먹는 것으로 알려져 있습니다. 거기서 우연히 만난 시민들의 짓궂은 물음에도 오바마 대통령은 지나치게 엄숙하지 않으면서도 대통령의 권위를 해치지 않는 범위 내에서 위트 있게 답변했고, 그 모습을 찍은 사진과 영상은 인터넷과 SNS를 통해 전 세계로 퍼져 나갔습니다.

한 가지 재미있는 사실은 뜻밖에도 그가 사석에서는 생각보다 말을 많이 하는 사람이 아니라는 점입니다. 오히려 말수가 적은 과묵한 사람에 가깝습니다. 그를 극명하게 보여주는 사례가 하나 있습니다. 2009년 7월 중순, 하버드 대학교가 위치한 미국 매사추세츠주 케임브리지시의 한 주택에서 노년의 흑인 신사가 체포된 일이 있었습니다. 중국 출장을 마치고 집으로 돌아온 신사가 자신의 집 열쇠를 제대로 열지 못해 문을 억지로 열려고 했는데 신고를 받고 출동한 경찰이 그를 현행범으로 체포한 것이었습니다. 해외 출장을 다녀와서 가뜩이나 피곤한 터에 잘 열리던 현관문이 말썽을 부리자 짜증이 난 상태였는데, 경찰이 자신을 자꾸 도둑 취급하며 신분증을 보여달라고 하자 화를 냈던 것이 다툼의 발단이었습니다.

문제는 이 신사가 단순히 그냥 흑인 노년 남성이 아니라 오바마 대통령의 절친한 지인이자 미국 흑인 학계에서 엄청난 영향력을 보유한 헨리 루이스 게이츠(Henry Louis Gates Jr.) 하버드대 교수였다는 점입니다. 오바마 대통령은 이때까지만 하더라도 별로 깊게 고민하지 않고 다음과 같이 논평했습니다.

"(흑인인)내가 백악관에서 억지로 문을 열고 들어가려 했다면 총에 맞았을 것이다."

그런데 사건이 이상한 방향으로 흘러갔습니다. 사람들은 명백한 인종차별이라며 해당 경찰을 비난하기 시작했습니다. 게이츠 교수를 체포한 현장 책임자였던 제임스 크롤리가 백인이었던 점이 사람들을 더욱 자극했습니다. 몇몇 흑인 거주 지역에서는 경찰서에 대한 명백한 공격 징후가 포착되기도 했습니다. 이번에는 경찰 집단에서 난리가 났습니다. 대통령이 자신과 친한 지인을 옹호하고자 편파적인 입장을 취했고 결과적으로 경찰들을 위험에 빠트렸다는 비난이 쇄도했습니다.

오바마 대통령은 이 모든 갈등을 무마시키기 위해 맥주 회동을 개최했습니다. 문제의 당사자였던 게이츠 교수와 크롤리 경사, 자신과 바이든 당시 부통령까지 도합 4명이서 백악관 뒤뜰에 앉아 맥주를 마시며 허심탄회하게 이야기를 나누어보자는 제안이었습니다. 그렇게 같은 달 30일 오후 6시 백악관 오벌 오피스 뒤뜰에서 역사적인 맥주 회동이 열렸습니다. 화기애애한 분위기 속에서 대화가 이어졌고 네 사람은 만족스러운 표정으로 자리를 마무리했습니다. 참가자, 특히 갈등의 주된 당사자였던 게이츠 교수와 크롤리 경사는 유익한 시간이었다고 자평하며 특히 오바마 대통령의 진솔한 이야기에 큰 감명을 받았다며 엄지손가락을 치켜세웠습니다.

재미있는 사실은 이날 불과 15미터 밖에서 취재한 방송사들이 촬영한 어느 영상 속에도 오바마 대통령이 대화를 주도하는 모습은 촬영되지 않았다는 점입니다. 오히려 그는 자신을 제외한 세 사람의 이야기에 귀를 기울였고, 이야기를 주도하는 사람이 나오면 그의 말에 맞장구를 치거나 다른 사람에게 의견을 묻고 답을 청해 듣는 등 이야기가 아닌 '경청을 주도'했다는 점입니다. 즉, 그는 연설도 잘하기는 하지만 '열심히 잘 듣는 것'으로 상대방에게 감동을 전달하는 데 좀 더 탁월한 사람이었던 셈입니다. 실제로 그의 열렬한 지지자 또는 막대한 금전적 후원자가 된 이들에게 물어보면 버락 오바마에게 빠져든 순간은 그가 하는 멋진 연설을 들었을 때가 아니라 그와 대화를 나누며 그가 눈을 맞추고 진지하게 이야기를 들으면서 진심 어린 피드백을 해줄 때였다는 이야기를 자주 듣습니다.

입에 문 도끼로 무엇을 팰 수 있을꼬

불교에서 가장 오래된 경전으로 꼽히는 『숫타니파타』는 석가모니 사후에 제자들이 모여 스승에게 들은 이야기를 중심으로 지은 운문 형식의 글을 수집해 펴낸 일종의 단편 모음집입니다. 단편집을 모아 놓은 1장 사품(蛇品), 본격적인 설법을 기술해 놓은 2장 소품(小品), 석가모니의 생애를 기술해 놓은 3장 대품(大品), 부처의 중요한 가르침을 모아 놓은 4장 의품(義品), 반복적인 문답을 통해 구체적인 질문에 대한 답을 주는 5장 피안도품(彼岸道品), 이렇게 5장 총 1,149수의 운문과 산문으로 이루어져 있습니다.

아무래도 오래전에 기록되거나 수집되어 전승되다 보니 구성이 난삽하고 해석이 애매한 구절도 많지만 초기 불교 사상을 살펴볼 수 있고 이후 출간되고 정식으로 연구된 불경의 핵심적인 내용도 여러 가지 포함하고 있기에 불교는 물론 동양철학사에서도 매우 중요한 대접을 받는 경전입니다. 그 원문 중 일부가 인도 대륙을 처음으로 통일한 왕이자 불교 전파의 중요한 계기를 만든 아소카 왕이 남긴 비문에 남겨져 있어 석가모니의 역사성을 입증하는데도 큰 역할을 하였습니다.

오래전에 지어진 경전이지만 그 내용 중에는 지금 읽어도 놀라운 깨달음을 선사하고 곱씹어 읽으면 읽을수록 그 가치가 더더욱 빛나는 명문장이 많은데 그 대표적인 것 중 하나가 대품의 한 구절인 다음 문장입니다.

사람이 태어날 때에는 그 입안에 도끼를 가지고 나온다. 어리석은 자는 욕설을 함으로써, 그 도끼로 자신을 찍고 마는 것이다. 비난받을 사람을 칭찬하고, 또 칭찬해야 할 사람을 비난하는 사람, 그는 입으로 죄를 더하고 그 죄 때문에 즐거움을 누리지 못한다.

오랜 기간 수련에 몰두해 깊은 깨달음을 탐구했던 석가모니. 그가 수련을 마친 뒤 몰려든 제자들에게 이야기를 합니다. 얼마나 할 수 있는 말이 많고, 하고 싶은 말이 많았겠습니까? 제자들 역시 부처의 입에서 무슨 말이 나올지 기대 어린 눈으로 바라보았습니다. 원래부터 깊은 깨달음에서 우러나온 남다른 이야기를 하는 스승인데 오랜 수련까지 거쳤으니 얼마나 고매한 철학이 담긴 이야기를 펼쳐 놓을지, 얼마나 많은 언어의 향연을 보일지 내심 많은 기대를 했을 것입니다. 그러나 그런 모든 기대를 뒤로 하고 석가모니의 입에서 나온 이야기는 위와 같았습니다. 한마디로 '말 조심해라', 조금 더 직설적인 표현으로 '혀를 잘 놀려라'는 이야기였지요. 그는 더 나아가 네가 말하는 모든 것이 독사의 독처럼 너에게 돌아갈지어니 입에서 독을 뿜어내지 않도록 경계하고 또 경계하라는 가르침을 남겼습니다.

저는 이 문구를 읽을 때마다 새삼 스스로를 되돌아봅니다. 혹시라도 내 세 치 혀에서 나온 말로 상대에게 씻을 수 없는 상처를 준 경우는 없는지, 좋은 뜻으로 편하게 이야기한다고 한 말이 상대에게 별 의미가 없거나 듣기 싫은 이야기였는지 살피게 됩니다. 회사의 구성원과 소통할 때도 마찬가지입니다.

젊은 구성원들은 꼰대의 잔소리는 싫다고 하면서도 멘토의 충고를 얻기 위해 자기 돈을 써 가며 강연을 듣고 이벤트에 참가하는 모습을 보입니다. 그렇다면 꼰대와 멘토의 차이점은 무엇일까요? 잔소리와 충고의 다른 점은 무엇일까요? 꼰대는 '자기가 하고 싶은 이야기를 상대에게 전하는 사람'이고 멘토는 '상대가 듣고 싶은, 상대에게 필요한 이야기를 자기 입을 통해 전하는 사람'인 것 같습니다. 같은 맥락으로 잔소리는 '(꼰대인)내가 상대에게 전하고 싶은, 아무런 맥락 없는 정보의 파편'이고, 충고는 '상대가 (멘토인) 내게 듣고 싶은, 나와 연관성이 있는 정보의 덩어리'라고 생각합니다. 그래서 회사의 젊은 직원과 소통할 때는 끊임없이 경계합니다.

'공연히 내가 꼰대 노릇을 하고 있는 것은 아닌지?'
'상대가 원하지도 않는 내 이야기만 강요하고 있는 것은 아닌지?'

그리고 그보다도 더 중요한 것은 더 열심히, 적극적으로 듣는 자세가 아닐까 합니다. 이와 관련해 재미있는 일화가 하나 있습니다. 〈카네기 리더십〉 과정의 창시자이며 세계 최초로 '자기 계발'이라는 분야를 개척한 인물로 평가받는 데일 카네기(Dale Harbison Carnagey)는 그의 나이 20대 중반 무렵부터 벌써 미국 최고의 대중 강연가로 명성이 자자했고 미국 역사상 '가장 말을 잘하는 사람'으로 평가받는 인물입니다. 카네기가 뉴욕의 한 출판사 사장이 주최한 파티에서 저명한 식물학자를 만났습니다. 식물 재배에 대해 관심은 많았지만 관련 지식은 거의 문외한에 가까웠던 그는 식물학자의 이야기에 푹 빠져들었습니다. 실내 정원을 가꾸는 법, 씨앗을 파종하는 방법, 새로운 품종을 개발하는 방법에 대해 몇 시간이고 이야기를 청해 들었던 그는 얼마 뒤 그 식물학자가 파티 주최자에게 자신에 대한 극찬을 늘어놓았다는 이야기를 들었습니다. 놀랍게도 극찬의 내용은 '역시, 카네기 선생은 말씀을 참 잘하십니다. 미국 최고의 연설가답습니다'라고 합니다. 사실, 그날 오랜 대화에서 카네기는 거의 한마디도 하지 않았고 그저 식물학자의 이야기를 들으며 고개를 끄덕이고 간간이 탄복하며 맞장구를 친 정도였습니다. 그럼에도 불구하고 상대는 카네기가 '말을 잘한다'고 생각하게 된 것입니다.

오늘 입에 문 도끼를 어떻게 잘 휘두를지 고민하기보다는 귀를 열고, 상대에게 조금 더 몸을 기울이고 그의 눈을 지긋이 바라보면서 그들의 이야기를 청해 듣는 것은 어떨까요?

눈앞의 사람에게
최선을 다하는 열정

명덕왕(明德王)은 명을 마련 복덕왕(福德王)은 복을 마련 수인씨는 나무 마
련 화덕씨 여 불 마련 공자님 굴을 마련 맹자님 땅을 마련 신농씨 농수 마
련이올습니다. 강남대한국 손님네 우리나라 소한국 손님네 명철나라 지
신 손님 호구나라 천만국(千萬國) 손님네 김주동댁 진미각씨 박태월씨 박
씨 손님….

<충청도손님굿> 무가(巫歌) 중

세상에 맨입으로 되는 것은 아무것도 없다

힌두교 경전에는 선과 악의 상징이 여럿 등장합니다. 그중 가장
대표적인 악의 상징이 아수라(阿修羅)입니다. 인도 신화에서 신들의
무리, 즉 신족(神族)을 일컫는 데바 중 일부였으나 어떤 이유에서인지
지독한 악당으로 변모한 신들을 일컫는 이름입니다. 원래부터 아수
라들이 악의 상징이었던 것은 아닙니다. 인더스문명이 몰락하고 새
로운 시대가 시작될 무렵인 기원전 1,600년경만 하더라도 아수라는

선악 구분 없이 모든 영적인 존재를 뜻하거나 그를 수식하는 단어로 쓰였습니다. 그러다 시대가 흐르며 점차 악한 존재만을 가리키는 단어로 쓰이기 시작했으며 현대에 와서는 완전히 극악무도한 악마 또는 악령을 부르는 이름으로 사용됩니다. 실제로 아수라의 또 다른 이름인 아후라마즈다는 조로아스터교에서는 전지전능한 창조신이면서 선함과 자비로움을 상징하는 신으로 여겨지고 있습니다.

인도 신화 혹은 힌두교 경전 속 아수라는 참 극악무도한 신입니다. 신화에 따라서는 아수라가 데바들과 친하게 지낸 때가 있다고 묘사된 구절도 있긴 하지만 대부분의 경우 자기 자신밖에 모르는 탐욕덩어리에 데바라고 불리는 인도 신화 속 신족들에게 늘 시비를 걸고 행패를 부리는 신입니다. 그러다 보니 데바는 물론 인간들에게도 언제 해를 끼칠지 모르는 공포와 두려움의 대상이었습니다.

하지만 데바와 인간에게는 믿을 구석이 하나 있습니다. 바로 같은 힌두교 경전 속에 등장하는 인드라라는 신입니다. 황금빛으로 밝게 빛나는 탄탄한 육체에 금발 머리를 가진 건장한 남성으로 주로 묘사되는 인드라는 선함을 상징하는 신입니다. 힌두교에서 선택한 주신으로 모시는 브라흐마, 비슈누, 시바를 제외하면 가장 높은 지위의 신이었지만 결코 권위적이지 않았고 늘 사람들과 친숙하게 지냈습니다. 항상 주위를 보살피며 특히 아수라의 악행으로부터 사람들을 구하기 위해 노력했습니다. 덕분에 데바와 인간들은 아수라의 괴롭힘 속에서도 삶을 계속 영위해 나갈 수 있었습니다.

또 한 가지 재미있는 점은 인드라가 강력한 권능을 가진, 마냥 이기기만 하던 신은 아니라는 점입니다. 여러 힌두교 경전이나 인도 신화를 보면 인드라는 툭 하면 아수라와 결투를 벌이다 처참하게 패배하는 모습으로 등장합니다.

힌두교 경전 베다에 기록된 인드라의 본격적인 데뷔 장면은 꽤 드라마틱합니다. 아직 어려서 자신이 가진 힘을 제대로 인식하지 못하고 있던 인드라의 눈앞에 이미 나쁜 짓으로 단련될 만큼 단련된 아수라가 등장했습니다. 아수라는 자신의 힘으로 인도 대륙의 산과 바다를 봉인하고 자신의 악행으로 가득 채워 멸망시키려 했습니다. 절체절명의 위기 앞에서도 자신의 능력을 깨닫지 못하고 어쩔 줄 몰라 하던 인드라는 또 다른 신 트바슈트르를 찾아갑니다. 트바슈트르는 그리스신화 속 헤파이스토스와 같은 인물로 인도 신화에서는 솜씨 좋은 건축가, 기발한 대장장이로 여겨지는 신입니다. 신화에 따라서는 인드라의 아버지로 묘사되기도 합니다. 트바슈트르는 자신을 찾아온 인드라에게 소마라는 음료를 권했고, 그를 마신 인드라는 용기 백배하여 아수라를 물리치고 사람들을 구해냅니다.

후대 학자들의 연구에 따르면 소마는 일종의 환각 작용을 하는 풀의 즙이었을 걸로 추정됩니다. 아무튼 인드라가 악귀들과 싸우기 전 소마를 섭취한다는 소문은 이후 인드라를 칭송하고 그에게 원하는 것을 얻기 위해 기도하는 사람들에게도 전해져 제사를 지낼 때 제사상 위에 반드시 비슷한 효능의 음식물을 올리는 전통으로 이어졌습니다. 여러 문화권에서 제사상에 알코올이 들어간 술을 올리거나 묘하게 중독성 있는 향을 피운다거나 하는 것도 모두 일맥상통한 정서

가 반영된 것이 아닌가 싶습니다.

세상에는 공짜가 없습니다. 신에게도 원하는 것을 얻으려면 반드시 무언가를 바쳐야 했습니다. 그런데 신에게 무언가를 바치는 것도 누구나 함부로 할 수 있는 일은 아니었습니다.

접대의 장인들

우리나라의 굿은 몇 개나 될까요? 지방 특색에 따라, 진행 방식에 따라, 굿으로 덕을 보는 대상이 누구냐에 따라, 어떤 무당이 행하느냐에 따라 여러 가지 굿이 있지만 보통 사람들은 굿 이름을 10개 이상 알기 어렵습니다. 정월 초이튿날 안동 하회마을에서 서낭신께 마을 사람들의 무병장수를 빌며 올리는 하회별신굿, 주로 황해도나 평안도 등지에서 놀이를 겸해 올리는 배뱅이굿, 전라도 지방에서 죽은 사람의 한을 풀어 주기 위해 올리는 씻김굿 등이 그나마 익숙합니다. 이외에 우리나라 무속이나 전통문화에 관심 있는 사람이라면 서울의 봉화산당굿, 부산 기장의 오구굿, 전남 순천의 삼설양굿 또는 충남 내포의 앉은굿 정도를 알 것입니다. 연구하는 학자에 따라 다르기는 하지만 우리나라에 존재하는 굿은 무려 4만여 가지가 넘는다고 합니다.

실제 행해지는 굿보다 알려진 굿의 종류가 적은 것이 각 지역 간의 단절과 교류 부족, 지역감정 탓이라고만 하기에는 조금 무리가 있습니다. 그보다는 굿에 임하는 무당들의 생각과 행동으로 인한 결과가 아닐까 하고 생각합니다. 실제로 무당들이 굿을 준비하고 치르는 모습을 본 적이 있습니까? 제가 어린 시절에만 하더라도 마을 어른들이 주관하는 크고 작은 동네 굿판이 있었고 집집마다 개별적으로 치르는 굿이 제법 많았던 것 같은데 요즘은 보기가 힘듭니다.

일반적으로 무당이 굿을 준비하는 과정은 꽤 복잡합니다. 굿을 하는 날짜가 잡히면 무당은 그로부터 한참 전부터 목욕재계하고 산으로 들어가거나 자신의 신당에 칩거하며 기도를 합니다. 어떤 이들은 밤낮을 바꾸어 생활하거나 며칠 밤낮 잠을 안 자고 주문을 외우기도 합니다. 곡기를 끊거나 아예 식음을 전폐하기도 하고 극한의 상황까지 자신을 몰아넣어 일부러 신경을 날카롭게 곤두세우곤 합니다. 끊임없이 절을 하며 강력한 신기가 몰아치기를 기원하고 한없이 울부짖으며 자신이 모시는 신을 부르는 경우도 있습니다. 그사이 점집 살림을 맡은 이는 상에 올릴 제수 음식을 마련합니다. 굿에 배정된 예산에 따라 일부 차이는 있지만 굿값으로 받은 돈으로 구할 수 있는 최고로 좋은 재료를 구입해 온 정성을 다해 다듬고 조리합니다. 부정 탈수 있다며 음식을 조리하는 장소, 사람, 방식까지 일일이 따지며 조리하고, 자칫 흠이 있는 재료가 발견되면 가차 없이 버립니다.

모든 것이 준비되면 정해진 날짜에 맞춰 굿을 올리기 시작하는데 그 절차 역시 복잡하기가 이를 데 없습니다. 굿에 따라 다르지만 통상적으로 전체 과정을 12석 또는 열두거리라고 합니다. 간단히 그 내용을 살펴보자면 첫 번째로 신이나 망자를 청하는 감응청배(感應

請陪), 두 번째로는 제석신(帝釋神)을 모시는 제석거리, 세 번째는 한을 품고 죽어간 옛 왕조를 모시는 별성거리(別星巨里), 네 번째로 큰 신들을 따라 들어온 잡신들을 풀어먹이는 대거리(大巨里)를 차례대로 지냅니다. 다섯 번째로 흔히 마마라고도 불렸던 천연두를 몰고 오는 역신을 달래는 호구거리(戶口巨里), 여섯 번째로는 굿을 요청한 집안의 만대 좌우 조상신을 차례대로 모셔 넋두리를 들어 주고 원한을 풀어드리는 조상거리(祖上巨里), 일곱 번째는 만신말명이라고도 불리는 만신만명(萬神萬明), 여덟 번째로 최영 장군이나 김유신 장군 같은 군웅신을 모시는 신장거리(神將巨里)를 지냅니다. 여기서 끝이 아닙니다. 아홉 번째로 우리에게는 〈창부타령〉으로 더 익숙한 창부거리(倡夫巨里), 열 번째로는 집안 살림을 지켜주는 성주신에게 지내는 성주거리(城主巨里), 열한 번째로 신장거리와 유사하게 군웅신을 모시던 군웅거리에서 파생되었다고 알려진 구릉거리(丘陵巨里)를 지낸 뒤 마지막으로 열두 번째, 굿을 하는 도중에 미처 챙겨 먹이지 못한 잡귀나 잡신들을 거두어 먹이는 뒷전거리까지 해야 비로소 제대로 된 굿판이 끝납니다.

이처럼 귀신을 부르기 위해서는 상대하는 귀신에 따라 차리는 음식과 올리는 방식, 굿을 할 때 입는 옷과 손에 드는 물건, 부르는 주문과 노래까지 전부 제각각 다르게 하고 최선을 다해야 했습니다. 그런데 저는 이런 다양한 굿을 볼 때마다 다음과 같은 생각을 합니다.

'사람들이 죽은 귀신을 대할 때는 저렇게 정성을 다하는데 지금

눈앞에 있는 사람을 대할 때는 왜 그리 무심하게 대하는 것일까?'

'다른 사람에게 내가 원하는 것을 이루게 하려면 적어도 무당이 귀신에게 들이는 정성만큼은 들여야 하지 않을까?'

사람을 만날 때마다 그 사람에 맞추어 그 사람 입장에서, 그 사람이 원하는 것이 무엇일지를 세심하게 살피고 정성을 들여 제공해야만 합니다. 그래야 그 사람이 나를 믿어 내 편이 되고, 나의 무기가 되어줄 것입니다.

서 있는 곳이 바뀌면 보이는 풍경도 달라진다

그것을 일찍부터 깨닫고 신경 써서 잘하여 성공을 거둔 기업이 찾아보면 의외로 많습니다. 특히 과거 일본에서 고객 접객 관련 업무를 주로 했던 기업 중 거의 굿판 무당 수준으로 눈앞에 있는 바로 그 사람에게 최선을 다해 성공한 기업이 제법 많습니다. 1886년 작은 포목점에서 시작해 일본을 대표하는 백화점 체인 중 하나로 성장한 이세탄(伊勢丹) 역시 그런 기업입니다. 이제는 거의 전설이 된 이야기입니다만, 1996년 이세탄 신주쿠점에서 간판 교체 공사가 진행되었습니다. 영업을 마친 매장이 하나둘씩 문을 닫자 인테리어 업자들이 작업등을 밝히고 간판의 글자를 교체하는 공사를 진행했습니다. 다음 날, 백화점에 출근한 직원들은 고개를 갸우뚱하지 않을 수 없었습니다. 분명히 어젯밤 간판 글자를 교체하는 공사가 있을 예정이라는 사내 방송을 듣고 매장을 평상시보다 더 철저하게 정리하고 퇴근했건만 도대체 어떤 간판의 어떤 글씨를 교체했는지 알 수가 없었기 때문입니다.

그때 한 직원이 무언가를 발견했다는 듯이 손가락으로 어딘가를 가리켰습니다. 그곳에는 '매장입구'라는 간판이 걸려 있었습니다. 다른 직원들도 이제야 알아챘다는 듯 이마를 손바닥으로 치거나 큰 소리로 웃음을 터뜨렸습니다. 하지만 이내 무언가 큰 깨우침을 얻은 듯 직원들은 제자리로 돌아가 오픈 준비와 손님 맞을 채비를 서둘렀습니다. 직원들이 공사로 달라진 부분이라며 가리킨 곳에는 어제까지만 해도 팔 매(賣)자를 써서 賣場入口(매장입구)라고 적혀 있던 글귀가 오늘은 살 매(買)자를 사용해 買場入口(매장입구)라고 바뀌어 있었습니다. 별것 아닌, 글자 한 자 교체한 것에 지나지 않았으나 이것에는 그보다 훨씬 더 큰 의미가 담겨 있었습니다. 글자 하나를 바꿈으로 해서 백화점은 파는 곳에서 사는 곳으로 정체성이 바뀌었고, 백화점의 주체 혹은 주인은 물건을 파는 직원이 아니라 물건을 사는 고객이 된 것이었습니다. 이미 수십 년 전부터 백화점을 최고로 만든 정신, 세칭 '이세타니즘'을 나타내는 또 하나의 대표적인 사례가 되었습니다.

비슷한 사례는 일본 최고의 동물원 중 하나로 꼽히는 아사히야마 동물원에서도 만날 수 있습니다. 일본 북단 홋카이도에 위치한 이 동물원은 1990년대 중반 폐원이 검토되던 곳이었습니다. 1967년도에 개장한 터라 시설은 낡고 비좁았으며 투자가 부족해 기르는 동물 중 관람객의 시선을 끌 만큼 희귀한 동물도 없었습니다. 아사히카와 시의 인구는 불과 30만 명 남짓해 전 시민이 무조건 1년에 한 번씩 동물원에 제값을 내고 방문한다고 해도 수지 타산이 맞지 않았습니다. 게다가 폭설과 한파가 흔한 지역이다 보니 시설 관리에 들어가는 돈도 무시하기 힘들었습니다. 이래저래 폐원할 일만 남았다는 것이 당시 대다수 일본인들의 생각이었습니다.

하지만 새롭게 동물원장으로 취임한 고스게 마사오(小菅正夫) 씨의 생각은 달랐습니다. 1973년 동물원에 견습 수의사로 입사한 이래 거의 모든 부서와 직책을 거쳐 원장에까지 오른 그는 이전 원장들과는 조금 다른 방향에서 접근했습니다. 그는 우리 속 동물들의 위치에 서 보았습니다. 그곳에 서니 전혀 다른 모습이 보였습니다. 그동안 아사히야마 동물원은 비용을 줄이고 예산을 절감하기 위해 동물들을 관리하기 편한 방식으로, 효율적으로 운영할 수 있는 방식만을 강조했습니다. 하지만 고스게 원장과 직원들이 동물들의 입장에서 시선을 달리하고 생각을 바꾸자 전혀 다른 방향에서 해야 할 일이 나타났습니다. 사육하기 편한 방식으로 동물들을 분류했던 방식에서 습성이 비슷하고 서로 편하게 어울릴 수 있는 동물들끼리 모으는 방식으로 분류했습니다. 먹이를 주기 편하고 우리를 청소하기 쉽도록 만든 환경을 동물들이 재미나게 먹이를 먹을 수 있고 신나게 뛰어놀 수 있도록 바꾸었습니다. 안전 관리를 쉽게 하기 위해 동물과 사람 간의 거리를 최대한 멀게 하고 동물들을 그저 보기 대상으로만 만들었던 관람 형태를 동물과 사람들이 서로 어울려 같은 생태계에서 살아가는 분위기를 조성하도록 바꾸었습니다.

결과는 대성공이었습니다. 매년 예산 결산 시기가 되면 언제 폐원할 거냐는 질문을 단골로 받던 골칫덩어리 시골 동물원이었던 아사히야마 동물원은 관람객 숫자가 10배 이상 증가하며 TV 프로그램에도 자주 등장했고 경영 혁신 성공 사례로 인정받아 관련 책까지 수십 종 출간된 인기 동물원이 되었습니다.

흔히, 서 있는 곳이 바뀌면 보이는 풍경이 달라진다고 합니다. 기업이라면 고객의 편에 서서 고객 입장에서 바라보는 것이 중요합니다. 그 쉽고도 중요한 것을 기업들이 제대로 하지 못해 엉뚱한 해법을 늘어놓을 때, 이세탄 백화점과 아사히야마 동물원은 상징적인 변화 몇 가지만으로도 그를 실천했던 것입니다.

직접 할 수 있고, 실제로
될 수 있음을 보여주는 실행력

믿음은 바라는 것들의 실상이요 보이지 않는 것들의 증거니, 선진들이 이로써 증거를 얻었느니라. 믿음으로 모든 세계가 하나님의 말씀으로 지어진 줄을 우리가 아나니 보이는 것은 나타난 것으로 말미암아 된 것이 아니니라.

『신약성경』 히브리서 11:1~3

되는데요?

2012년 9월 어느 토요일, 대한민국에서 전무후무한 이벤트 하나가 열렸습니다. 행사의 내용은 한 초등학교 운동장에 한 청년이 혼자서 군용 텐트를 친 것이 전부였습니다. 하지만 그 모습을 보려고 무려 3천 명이 넘는 사람들이 현장에 모였고 인터넷 화상 중계를 통해 시청한 사람들은 수백만 명에 이르렀습니다. 해당 행사가 개최된다는 사실이 YTN을 비롯한 뉴스 채널과 공중파 TV 프로그램을 통해 알려졌고, 관련 검색어는 실시간 검색 순위 1위를 도배하다시피

했습니다. 40여 명이 넘는 사람들이 자원봉사자로 현장 통제를 해야할 정도로 인파가 몰렸고 유명 대중 가수가 자발적으로 찬조 공연을 하겠다고 나서서 행사장은 웬만한 지역 축제는 저리 가라 할 정도로 후끈 달아올랐습니다. 조금은 허탈하면서도 신기했던 것이 이런 대단한 행사가 한 사이트에 올려진 글에 달린 한마디 댓글에서 시작되었다는 점입니다.

"되는데요?"

행사가 있기 얼마 전, 한 인터넷 커뮤니티에서 논쟁이 벌어졌습니다. 군대에서 쓰는 24인용 대형 텐트를 병사 한 명이 혼자서 칠 수 있는지 없는지에 대한 논쟁이었습니다. '텐트가 커 봐야 얼마나 크겠어? 힘들긴 하겠지만 혼자서도 칠 수 있겠지…' 하고 생각하는 사람도 있겠지만 아마 군대를 다녀온 사람은 알 것입니다. 군용 24인용 텐트는 요즘 캠핑에서 사용하는 그런 텐트와는 차원이 다릅니다. 일단 모든 것이 사람의 힘으로 설치해야 하는 완전 수동형 텐트고 부품도 통나무를 깎아 만들어서 기둥 하나조차 한 사람의 힘으로 온전히 들기 어려운 무게입니다. 거기에 천막은 전시 상황을 고려해 두껍고 잘 찢어지지 않고 불이 잘 붙지 않는 재질이라 무지막지하게 무겁습니다. 게다가 설치 방법 역시 아예 8명에서 10명의 분대원들이 합심해서 작업할 것을 고려해 각 작업이 모두 2인 1조, 4인 1조가 동시에 힘을 써야 하는 방식으로 고안되었습니다. 때문에 군필자들을 중심으로 '터무니없는 소리 하지 마라', '아무리 양보해도 4명은 있어야 가능하다', '혼자 치면 내 손에 장을 지진다' 등의 부정적인 의견이 대세였습니다. 그렇게 논쟁은 끝나는 듯했습니다.

그런데 한 커뮤니티 이용자가 위와 같이 댓글을 단 것입니다. 간단했습니다. "되는데요?" 이 한마디에 커뮤니티는 다시 들끓었습니다. 아무리 봐도 안 될 것 같은데 된다고 하는 사람이 등장했고 장소만 마련해 주면 어떻게 되는지를 보여주겠다는 대답에 대중들은 열광했습니다. 열렬함의 정도가 비정상적일 정도로 뜨거워서 아예 사회적 이벤트가 되었습니다. 수천 명의 관객과 수백만 명의 시청자가 보는 가운데 'Lv.7 벌레'라는 대화명의 청년은 혼자서 24인용 텐트를 제한 시간 내에 설치했습니다. 한동안 이 이벤트는 각종 패러디와 후일담을 만들어 내며 대중들의 관심과 인기를 끌었던 것으로 기억합니다.

저는 이와 비슷한 느낌을 전혀 다른 이벤트에서 받았던 적이 있습니다. 아마도 조금 나이가 있는 사람은 기억할 것입니다. 예전에는 동네마다 속칭 약장수라고 불리는 사람들이 참 많았습니다. 성분도, 효능도 파악하기 쉽지 않은 약을 그들은 일단 요란스러운 몸짓과 소리로 사람들을 불러 모은 뒤 그때부터는 약에 대한 이야기는 하지 않습니다. 대신 자신이 계룡산에서 몇 년, 태백산에서 몇 년 입산수도를 하며 신비한 체험을 했고 엄청난 분을 스승으로 모시고 비술을 사사받았다는 이야기 등을 늘어놓았지요. 얼마 뒤, 구경꾼들이 그런 구구절절한 자기 자랑을 조금씩 지겨워하기 시작할 즈음 그들은 갑자기 공사장용 망치와 두꺼운 블록 벽돌을 꺼내 놓습니다. 블록을 자신의 배에 올려놓고 따라다니는 조수나 구경꾼들에게 망치로 있는 힘껏 내려치라고 합니다. 이윽고 요란스러운 기합과 함께 블록이 산산조각 나는 것으로 퍼포먼스는 마무리가 되었습니다. 약장수에 따라 퍼포먼스 형태는 다양했습니다. 깨진 병 조각 위를 맨발로 걷는 이도 있고 아이 몸통만 한 구렁이를 아무렇지도 않다는 듯 목에 칭칭 감는 이도 있었으며 활활 타는 불덩이를 입안에 넣어 끄거나 반대로 입으로 기름을 뿜어 불을 더 크게 키우기도 했습니다.

두 사례의 공통점은 무엇일까요? 왜 사람들은 이런 사건에 반응과 관심을 보이는 것일까요? 현대는 말 그대로 '말의 시대'입니다. 말로써 모든 정보가 오가고 말로써 모든 것이 이루어지며 말로써 모든 것이 설명되는 시대입니다. 그런 만큼 말이 많고 말이 소중해졌지만 그 부작용으로 말의 과잉 현상도 빚어지고 있습니다. 불필요한 말이 너무 많고 말만 앞서는 이들도 많으며 말로 모든 것을 설명하거나 해결하고자 하는 이들 역시 너무 많습니다. 말만 하고 실천은 없는 집단이 득세하고 행동할 줄 모르면서 말만 잘하는 이들이 지나치게 각광받거나 활개 치는 세상이 되었습니다. 이런 때 대중들, 특히 젊은 층의 구성원들이 말로 한 것을 실제로 행동으로 실천할 수 있는 사람 또는 조직에 열광하는 것은 전혀 이상한 일이 아닙니다. 오히려 당연한 일이지요. 사람들은 남들이 보기에 실행하기 어려운 일을, 해결하기 힘들어 보이는 것을 실제로 해내고 아무렇지도 않은 듯 쿨 하게 '되는데요?'라고 말할 수 있는 리더나 조직을 애타게 기다리고 있었던 것입니다.

되는데요? 정말 되는데요?

불행하게도 사이비라고 지칭하는 이들이 이런 일을 가장 잘하는 사람입니다. 실제로 잘하지는 못해도 적어도 못하는 것이 들통나지 않게 하는 데 일가견이 있는 편이지요. 지금도 일부 종교 단체에서는 하는 것으로 아는데 과거에는 부흥회, 강술회, 치유집회 등의 이름으로 치르는 행사가 참 많았습니다. 한 달에도 몇 번씩 지역 내 학교 강당이나 극장, 종교 시설을 이용해 해당 행사가 열릴 예정이라는 포스터가 길거리 곳곳에 붙었습니다. 제가 사회생활을 시작할 무렵에는 자그마치 실내 체육관을 빌려 개최하는 것도 보았습니다.

행사 내용은 앞에서 이야기한 약장수의 판촉 행사와 크게 차이가 없습니다. 다만 퍼포먼스의 스케일이 조금 다를 뿐입니다. 자신들의 종교를 믿으라고 권유하며 '왜 믿어야 하는지?', '믿으면 무엇이 좋은지?'를 이야기하다가 청중들의 반응이 조금 뜨뜻미지근하다 싶으면 본격적으로 퍼포먼스가 펼쳐집니다. 다리가 불편해 어느 때부터 걸음을 걷지 못하게 된 사람이나 갑자기 앞이 보이지 않게 된 사람 혹은 말을 못하게 된 사람들을 무대 위로 올라오라 시킵니다. 그리고 그들에게 준엄한 목소리로 명령을 내리기 시작합니다.

"악귀야! 물렀거라. 내 신도의 다리에서 썩 물렀거라!"
"네 눈에 광명이 비칠지니 이제부터 두 눈으로 환히 세상을 바라볼지어다!"

"이제 네 입으로 나의 영광을 증거하도록 할지니 말을 하고, 노래를 하라!"

명령으로도 분위기가 살지 않으면 양 손바닥으로 아프거나 불편하다고 하는 부위를 인정사정없이 후려갈겼습니다. 그러면 휠체어를 타고 등장했던 이가 벌떡 일어나서 무대 위를 펄쩍펄쩍 뛰어다녔고, 두 눈을 감은 채 지팡이로 더듬으며 올라왔던 이가 선글라스를 벗어던지고 심 봉사 같은 멘트를 던지기도 했습니다. 방금까지 말문이 막혀 어, 어, 대던 사람이 큰 목소리로 해당 종교에서 가르쳐 준 노래를 부르며 '기적을 행한' 종교 지도자의 이름을 애타게 부르짖는 것으로 퍼포먼스의 대미를 장식했습니다.

보통 사람의 눈에는 참으로 괴이하고 이해가 가지 않습니다. 하지만 현대사회에서 힘겨운 생활을 겨우 꾸려 가던 소시민들에게는 엄청난 효과가 있었습니다. 가정적으로 힘든 일이 있거나 경제적으로 어려운 이들에게는 더 큰 충격을 주었습니다. 사람들은 해당 종교 집회마다 따라다니며 열렬히 믿음을 표현했고 자신도 그 은혜의 혜택, 자비의 손길, 기적의 증거가 실현되는 현장의 주인공이 되고 싶어 가난한 살림살이에도 불구하고 있는 돈 없는 돈 끌어모아 교주에게 갖다 바쳤습니다. 자신들을 믿었을 때, 모든 것을 버리고 자신들이 운영하는 공동체 안으로 들어왔을 때 얻는 효능과 장점을 직접적이고 구체적으로 보여주는 것은 일명 사이비라고 지칭한 이들이 가장 신경을 많이 쓰는 것이었고, 당연히 기성 종교에 비해 월등하게 잘하는 것이었습니다. 종교로서의 도덕성 부족이나 종교 단체로서의 많은 취약점 때문에 배척했던 몇몇 종교 단체가 사람들의 관심과 사랑을 받고 더 나아가 굳건한 믿음과 신앙의 대상이 될 수 있었던 비결은 그들이 자신들의 종교를 믿으면 받을 수 있는 은총, 입을 수 있는 은혜, 실현시킬 수 있는 역사(役事), 갈 수 있는 천국을 효과적으로 제시했기 때문입니다.

사람의 마음을 사로잡는 사이비만의 비법

그들이 취했던 전략에는 기존의 종교 단체나 일반적인 기업에서 하는 것과는 조금 다른 부분을 찾아볼 수 있는데 우선 첫 번째로 즉시성입니다. 이들 종교는 자신들을 믿는 사람들에게 혜택이 돌아갈 시기를 기존 종교에 비해 극단적으로 짧게 보여줍니다. 석가모니 입멸 후 56억 7천만 년으로 못 박은 불교나 종말과 심판의 시기가 언제인지 명확하게 밝히지 않는 기독교에 비해 이들 종교는 그 시기를 명확하게 밝히거나 사람들이 쉽게 예측할 수 있게 했습니다. 심지어 그 욕심이 과해 자신들의 성지에서 가져온 물만 바르면 수십 년간 앓던 피부병이 바로 낫는다거나 자신들이 믿고 따르는 종교 지도자의 손만 닿으면 즉시 다리를 못 쓰던 사람이 일어나 춤을 추고 말기 암 환자가 씻은 듯이 낫는다는 퍼포먼스를 펼치기도 했습니다. 종말론자 또는 사기꾼으로 몰려 지탄의 대상이 되기도 하지만 분명한 것은 이들 종교가 자신들을 믿으면 즉각적으로 얻을 수 있는 효용과 가치를 명확하게 제시하는 모습에 많은 사람들이 관심을 보인다는 점입니다.

두 번째는 상대성입니다. 여기서 말하는 상대성은 상대성 이론 등에 쓰이는 그 뜻이 아니라 자신들의 종교를 믿는 상대방에 맞춰서 그가 믿을 만한 혹은 믿고 싶은 것을 제안하고 그에 맞춰 자신들이 보여줄 수 있는 것을 보여주고 들려주려고 노력하는 것을 말합니다. 종교 교단 혹은 종교 지도자가 보여주고 입증하고 싶은 것보다는 신도들이 보고 싶고 믿고 싶은 아이템을 찾아 그를 최대한 많은 사람들 앞에서 보여주고 입증하기 위해 모든 노력을 쏟아붓습니다. 사이비 종교의 활동을 보면 실소를 금치 못할 정도로 유치한 모습이 많은데 보통 사람의 시각에서는 유치하고 어처구니없어 보일 수도 있지만 가만히 살펴보면 실제 그 종교를 믿고 그 공동체 안에 들어간 사람들이 가장 간절하게 원하는 것이라는 점을 알 수 있습니다. 그들은 현대의 신도들은 물 위를 걷고 하늘을 나는 능력을 보여주는 것보다 축구 시합 한 경기에서 100개가 넘는 골을 넣고 단 하루 만에 주옥같은 노래를 수십 곡 작사 작곡하는 능력을 보이는 것이 더 효과적이라는 것을 알았던 것입니다.

세 번째는 개별성입니다. 그들은 자신들의 종교적 권능, 권능으로 포장된 연기 레퍼토리를 각각 개별 신도에게 맞춰 맞춤형으로 제공하는데 능했습니다. 기존의 전통적인 종교는 신앙의 대상이 해당 종교의 중심입니다. 그러나 신흥종교, 그중에서도 종교로서의 정체성이 비교적 취약한 종교 단체는 신도 더 정확히는 신도의 숫자가 자신들 종교의 성패를 좌우하는 가장 중요한 지표라는 것을 너무나 잘 알았습니다. 때문에 신도들을 개별화해 그들을 극진히 보살폈습니다. 기존 종교가 대형 마트나 백화점과 같다면 이들은 청담동 명품 숍 개념으로 신도 한 사람 한 사람과 약속을 맺고 그들의 이야기를 들어주었지요.

마지막으로 반복성 혹은 지속성입니다. 당연한 이야기지만 '우리 종교를 믿으면 이런 걸 누릴 수 있습니다', '우리 종교를 믿으면 이런 걸 되도록 해드립니다'라는 느낌을 줄 때 한 번에 바로 믿고 전 재산을 쏟아부으며 가족까지 이끌고 가서 내 모든 것을 맡길 사람은 극히 드뭅니다. 그들은 지독하다는 생각이 들 정도로 꾸준하게, 지속적으로 실행하고 보여주고 믿도록 설명합니다.

이단, 사이비 종교가 행한 것을 사람들이 따라 실천해야 한다는 것이 아닙니다. 그들이 행한 것이 옳다는 것도 절대 아닙니다. 다만 그들이 어떻게 사람들의 마음을 사로잡았는지를 똑바로 알고 그를 반면교사 삼아 우리를 되돌아보고 바꿔어야 할 부분은 바꾸어 더 나은 방향으로 나아가야 한다는 이야기입니다.

신뢰받는 것도 결국은 실력이다

저희 계열사 사장들은 거의 완벽하게 독립적으로 책임 경영을 실천합니다. 경영과 관련된 소소한 사안에 대해서는 제게 별다른 보고

없이 본인의 책임하에 신속하게 의사결정하고 과감하게 추진하도록 하고 있습니다. 대신 매달 두 번씩 한자리에 모여 대화를 나누는 시간을 가집니다. 모임의 이름이 필요하니까 공식적으로는 사장단 회의라고 부르기는 하지만 회의라고 하기에는 그 인적 구성이나 다루는 주제가 좀 이색적입니다. 우선 회의에는 저와 사장들만 참석하는 것이 아닙니다. 이렇게 이야기하면 '당연하지, 임원들도 배석할 것이고 회의를 준비하거나 운영하기 위한 실무 직원들도 참석하겠지'라고 생각하겠지만 특별한 사람들이 함께 합니다.

신경외과 전문의, 대형 회계법인 출신의 회계사, 로펌에 근무하는 변호사가 함께 합니다. 이들이 2주에 한 번씩 저희 회사 사장들과 이야기를 나누는 시간을 가지고 있습니다. 세 사람 모두 관련 분야의 전문가이기에 바쁘지만 매달 두 번씩 빠짐없이 저희와 만나서 회사 현황에 대해 긴 시간 듣고 조언을 아끼지 않습니다.

처음부터 사장들이 외부인에게 마음을 열고 자신들의 사업과 조직 관리의 고민을 다 털어놓고 이야기한 것은 아닙니다. '내 회사에 대해서는 실제 경영하고 있는 내가 제일 잘 알고 있는데 굳이 외부 인사의 조언이 필요한가?' 하는 표정이 역력했던 사장도 있었고 겉으로는 적극적으로 논의를 나누지만 내심 경계하는 시선으로 바라보는 사장도 있었습니다. 그러나 몇 차례 만남이 이루어지고 난 뒤 분위기는 급반전했습니다.

이들은 그냥 전문의, 회계사, 변호사가 아닙니다. 모 대학병원에서 주요 보직을 두루 거친 뒤 관련 학회 회장도 여러 차례 역임한 대한민국 신경외과 분야의 최고 권위자로 꼽히는 전문의입니다. 다른 한 사람은 우리나라 최대 규모 회계법인의 대표를 지낸 회계사, 다른 한 사람은 한국 5대 로펌 중 한 곳을 이끌고 있는 대표 변호사입니다. 이들이 매달 두 번씩 모여, 의사 선생님은 자신의 전문 의료 영역에 대한 최근 학계 트렌드와 연구 실적을 이야기하고 저희 회사에서 추진하고 있는 주요 R&D 과제 및 라이선스 인 검토 제품에 대해 냉철한 분석과 조언을 합니다. 회계사님은 외부인의 시각에서 우리 회사의 재무 상태를 관찰하고 잘하고 있는 부분과 조금 더 신경 써야 할 부분을 짚어 줍니다. 변호사님은 우리가 사업을 추진하는 과정에서 반드시 챙겨야 할 법적 리스크를 살피고 그에 대비해 지켜야 할 법률 조항에 대한 조언을 제공합니다.

이들이 예측한 시장 전망과 연구 개발 트렌드가 기가 막히게 맞아떨어지고 짚어 준 부분에서 꼭 오류가 발견되고, 신경 쓰라고 알려준 부분을 살펴보니 다른 회사들은 관련 문제에 휘말려 휘청거리는 일이 발생했다는 사실을 알게 되자 이후로 이 시간은 우리 계열사 사장들이 먼저 일정을 챙기고 조금이라도 넉넉하게 여유를 갖고 진행하고 싶어 하는 시간이 되었습니다.

왜 이들은 한 달에 두 번씩 귀한 시간을 내서 우리 회사와 함께 하는 것일까요? 저희가 모이면 회사에 대한 이야기만 하는 것도 아닙니다. 세 사람 모두 자기 분야에서의 전문성만큼이나 세상 돌아가는 사정과 수많은 학문 분야에 대해 어찌나 해박한지, 전염병 진단 키트에 새로운 기술을 도입해 미국 시장을 조금 더 공격적으로 진출하는 방안에 대한 이야기로 시작한 회의가 차기 미국 대선 전망에 대한 이야기로 이어졌다가, 러시아-우크라이나 전쟁의 후속 양상으로 전개되어 중장기 유럽 경제 예측에 대한 이야기로 연결되고, 어느샌가 ESG 경영의 퇴보 우려와 그린워싱 이슈까지 뻗어 나갑니다. 나오는 이야기마다 토씨 하나 빼놓기 힘들 정도로 유익한 이야기라 회의 시간이 터무니없이 길어지기 일쑤입니다.

사정이 이 정도 되면 높은 수고비를 요청하거나 참가를 소홀히 할 법도 하지만 세 사람 모두 마치 '내 회사인 것처럼' 사장들에게 아낌없이 조언하고 더 적극적으로 동참하지 못해 아쉬워합니다. 어떻게 이런 일이 있을 수 있을까요? 그것은 세 사람 모두 저와 미래에 제가 하고자 하는 일에 대한 굳은 믿음이 있기 때문입니다. 저 역시 이들이 저를 믿고 베풀어 주는 지원에 대해 늘 감사하는 마음으로 능력을 활용해 다른 이들을 돕기 위해 노력합니다. 그리고 그리 멀지 않은 미래에는 열심히 일하는 돈 없는 젊은이들이나 불편한 몸을 이끌고 세상을 씩씩하게 살아가는 장애인들, 나이는 들었지만 집에서 편히 쉴 수만은 없는 노인들이 부담 없이 사 먹을 수 있는 도시락 가게를 열 계획입니다. 이런 제 뜻에 대해 깊이 이해하고 그 뜻을 이루기 위해 노력하는 저를 신뢰하기 때문에, 제가 믿고 그런 저를 믿는 우리 사장들을 신뢰하기 때문에 회사의 성장을 지원하려고 기꺼이 귀한 시간을 쪼개 함께 합니다. 저는 세 사람을 만날 때마다 신뢰를 만들어 내는 것도 결국은 실력이고 실력에 기반하지 않은 신뢰는 허상일 따름이라는 생각을 합니다.

언제 어디서나 당신 곁에 있다는
믿음을 주기 위해

소금이 물에 녹았다고 해서 없어진 것이 아닌 것처럼, 또 소금물을 쏟아 버렸다고 해서 소금 자체가 사라진 것이 아닌 것처럼 네 속에 있는 참 자아 아트만도 마찬가지란다. 네 모습이 어떻게 변하든지, 네가 알지 못할 뿐이지 참 자아 아트만은 늘 그대로 존재하지. 늘 그대로 존재하는 참 자아가 곧 너의 본질이란다.

『찬도기야 우파니샤드』 제6장 12:1~13:3

어디선가, 누군가에, 무슨 일이 생기면

1978년으로 기억합니다. 지금은 사라진 동양방송(TBC)에서 한 만화영화가 방영되었습니다. 그때는 흔했던 일본 애니메이션의 한국어 더빙판 만화영화였습니다. 일본판은 〈아스트로 강가(アストロガンガー)〉라는 발음도 그저 그렇고 뜻도 모호한 제목이었지만, 한국판은 발음도 쉽고 한 번 들으면 잊기 어려운 제목이었던 것으로 기억합니다. 바로 〈우주소년 짱가〉입니다. 이 만화영화의 인기 덕분

에 한국방송(KBS)이나 문화방송(MBC)에 다소 밀리던 동양방송의 일요일 오후 시청률이 잠깐이나마 반짝 올랐던 것으로 기억합니다. 사실, 이 만화영화가 40년도 더 지난 지금까지 사람들의 기억에 남아 있는 이유는 다른 데에 있습니다. 구슬픈 트로트 곡조에, 어울리지 않는 경쾌한 리듬을 붙여, 거기에 더 어울리지 않게 기운찬 가사까지 단 주제곡이 공전의 히트를 기록했기 때문입니다. 당대 일본 최고의 만화영화 주제가 작곡가로 꼽히던 코모리 아키히로의 곡을 그대로 사용했고 가사만 한국어로 번안해 일부 고쳐 사용한 이 곡은 '짱가 짱가 우리들의 짜~앙가' 하는 후렴구도 인기를 끌었지만 신기하게도 곡의 앞부분이 더 큰 사랑을 받았습니다. 어떠한 곡이라도 보통 감정이 최고조에 이르는 곡의 클라이맥스 부분이 사람들의 관심을 모으는 것이 일반적인데 〈우주소년 짱가〉의 주제가만큼은 달랐습니다. 사람들은 주제가의 앞부분을 따라 부르며 열광했고 여기저기 다른 곳에도 그 가사를 가져다 썼으며, 각종 패러디를 통해 새로운 밈으로 활용했습니다.

"어디선가, 누구에게 무슨 일이 생기면, 짜짜짜짜 짜짱-가 엄-청난 기운이!"

이 가사가 사람들에게 큰 인기를 끌었습니다. 뜬금없이 1990년대 말 국제전화 광고에 사용되기도 했고, 2000년대 중·후반에는 사설 보안업체의 광고에도 사용되었습니다. 그 외에 소소하게 사용된 것까지 찾으면 거의 매년 광고 음악 등으로 방송을 탔습니다. 노래는 아니지만 도입부 가사 그대로가 패러디되어 〈어디선가 누군가에 무슨 일이 생기면 틀림없이 나타난다 홍반장〉이라는 영화 제목으로 사용되기도 했습니다.

도대체 사람들은 왜 이미 종영되고도 한참이 지난 구닥다리 만화영화의 주제가 한 소절에 열광하는 것일까요? 이 가사 구절을 사람들이 좋아하고 아끼고 애용하는 것이 단순히 추억 속 만화영화 주제가이기 때문일까요? 그냥 노래가 좋아서일까요? 혹시 다른 이유가 있어서는 아닐까요? 저는 그 질문에 대한 답변의 단초를, 만화영화 〈우주소년 짱가〉 주제가의 도입부 가사를 패러디해 제목으로 쓴 영화 속에서 찾고자 합니다.

〈어디선가 누군가에 무슨 일이 생기면 틀림없이 나타난다 홍반장 (이하, 홍반장)〉은 2004년에 개봉한 한국의 로맨틱 코미디 영화입니다. 서울 부잣집 출신의 콧대 높은 치과의사 혜진(배우 엄정화 분)이 한적한 바닷가 소도시로 내려와 치과를 개업한 뒤, 우연히 만난 동네 반장 홍두식(배우 김주혁 분)과 겪는 좌충우돌 갈등과 그 속에서 피어난 사랑 이야기를 담은 내용으로 기억합니다. 극 중 홍반장의 모습이 영화 제목 그대로 '어디선가 누군가에 무슨 일이 생기면' 항상 나타나서 유효적절하게 가장 필요한 도움을 제공하고는 별다른 공치사 없이 조용히 사라져 버리는 모습을 보여줍니다. 그 모습에 도시 출신 치과의사 혜진이 마음을 열게 되고 서로 사랑에 빠지는 해피엔딩으로 영화는 마무리가 됩니다.

영화 내용 자체도 유쾌하고 따스해서 좋았지만 많은 사람들이 이 영화의 가장 큰 매력이자 장점으로 꼽은 것은 홍반장이라는 캐릭터였습니다. 홍반장은 똑 부러진 성격에 똑똑한 듯하면서도 어딘가 모르게 허당이고 허점투성이인 여자 주인공 혜진이 사고를 칠 때마다 어느 틈에 나타나 결정적으로 문제를 해결하고 별일 아니라는 듯 사라져 버렸습니다. '이번에는 안 나타나겠지', '에이, 이런 일까지 할 줄 아는 사람일까?' 싶은 상황에서도 여지없이 나타나 척척 문제를 해결하는 모습에 여성 팬들은 물론이거니와 남성 팬들까지 열광했습니다. 흔히 사이비, 이단이라 폄훼하는 종교가 승승장구할 수 있었던 주된 비결 중 또 하나가 바로 이 짱가, 홍반장과도 같은 모습입니다.

우리가 방심한 사이, 우리 자리를 차지한 사람들

현대사회는 위기와 공포가 만연한 세상이 되었습니다. 과거에 비해 훨씬 더 풍요로워졌고 위험에 대처하기 위한 개인적, 사회적 안전망도 튼튼해졌으며 외부로부터의 위협에 대처하기 위한 공공의 대비책 역시 체계적이고 촘촘하게 구축되어 있음에도 불구하고, 현대인들은 만성적인 두려움에 시달리고 있습니다. 특히 회사에 처음 입사하거나 상급 학교에 처음 진학한 이들이 느끼는 공포와 두려움은 의외로 한 개인이 혼자 힘으로 이겨내기 쉽지 않은 강도를 자랑합니다. 그럴 때마다 사람들은 '아, 이런 때 누가 짠! 하고 나타나서 좀 도와주면 좋겠다'고 간절히 바라지만 그런 일은 당연히 일어나지 않습니다. 이럴 때 짠! 하고 등장해서 기꺼이 그런 역할을 해주는 이가 있다면 당연히 사람들은 그를 믿고 지지하고 의지하지 않을 수가 없지요.

상당수의 이단, 사이비라고 지칭하는 이들이 가장 잘하는 것 중 하나가 바로 이 역할입니다. 진짜로 잘한다기보다는 잘하는 것처럼 느끼게 만듭니다. 이들이 모이는 집회나 기도 모임을 가면 모임 초반부에는 자리를 지키고 앉아 있기가 힘들 정도로 두려운 분위기를 조성합니다. 가정이 망가지고 사회는 무너지고 있으며 온갖 전염병이 창궐하는데 앞으로 더 극심하게 창궐할 예정이며, 인류에게 남은 선택지는 멸망뿐이라고 주장합니다. 이 모든 것은 신이 인류를 벌하기 위해 세운 계획으로 그를 피할 방법은 없다고 단언합니다. 이 정도가 되면 사람들은 두려움을 넘어서 극심한 공포심에 사로잡힙니다. 그럴 때 은근슬쩍 이런 이야기를 하는 겁니다.

"그때, 함께 있어 줄 사람이 바로 당신 앞에 있는 우리 종교 지도자입니다."

"그런 어려움을 이겨낼 방도를 제시해 줄 사람 역시 우리 종교 지도자입니다."

그를 입증할 만한, 진짜 입증한다기보다는 그저 작은 성공 체험을 해 볼 수 있도록 하는 것에 불과하지만 소소한 기적이나 속임수 몇 가지를 선보입니다. 효과는 만점입니다. 사람들은 앞다투어 신앙을 다짐하고 온갖 돈과 재물을 갖다 바칩니다. 더 나아가 자신이 가지고 있는 가장 소중한 것까지 죄다 바치겠다고 가지고 옵니다. 그렇게 사람들은 생업을 포기한 채 해당 종교의 수도원에 들어가거나 새 천국을 건설하겠다고 머나먼 해외까지 가족을 모두 데리고 이주하거나 아예 자식을 포함한 가족을 버리고 오로지 그 종교만을 위해 살아갑니다.

어려운 시기에, 힘든 상황에 처한 사람들에게 곁을 지켜주며 영원히 함께 할 것이라고 느끼게 해 주는 것의 효과는 이처럼 대단합니다. 인류 역사의 오랜 기간 동안 가족과 마을 공동체가 그 역할의 상당 부분을 했고 기성 종교 역시 그러한 역할을 통해 사람들의 사랑과 지지를 받았는데 최근에는 이단, 사이비라 손가락질하는 종교들이 가장 적극적으로 그 역할을 하고 있습니다. 그들을 비난하기 전에 먼저 왜 우리 가정은, 마을은, 학교는, 기업은 그 역할을 점차 등한시하게 되었으며, 왜 그들(이단 혹은 사이비 종교)이 하는 것처럼 열심히, 정교하게 잘하지 못하는지에 대해 진지하게 고민해야 합니다.

배려를 위해 진화되어 온 인간의 뇌

인간의 뇌는 대뇌, 중뇌, 소뇌, 그리고 간뇌와 연수 등으로 이루어져 있습니다. 그중에서도 대뇌는 뇌의 대부분을 차지하며 2개의 반구로 이루어져 있습니다. 사람에 따라 조금씩 다르기는 하지만 대략적으로 뇌 전체 무게의 80퍼센트 이상을 차지한다고 알려져 있습니다. 우리가 흔히 지능이 높다, 학습 능력이 좋다, 판단력이 뛰어나다고 할 때 그 모든 것이 대뇌의 작용에 의한 것입니다. 무척이나 중요한 신체 기관이지요.

대뇌는 다시 전두엽, 측두엽, 후두엽, 두정엽으로 구분이 됩니다. 관자엽이라는 또 다른 이름이 있는 측두엽은 이름으로 유추가 가능한 데 왼쪽 관자놀이 안쪽에 위치합니다. 측두엽은 주로 청각 기능을 담당하는데 이 부분이 손상되면 양쪽 귀와 입, 성대까지 멀쩡함에도 불구하고 상대의 말이 들리지 않고 머릿속에 떠오르는 이야기도 말로 전달할 수 없는 상태가 되어 버립니다. 주로 실어증 환자들이 측두엽 손상이 많다고 합니다.

마루엽이라고 부르는 두정엽은 대뇌의 윗부분에 위치하고 있습니다. 뇌에 들어온 감각 신호를 해석하는데 주로 사용되는데 특히 공간지각력과 언어 이해력에 많은 영향을 끼칩니다. 간혹 높은 곳에서 떨어진 물체에 맞아 이곳이 손상된 환자가 있는데 바로 직전까지 익숙하게 오갔던 공간에서 방향을 잃고 어쩔 줄 몰라 하거나 갑작스럽게 난독증에 빠지기도 합니다. 이곳이 손상돼 숫자 연산 능력을 잃었다는 연구 결과가 발견되기도 하는데 계산 능력이 사라졌다기보다는 계산 문제를 읽어도 그 말뜻을 이해하지 못해서인 경우가 대부분이라고 합니다.

뒤통수엽이라는 직관적인 이름이 있지만 이종격투기 중계방송의 인기와 함께 유행어가 되다시피 한 이름이 훨씬 더 많이 불리는 편인 후두엽이 있습니다. 대뇌의 뒷면에 위치하며 주로 시각 기능에 관여합니다. 뒤통수를 세게 얻어맞고 그 느낌을 말로 전달할 때 주로 사용하는 표현으로 '눈앞에 별이 핑 돌았다'는 말이 있는데 실제로 시각 기능이 순간적으로 마비가 되면서 경험하게 된 느낌을 표현한 문장이 아닐까 합니다.

마지막으로 오늘의 주인공이자 간혹 사람들이 이마엽이라고도 부르는 전두엽은 이름 그대로 대뇌의 앞부분에 위치하고 있습니다. 대뇌에서 가장 큰 엽이기도 합니다. 주로 운동과 언어 기능을 담당합니다. 대뇌의 모든 부위가 다 제각각 기능이 있고 인간의 삶에 매우 중요하지만 그중에서도 전두엽은 그 중요성이 다른 모든 부위를 합친 것을 능가합니다. 이곳이 약하거나 손상되면 운동신경이 마비돼 몸을 꼼짝달싹하지 못하게 됩니다. 단순히 그저 움직이지 못해 답답한 정도가 아니라 바로 목숨을 잃게 됩니다. 무언가를 이해하고 판단하거나 판단한 결과를 실행으로 옮기는 기능 역시 전두엽의 역할입니다. 보다 정확히는 전두엽에 있는 전전두피질이 담당하고 있는데 이 부위가 조금이라도 손상되면 세상사 모든 일에 어찌할 바를 모르는 좀비 같은 아니 좀비보다도 못한 인간이 될 수 있습니다.

때문에 전두엽은 그 큰 대뇌 중에서도 가장 많은 영역을 차지하고 있고 인체의 모든 뼈 중에서도 가장 단단하고 정교하게 맞물려 있는 것으로 유명한 두개골, 두개골에서도 가장 단단하고 두꺼운 뼈인 전두골로 보호되고 있습니다. 그런데 이토록 귀한 대접을 받는 전두엽이 담당하는 또 다른 아주 중요한 기능이 있습니다.

그것은 바로 '배려'입니다. 표준국어대사전에 따르면 배려는 도와주거나 보살펴 주려고 마음을 쓴다는 뜻입니다. 저의 학창 시절까지만 하더라도 regard, consideration이라는 단어로 주로 영작을 했는데 얼마 전부터는 압도적으로 많이 care가 배려를 뜻하는 영어 단어로 사용되고 있습니다. 한자어로 배려는 나눌 배(配) 자에 생각할 려(慮) 자를 붙여 만들어진 단어입니다. 즉, 혼자만 하는 생각이 아니라 같이 하는 생각, 같이 나눈 생각, 더 나아가 상대방의 입장에서 한 생각 또는 그러한 생각으로 행한 행동을 의미하고 그 뜻이 발전하여 상대방을 돕기 위한 마음 또는 행동 혹은 상대를 보살펴 주기 위한 시도 또는 행동을 의미하게 되었습니다.

배려는 인간에게 가장 중요한 덕목 중 하나이고 배려하기 위해서는 매우 고차원적인 사고가 필요하기에 자연적으로 가장 중요한 뇌 부위, 가장 좋은 뇌 부위가 배려를 위해 할당되고 발달하게 된 것은 아닌가 하고 생각합니다. 대다수의 기성 종교, 그중에서도 개신교에서는 남에게 베푸는 것의 중요성에 대해 이야기합니다. 배려는 신이 인간에게 준 책무이고 인간이 신을 닮아가기 위해서는 더 베풀고, 더 사랑하고, 더 배려해야 한다고 말하고 있습니다.

교회나 절에 사람들이 거리감을 느끼고 그곳에 나가는 사람들이 점점 줄어들고 있는 현실 속에서 이단, 사이비라 비판받는 이들은 언제 어디서나 사람들의 곁 그다지 멀지 않은 곳에 존재하며 끊임없이 사람들과 소통하고 사람들과 함께 하려 애쓰고 있습니다. 좋은 의도에서든지 그렇지 않은 의도에서든지 늘 함께 있어 주고자 하고 항상 배려하려고 하는 그런 모습에 많은 젊은이들이 호응을 보내고 열광하는 것인지도 모르겠습니다. 이제는 그동안 '그들'에게 빼앗긴 사람들을 다시 품 안으로 데리고 와야 합니다. 당신이 어디서 무엇을 하든지, 늘 당신 곁을 지켜주겠다는 믿음의 전달을 통해서 말입니다.

4장

믿음받을 용기

신뢰받는 조직,
신뢰 가는 사람

Humans created religion for fear of death
and society for fear of life.

인간은 죽음이 두려워 종교를 만들었고
삶이 두려워 사회를 만들었다.

허버트 스펜서(Herbert Spencer, 1820~1903)
적자생존으로 대표되는 사회진화론을 주창한
영국의 사상가이며 철학자

하나의 믿음을 얻으려면
제곱의 믿음을 주어야 한다

나는 마치 저 싸움에 나간 코끼리가 화살에 맞는 것을 두려워하지 않는 것처럼 언제나 정성 되고 진실한 마음으로 계율이 없는 사람을 제도하리라. 마치 잘 길들여진 코끼리는 왕이 타기에 알맞은 것처럼 자신을 길들여 훌륭한 사람이 되어야 비로소 남에게 진실한 믿음 얻으리라.

『법구경』 제18장 상유품(象喩品) 중

인류 역사를 바꾼 과부 두 사람

『구약성경』에 나오는 이야기입니다. 오래전 이스라엘 베들레헴에 살던 엘리멜렉이라는 사람이 흉년이 들자 아내 나오미와 두 아들 말론, 기룐을 데리고 모압(현재의 요르단 서쪽) 지방으로 이주하였습니다. 다행히 모압에는 흉년의 여파가 미치지 않았고 그곳에 정착한 엘리멜렉은 두 아들을 모압 지방 출신의 여성과 결혼을 시켜 다복한 가정을 일구었습니다. 그러나 행복은 얼마 가지 않아 산산이 부서지고 말았습니다. 엘리멜렉이 갑자기 숨을 거둔 뒤로 두 아들마저 연

거푸 세상을 뜬 것입니다. 그들 집안에는 졸지에 남편을 잃은 아내 세 사람만 덩그러니 남았습니다. 집안의 가장이 된 시어머니 나오미는 두 며느리를 불렀습니다.

"나는 이제 나의 고향으로 돌아가련다. 너희는 너희 친정으로 돌아가 새 인생을 시작해라."

그 말에 큰며느리 오르바는 친정으로 돌아갔습니다. 둘째 며느리 룻은 어머니를 따르겠다며 짐을 싸서 함께 이스라엘로 되돌아왔습니다. 고향으로 돌아온 나오미는 자신의 이름을 마라로 바꾸었습니다. 나오미는 히브리어로 나의 기쁨 또는 나의 즐거움이라는 뜻이었고, 마라는 히브리어로 고통, 쓴, 쓰라림을 뜻하는 단어였습니다. 그 당시 그녀가 얼마나 마음의 상처를 입었는지가 짐작이 갑니다.

고향으로 돌아오긴 했지만 여자 둘이 꾸리는 살림은 궁핍하기 이를 데가 없었습니다. 게다가 나오미는 날이 갈수록 몸이 쇠약해졌습니다. 다행이었던 것은 당시 이스라엘 율법에는 추수할 때 일부러 낟알을 땅에 떨구거나 덜 거두어들여야 한다는 내용이 있었습니다. 가난한 이들을 구휼하기 위해 부유한 이들이 모른 척 이삭을 남겨두는 것이 당시의 관행이었지요. 룻은 남의 밭에 나가 그런 이삭을 주워 시어머니를 모셨습니다. 그러던 중 룻은 보아즈라는 남자를 만나게 됩니다. 룻이 이삭을 주으러 다니던 밭의 주인이자 인근에서 부유하기로 유명한 남자였지요. 마침 보아즈는 나오미도 잘 아는 사람이었습니다. 이후 여러 가지 우여곡절이 있었지만 그들은 난관을 극복하고 결혼에까지 이르게 됩니다. 그 과정에서 시어머니 나오미의 적극적인 지지가 큰 몫을 했습니다.

룻의 고향 모압은 요르단 지역입니다. 현재 요르단을 다스리는 국왕 압둘라 2세의 집안은 하심 가문인데 이슬람의 선지자 무함마드의 직계 후손으로 알려져 있는 가문입니다. 때문에 아무리 영토가 넓고 국력이 강한 아랍 국가라 하더라도 일단 머리 숙이고 들어가는 것이 일반적이라 할 정도로 요르단은 정통성이 강한 이슬람 국가입니다. 당시에도 그랬습니다. 모압 지역은 전쟁의 신 그모스(Chemosh) 등을 숭배하는 다신교 문화였는데 얼마나 자신의 신을 열심히 믿었던지 왕이 전쟁에 나가기 전 자신의 아들을 불에 태워 제물로 신에게 바치는 제사가 성행했을 정도였습니다. 이스라엘인은 모압을 그 북쪽에 있는 암몬[28]과 더불어 상종 못 할 존재로 여겼습니다. 그런 지역에서 태어나 자란 룻이 '어머니의 신이 나의 신입니다. 어머니를 따르겠습니다'라고 할 정도면 도대체 두 사람 사이에는 얼마나 대단한 믿음이 있었던 것일까요?

룻은 보아즈와의 사이에서 아들을 낳는데 그 아들의 양육권을 시어머니 나오미에게 바쳐 그의 아들로 자라나게 합니다. 그에 대해서는 여러 가지 추측이 있는데 이민족 어머니를 둔, 게다가 재혼을 통해 낳은 아들이 주위의 손가락질을 받지 않도록 하기 위한 조치라는 설도 있고 당시의 시대적 풍습으로 일반적인 사례라는 이야기도 있

---

28   Amon. 성경에 나오는 옛 지명으로 현재 요르단의 수도 암만의 과거 이름으로 추정된다.

습니다. 아무튼 나오미의 손에서 잘 자란 룻의 아들 오벳은 장성하여 결혼한 뒤 아들을 낳았는데 아들의 이름은 이새, 그 유명한 다윗 왕의 아버지가 되는 인물입니다. 즉, 룻은 이스라엘 왕 다윗의 증조모가 되는 것이지요.

결과론적인 이야기지만 룻은 남편의 죽음으로 결혼을 통해 고부 관계를 맺은 시어머니와의 연결 고리가 불행하게 끊어졌음에도 불구하고 신뢰를 버리지 않고 따랐습니다. 게다가 평생을 함께 살며 돌보았고 끝내 집안의 대를 이어 가는, 역사상 위대한 인물을 후손으로 맞이하는 업적까지 이루었습니다. 성경에 대해 관심이나 배경 지식이 좀 있는 경영자나 사업가는 기회가 될 때마다 어디 룻 같은 인재가 좀 없나 하고 이야기하고 다닐지도 모릅니다.

도대체 룻은 왜 이토록 절실하게 시어머니를 따른 것이었을까요? 룻은 왜 자신의 신 대신 이민족의 신을 독실하게 믿게 되었으며 그 믿음을 죽을 때까지 버리거나 바꾸지 않았던 것일까요? 이에 대해 더 이야기하기 전에 잠시 현재의 우리에 대한 이야기를 하겠습니다.

나를 믿으라 하기 전에 너를 믿는다

젊은 시절, 용접일을 그만두고 송추에 있는 정신병원에서 근무했던 적이 있습니다. 당시 저는 폐병을 심하게 앓았는데 용접 중 금속이 높은 열에 반응해 발생하는 가스가 폐에 치명적이었기 때문입니다. 병을 고치며 먹고살기 위해 사회복지사 자격증을 딴 뒤 남들이 모두 마다하는 정신병원에 상담사로 취업했습니다. 말이 병원이지 정신병원에서의 일상은 전쟁터와 큰 차이가 없었습니다. 어떤 때는 환한 표정으로 제게 밝게 웃으며 인사하던 환자가 다른 날은 손에 잡히는 것은 무엇이든 집어 던지며 욕설을 하고 저리 꺼지라고 고함칩니다. 어떤 환자는 늘 훌쩍훌쩍 울면서 웅크리고 앉아 있기에 그저 마음에 상처를 입었을 뿐 안전한 사람이라고 방심했는데 어느 날 갑자기 흉기로 의료진을 위협하고 상처 입히는 모습을 목격한 적도 있습니다. 갑자기 신의 음성을 들었다며 빨리 청와대로 가야 한다고 고함치며 달려드는 환자를 맨손으로 제압해야 할 때도 많았습니다. 말이 상담사지 병원에서의 제 삶은 흉악범들을 제압하여 잡아넣는 경찰이 되었다가 범죄자들을 가두어 놓는 교도관이 되기도 하고, 그들로부터 필요한 이야기를 들어 주어야 하는 취조실의 변호사가 되었다가 그들을 어르고 달래는 유치원 교사가 되는 등 변화무쌍하고 아슬아슬한 삶의 연속이었습니다.

그렇지만 그런 삶이 너무나도 행복하다는 점이 신기했습니다. 매일매일이 급변하고 급박한 상황이 들이닥쳤지만 그럴수록 무엇인가 더 해야겠다는 의욕이 샘솟았습니다. 저는 초등학교 시절부터 돈을 벌어 생계에 보탰고 중학생 나이 무렵부터는 생계를 지탱해야 할 수준으로 돈을 벌어야 했으며, 폐병으로 인해 피를 쏟으면서도 하루 17시간씩 용접봉을 잡아야 하는 삶을 살았던 사람입니다. 그런 삶의 시간 동안 오만가지 인간 군상을 접했는데 제 손에 쥔 얼마 안 되는

푼돈을 뺏겠다고 덤벼드는 이도 있었고 저를 속이고 자신을 위해 일하게 하며 필요한 것만 쏙쏙 빼먹으려고 했던 이도 있었습니다. 온화한 얼굴로 접근해서 그럴듯한 말로 자신을 믿게 한 뒤 그런 믿음을 헌신짝처럼 내버리고 신뢰를 저버린 이들도 부지기수였습니다. 그런 이들에 비해 마음이 아픈 상태에서 어쩔 줄 몰라 하는 환자들은 저에게는 큰 문제가 아니었던 것입니다.

출근하면 저는 그들과 이야기를 나누었습니다. 끝도 없이 이야기를 나누고 또 나누었습니다. 동료들은 그러면 안 된다, 또 언제 돌변할지 모른다, 여기 환자들 말은 믿으면 안 된다고 말렸지만 저는 그들과 마주 앉아 그들이 하는 이야기를 진지하게 들었습니다. 그리고 그 순간만큼은 그들이 환자라는 사실을 잊은 채 그 말을 철석같이 믿었습니다. 그들의 말 중에는 화성을 지배하는 우주 성인의 큰아들인데 지구를 화성인의 침략으로부터 지켜주기 위해 잠시 이 별에 들른 거다, 이병철이랑 정주영한테 돈을 빌려주고 삼성이랑 현대를 창업시켰는데 두 녀석이 빚을 갚기 싫어서 나를 이곳에 가두어 놓은 거다 등의 믿기 어려운 이야기도 많았지만 의심하는 내색 없이 끝까지 진지하게 그들의 이야기를 들었습니다. 무엇이 그들을 그렇게 힘들게 했는지, 무엇이 그들을 현실의 삶으로부터 스스로 떠나도록 만들었는지 듣고 또 들은 그대로 믿었습니다. 입을 열기 힘들어 하면 몇 시간이고 기다려 주었습니다. 때리면 때리는 대로, 침을 뱉으면 뱉는 대로, 욕을 하면 욕하는 대로 지켜보며 기다렸습니다. 그런 기다림 속에 그들이 조금씩 마음을 열면 정확히 그들이 원해서 나온

만큼 저 역시 다가갔습니다. 그런 과정 속에서 신뢰가 쌓이고 그 신뢰를 기반으로 조금씩 대화가 시작되었습니다.

많은 사람들이 자신을 믿어주지 않는다고 푸념합니다. 많은 경영자들이 자신의 직원들이 경영자를, 회사를 믿어주지 않는다고 불평합니다. 많은 정치인과 관료들은 국민들이 자신의 진심과 진정성, 애국심을 믿어주지 않는다고 고민에 빠집니다. 그러나 반대로 당신은 얼마나 타인을 믿을까요? 경영자들은, 기업들은 직원들을 얼마나 믿고 회사를 운영할까요? 정치인과 관료들은 각종 법안을 입법할 때, 제도와 정책을 만들 때 얼마나 국민을 믿고 그 업무에 임할까요? 아마도 사람들은 푸념하고, 불평하고, 고민하는 시간보다 훨씬 못 미치는 시간만큼, 자신이 받고 싶은 믿음보다 훨씬 더 작은 믿음만을 가진 상태일 것입니다.

기브 앤 테이크가 아니라 '기브 앤 기브 그러면 기브'다

분명 외국어지만 익숙하게 느껴지는 단어나 문구가 있습니다. 가장 대표적인 것으로 '보이스 비 엠비셔스'입니다. '소년이여! 야망을 가져라!'는 의미의 영어 문구인 'Boys Be ambitious!'는 미국인 윌리엄 클라크(William Smith Clark)가 한 연설문에 나온 영어 문구입니다. 현재 홋카이도 대학의 전신인 삿포로 농학교의 교장이었던 클라크는 홋카이도를 포함한 일본이 현재와 같은 낙농업 선진국으로 발돋움하는데 중요한 기틀을 세운 인물로 꼽힙니다. 그가 임기를 마치고 삿포로 농학교를 떠나며 학생들에게 남긴 고별사에 감명을 받은 제자들이 해당 문장을 여러 곳에 인용했고 특히 '보이스 비 엠비셔스'라는 문구가 한창 확장 일로의 제국주의, 군국주의 정책을 펴 나가던 일본 정부 입맛에 딱 맞아떨어졌습니다. 그 여파가 같은 교육 과정을 따르던 식민지 시절의 한반도에까지 미쳤고 우리나라 교과서에도 '보이스 비 엠비셔스'가 여기저기 남게 된 것입니다.

'보이스 비 엠비셔스'만큼이나 사람들이 즐겨 사용하는, 최근 들어서는 훨씬 더 빈번하게 사용하는 외국어 문구가 하나 있습니다. 바로 '기브 앤 테이크(Give and Take)'입니다. 영어 단어 뜻 그대로 풀이하자면 '주다 그리고 받다', 줄여서 '주고받다'입니다. 흔히 서로 손해 보지 않고 정확히 '준 만큼 받는 것' 혹은 '받은 것만큼 주는 것'이라는 뜻으로 쓰여 이해타산적이고 계산적인 관계를 이야기할 때 주로 사용됩니다. 우스갯소리일 듯하지만 요즘에는 '기브 앤 테이크'가 아니라 '테이크 앤 기브'라 해서 '일단 받고 그다음에 줄지 말지는 좀 생각해 본 뒤 결정해야 한다'는 이야기를 하는 사람도 있습니다. '기브 앤 테이크'가 손해라고는 눈곱만큼도 보기 싫은 이를 위한 금언, 손해 보고는 못 사는 사람들을 위한 좌우명으로 해석되는 것은 일제 강점기에 들어온 엉터리 영문법 교과서의 억지스러운 해석 영향이 큽니다. 원래 영어 관용구로 'Give and Take'는 서로에게 필요한 것을 나누고, 그 나눔에 있어 자신만을 고집하지 않고 상호 이득이 발생하는 방향으로 타협하는 행위를 뜻합니다.

뜻의 왜곡 여부야 어쨌든 기브 앤 테이크는 현대사회를 살아가는 사람들에게 가장 필요한 처세 기법이자 비즈니스 철칙으로 작용하는 듯합니다. 하지만 앞으로 조금 더 나은 모습으로 살아가려면, 조금 더 좋은 세상에서 살아가려면 지금까지의 '기브 앤 테이크'로 일관해서는 안 됩니다.

당신이 계속해서 기브했어도 막상 테이크하려고 하면 경계하거나 멀리할 것입니다. 사람들은 바보가 아닙니다. 아무리 정성껏 기브하고 조심스럽게 테이크하려고 해도 바로 그 순간을 눈치채고 당신을 떠날 것입니다. 물론 그동안의 기브에 감사한 마음을 품고 기꺼이 테이크에 응하는 사람도 있기는 하겠지만 말입니다.

기브를 하였으면 그다음 기브를 준비해야 합니다. 성경에는 이런 구절이 있습니다. '남에게 대접받고 싶은 대로 남을 대접하라' 『신약성경』 마태복음 7장 12절입니다. 사실 성경의 이 구절만 읽어서는 그 깊은 본래의 뜻을 잘 알 수 없습니다. 몇 구절 위인 7장 7절부터 살펴봅니다.

> 구하라 그리하면 너희에게 주실 것이요 찾으라 그리하면 찾아낼 것이요 문을 두드리라 그리하면 너희에게 열릴 것이니 / 구하는 이마다 받을 것이요 찾는 이는 찾아낼 것이요 두드리는 이에게는 열릴 것이니라 / 너희 중에 누가 아들이 떡을 달라 하는데 돌을 주며 / 생선을 달라 하는데 뱀을 줄 사람이 있겠느냐 / 너희가 악한 자라도 좋은 것으로 자식에게 줄 줄 알거든 하물며 하늘에 계신 너희 아버지께서 구하는 자에게 좋은 것으로 주시지 않겠느냐.

그다음에 비로소 12절 '그러므로 무엇이든지 남에게 대접받고 싶은 대로 너희도 남을 대접하라 이것이 율법이요 선지자니라'라고 읽습니다. 성경의 이 구절을 읽을 때마다 곰곰이 다시 생각합니다. 7절에서 11절 말씀을 몇 번이고 곱씹어 봅니다. 그러면 이렇게 다시 고쳐 생각하게 됩니다.

> 선지자 혹은 리더, 어른이 되고자 하는 사람이 율법 혹은 조직 내에 새로운 제도나 규칙을 만들고자 한다면 먼저 다른 사람, 이를테면 함께 사는 가족이나 곁에서 일하는 동료, 상사, 부하 직원들을 대접하라. 대접하고 또 대접하라. 그러면 남도 내가 받고 싶어 하는 종류나 수준의 대접을 할 것이다.

누군가의 믿음을 받으려면 그보다 훨씬 더 많이 상대방을 믿어야 합니다. 그 교훈을 룻의 이야기를 비롯한 수많은 역사적 사례에서 만날 수 있습니다. 룻 역시 자신을 거두어준 시어머니를 비롯한 가족, 이민족이지만 진심으로 마음속에 들이고 아껴 보살펴 준 신앙 공동체 사람들의 베풂에 감화되고 감동받았기에 기꺼이 자신의 민족과 신을 버리는 선택을 하게 되었을 것입니다.

누군가 여러모로 유용한 사람이 당신 앞에 지금 나타났나요? 당신에게 간절히 필요한 것을 갖고 있는 사람과 함께 있나요? 지금 같이 있는 사람에게 도움을 요청해야 하나요? 그렇다면 기브 할 준비부터 합니다. 조직을 운영하거나 회사를 경영하고 있나요? 구성원들이 조직을, 내 회사를 믿지 못해 불만인가요? 그렇다면 먼저 그들에게 기브 할 것이 없는지부터 찾아봅니다. 상사가 나를 신뢰하지 않아서, 여자 친구나 남자 친구가, 남편이나 아내가 나를 지지하지 않아서 힘든가요? 그렇다면 그들에게 필요한 것이 무엇인지를 먼저 진심으로 살펴 바로, 지금, 당장 그것부터 기브 할 마음을 가집니다. 나를 기꺼이 도와주고 싶어 하는 사람들과 함께, 서로 든든하게 지지하고 지지받으며 행복한 삶을 살아가고 싶은가요? 그렇다면 기브 하고, 기브 하고 또 기브 하세요!

지켜라, 지켜라, 반드시 지켜라

너희가 이 모든 법도를 듣고 지켜 행하면 네 하나님 여호와께서 네 열조
에게 맹세하신 언약을 지켜 네게 인애를 베푸실 것이라.

『구약성경』 신명기 7:12

약속을 지키지 않는 기업의 자리는 없다

1995년 11월, 코카콜라에 밀려 탄산음료 시장에서 만년 2위를
하던 펩시는 분위기 반전을 하기 위해 파격적인 이벤트 하나를 했
습니다. 펩시는 자사의 콜라를 1박스 사 먹으면 포인트를 주기로 했
고 일정 포인트를 모아 오면 파격적인 선물을 제공하겠다고 했습니
다. 펩시 스터프(Pepsi Stuff)라 이름 붙여진 이 이벤트가 처음부터 화
제를 불러 모았던 것은 아닙니다. 24캔의 콜라가 들어 있는 박스를
여덟 박스나 사 마셔도 손에 쥘 수 있는 선물은 얇은 티셔츠 한 장이
전부였으니 말입니다. 펩시 스터프가 갑작스럽게 폭발적인 화제를
불러 모으게 된 것은 펩시가 내보낸 광고 때문이었습니다.

700만 펩시 포인트를 모아 오면 영국에서 개발한 수직 이착륙 전

투기인 해리어(Hawker Siddeley Harrier Fighter)를 주겠다는 내용이었습니다. 마침, 직전 해인 1994년에 당대 최고의 액션 배우 아놀드 슈워제네거가 주연한 영화 〈트루 라이즈〉가 공전의 히트를 기록했습니다. 영화의 클라이맥스에서 슈워제네거가 해리어를 직접 몰고 나오는 장면이 장시간 노출되면서 전투기지만 헬리콥터처럼 위아래로 기동이 가능한 해리어에 대한 관심이 하늘을 찌를 때였습니다. 그러나 해리어를 받을 만큼의 포인트를 모으려면 펩시 콜라를 약 1,679만 9,999캔이나 사 마셔야 했습니다. 몇 주 되지 않는 짧은 기간 내에 그 정도 양의 콜라를 소비할 수 있는 사람은 없을 거라는 생각에 펩시 측은 노이즈 마케팅 차원에서 해리어를 상품으로 내건 이벤트를 시작한 것입니다.

그런데 시애틀에 살던 존 레너드(John Leonard)라는 대학생의 생각은 달랐습니다. 광고를 본 그는 서둘러 밀리터리 마니아였던 친구에게 해리어 전투기의 가격을 물어보았고 대당 300억 원가량 된다는 답을 들었습니다. 반면 1,680만 캔 정도의 펩시 콜라를 사는데 필요한 금액은 약 80억 원 정도였습니다. 존 레너드는 펩시와 전혀 다른 방향으로 생각을 전개해 나갔습니다. 처치 곤란할 만큼의 캔 콜라를 사기 위해 80억 원을 들이는 것은 돈을 버리는 일에 가깝지만 300억 원짜리 전투기를 단돈 80억 원에 사는 것은 엄청나게 이득을 보는 장사라고 말입니다. 그리고 그 일을 실제로 벌이고 말았습니다. 존 레너드는 투자자와 변호사를 고용해 1,680만 캔의 가격에 해당하는 70만 달러를 마련한 뒤 '해리어 전투기를 내놓으라'는 편지와 함께 펩시 본사로 보냈습니다. 당황한 펩시는 여러 가지 지연전술과 자잘한 소송을 통해 레너드가 지레 포기하도록 유도했지만 어림도 없었습니다. 레너드는 법적 조치와 함께 교묘하게 여론전까지 펼치며 대중을 자신의 편으로 만들었습니다. 결국 3년간의 지루한 법정 다툼 끝에 법원은 펩시 측의 손을 들었습니다. 법원이 펩시 측의 손을 들지 않는다면 민간인에게 전투기를 양도할 수 있는지에 대한 또 다른 법적 공방이 벌어질 수 있었다는 점도 아마 펩시 측에 유리하게 작용했을 것 같습니다. 재판에서 이겼음에도 불구하고 펩시는 믿음이 가지 않는 회사라는 불명예를 떠안아야 했고 향후 다시 이 사항을 문제 삼지 않는다는 조건으로 레너드 측에 엄청난 금액의 위로금을 전달할 수밖에 없었습니다.

비슷한 사례는 우리나라에서도 발생했습니다. 2004년, 가장 많은 매장 숫자와 매출액을 자랑하는 한 아이스크림 프랜차이즈 업체가 일본 여행 경품 추첨 이벤트를 개최했습니다. 이벤트 당첨자는 37세 여성 고객이었습니다. 그런데 해당 이벤트 광고에는 지급되는 경품 내용이 다소 불투명하게 표기된 부분이 있었습니다. 업체는 그것을 자신들에게 유리한 방향으로 해석해서 당첨자에게 받아들이라고 했고 당첨자는 회사 측의 실수이므로 원래 안내된, 광고 문구가 상식선에서 해석되는 그대로 경품을 지급할 것을 요구했습니다. 회사는 막무가내로 경품 지급을 미루었고 당첨자의 항의를 묵살했으며 아예 연락을 받지 않았습니다.

당시 해당 아이스크림 프랜차이즈가 모르고 있었던 것이 하나 있

있었습니다. 당첨자였던 30대 여성의 직업이 법률 전문가인 변호사였던 것입니다. 당첨자는 하나하나 따지며 파고들었고 자료를 준비하여 소송까지 걸었습니다. 결국 회사가 패소했고 법원에서는 당첨자에게 원래 약속한 경품을 지급하고 일부 손해까지 배상하라고 판결했습니다. 하지만 회사는 경품과 손해배상금 지불을 미루었고 머리끝까지 화가 난 당첨자는 법원에 강제집행을 신청해 아이스크림 프랜차이즈 회사의 본사에 있던 에어컨 4대를 압류해 버렸습니다.

거대 기업과 개인이 싸워 재판에서 이기고 지저분한 뒤끝을 보여준 회사를 상대로 본사 비품을 강제로 압류시켜 버린, 소비자 입장에서는 통쾌한 상황에 대중들은 큰 관심을 보였습니다. SNS는 물론 지상파 방송까지 이 사건을 무게감 있게 다루었고 해당 기업은 물론 모그룹도 법률적 판단을 무시하면서까지 약속을 지키지 않은 부도덕한 기업이라는 오명을 뒤집어썼습니다. 매출 역시 뚝 떨어졌고 브랜드 가치 자체가 크게 훼손되는 심각한 상처를 입었습니다.

두 사건은 공통적으로 전문성을 갖춘, 변호사를 고용하거나 본인이 변호사인 개인이 거대 기업과의 다툼에서 이겼다는 점과 그 결과 기업이 유·무형적으로 엄청난 손실을 떠안았다는 공통점이 있습니다. 펩시의 경우에는 노이즈 마케팅 효과도 톡톡히 보기는 했지만 말입니다. 가장 큰 공통점은 두 사건 모두 개인의 편에 서서 그들을 응원하고 적극적으로 돕겠다고 나선 다수 대중의 지지와 지원이 있었다는 점입니다. 펩시 사건 때는 인터넷이 지금과 같이 활성화된 시기가 아니었기에 집단적인 여론을 형성하기가 쉽지 않았음에도 불구하고 다양한 방법과 경로를 통해 소비자들이 펩시를 압박했습니다. 하루에도 수백 통 이상의 비난 편지가 뉴욕 웨스트체스터 카운티에 위치한 펩시 본사로 쏟아져 들어왔고 언론사에도 그만큼 분량의 비난 편지가 몰려들었습니다. 그보다 조금 뒤에 벌어진 우리나라 아이스크림 프랜차이즈 사건의 경우 고객 게시판이 비난 댓글로 마비가 될 지경이었고 해당 사건을 비꼰 각종 패러디가 SNS에 난무했습니다.

사람들은 왜 기꺼이 얼굴도 모르는 한 개인의 편이 되어 함께 분노하고, 같이 싸웠던 것일까요? 현대인의 기준으로 보면 그런다고 사람들에게 떨어지는 콩고물이 있는 게 아닌데 말입니다. 단순히 현대인들이 조금 더 정의로워져서일까요? 약자에 대한 측은지심이 갑자기 발동해서? 그럴 가능성도 있지만 본질은 그게 아닙니다. 아마도 신뢰를 저버린 것에 대한 보편적인 분노의 표출이었을 것입니다.

약속의 무게와 사람의 가치, 잘 계산하고 있습니까?

'아니, 세상에 자동차도 아니고 전투기를 준다는 것을 진짜로 믿는 사람이 어디 있어?' 이벤트를 기획한 사람은 이런 생각으로, 깜짝 이벤트 차원에서, 사람들을 놀라게 해서 관심과 이목을 집중시키기 위해 해리어를 주겠다는 약속을 내걸고 이벤트를 추진했을 것입니다. 약속을 지킬 마음은 눈곱만큼도 없었을 것입니다. 아예 이를 약속이라고 인지하지도 못했을 것입니다. 일본 여행권을 두고 꼼수를 부렸던 국내 아이스크림 프랜차이즈 역시 마찬가지였겠지요.

'일본 여행을 당첨시켜 줬는데 조건이 마음에 안 든다고 트집을 잡아?'
'개인이 기업한테 덤벼서 이길 수 있겠어?'
'대충 이리저리 담당자를 돌리다가 겁 한 번 주면 제 풀에 나가떨어지겠지.'

당첨자에게 별일 아닌 듯 무심하게 대했을 것입니다. 실제로 나중에 소비자가 밝힌 녹취록과 증언에는 그런 내용이 가득 담겨 있었습니다. 많은 기업들, 다양한 종교 집단에서도 약속을 합니다. 그중에는 사소한, 정말로 단순하고 일상적인 약속도 있지만 이게 이 세상에서 가능한 일인가? 싶은 엄청난 약속을 하기도 합니다. 수많은 정통 교단에서 이단으로 손가락질 받는 모 종교 집단은 자신들의 종교를 믿고, 세속에서의 재산에 연연하지 말고 그를 자신들에게 몽땅 기부하면 일본 여행이나 해리어 전투기 정도는 아주 소박해 보일 정도로 어마어마한 보상을 하겠다는 약속을 스스럼없이 합니다.

이들에게서 공통적으로 발견되는 모습이 두 가지 있습니다. 그것은 바로 '약속'이 가지고 있는 무게를 제대로 재지 못하는 부실한 측정 능력과 '한 사람'의 값어치를 제대로 이해하지 못하는 둔감한 계산 능력입니다.

세상에 지키기 쉬운 약속은 단 하나도 없습니다. 그리고 그 약속의 무게를 인간의 얕은 판단력으로 섣부르게 측정해서는 안 됩니다. 많은 사람들이 사람과의 약속보다 신과의 약속을 더 중하다고 여깁니다. 어떠한 일에 대해 신께 맹세했다(Sware to God)고 하면 반드시 지켜야 하고 지키지 않으면 큰일 날 약속으로 여깁니다. 반면 보통의 사람, 특히 내 곁에 늘 있는 사람과의 약속은 조금 가벼이 여기는 경향이 있습니다. 하지만 제대로 된 종교는 그렇지 않습니다. 신께 드리는 제사, 신 앞에 한 맹세나 약속도 중요하게 여깁니다. 그리고 신과의 약속만큼 자신들의 종교를 믿고 따르는 신도들과 한 약속역시 중요하게 생각하고 반드시 지키기 위해 노력합니다. 잘나가는 기업, 고객에게 오래도록 사랑받는 기업 역시 마찬가지입니다. 많은돈을 들여 대량으로 구입하는 큰손 고객과의 약속도 중요하지만 고사리손으로 동전을 모아 처음 방문한 어린 고객과의 약속도 지키기위해 최선을 다하는 것이 진정한 기업의 모습입니다.

제대로 된 종교, 사람들이 믿고 따르는 종교, 소비자들에게 사랑받는 기업은 사람의 값어치도 제대로 잘 이해합니다. 제대로 된 종교는 신 못지않게 인간을 귀하게 여깁니다. 신의 이름을 팔아 신도들을 기망하지 않고 신을 잘 모셔야 한다는 핑계로 신도들을 힘들게하지 않습니다. 이단, 사이비라고 비난받는 종교들은 대부분 종교를빙자해서 사람을 궁지에 몰고 압박을 가합니다. 사람의 값어치를 제대로 계산하지 못하기에 사소하게 평가하거나 신 또는 자신들의 교주에 비해 가치가 없는 사람이라고 단정 짓는 것입니다. 기업 역시 마찬가지입니다. 수준 낮은 회사는 임직원들의 가치를 제대로 평가하지 못하고 형편없는 처우로 대하거나 어렵지만 재미있는 일을 맡겨 역량을 키워주기는커녕 능력에 맞지 않는 허드렛일만 시켜 퇴보나 도태를 시켜버리는 우를 범하고는 합니다.

당신이 신도 또는 직원이라면 어떤 종교, 어떤 회사를 선택할까요? 당신이 리더 혹은 경영자, 종교 지도자라면 당신이 이끄는 팀은, 회사는, 종교는 과연 어떻습니까? 함께 하는 사람들과 한 약속의 무게를 제대로 측정하고 있습니까? 함께 하는 사람들의 가치를 제대로 계산해서 대하고 있습니까?

신뢰는 방향이자 순서다

신뢰의 중요성을 모르는 사람은 없을 것입니다. 기업의 홈페이지를 들어가 보면 사훈이나 사시, 비전이나 지향점 등을 밝혀 놓았는데 두세 기업에 한 기업 꼴로 '신뢰'를 거론하고 있습니다. 그만큼 약속을 지키는 것의 중요성을 기업 또는 해당 기업의 리더가 잘 알고 있다는 것이겠지요. 그런데 정작 중요한 것은 잊고 있는 것 같아서 염려됩니다. 바로 '신뢰의 순서와 방향'입니다.

많은 기업이 오너, 최고 경영진의 신뢰를 얻는 것을 중요시합니다. 믿음을 얻기 위해 모든 노력을 다하고 혹여라도 신뢰를 잃지 않을까 전전긍긍합니다. 그다음으로 중요시하는 것이 고객 또는 시장의 신뢰를 얻는 것입니다. 매출, 영업이익이나 소비자 만족도 조사 결과에 따라 담당 임원의 자리가 만들어졌다 사라졌다를 반복하고 고객 불만을 해결하기 위해 안간힘을 씁니다. 마지막으로 신경 쓰는 것이 조직 구성원들로부터 신뢰를 얻는 것입니다.

오너, 최고 경영자의 신뢰 〉 고객으로부터의 신뢰 〉 구성원의 신뢰

개인의 경우 속한 조직의 리더로부터 신뢰를 얻는 것을 우선시합니다. 업무 목표 할당부터 평가, 보상까지 인사권자의 입김이 안 닿는 곳이 없으니 일견 당연해 보이는 행동입니다. 다음으로 신경 쓰는 것이 동료 또는 인접 부서 구성원들로부터 신뢰를 얻는 것입니다. 필요할 때 지원을 받기 위해서, 적어도 발목을 잡히지 않기 위해서 적절한 수준 이상의 신뢰 관계를 구축하기 위해 노력합니다. 여유가 있으면 가족으로부터 신뢰를 얻는데 관심을 갖습니다. 사실 보통의 사람들은 여유가 있어도 가족의 신뢰를 얻는 것에는 별다른 신경을 쓰지 않는 경우가 대부분입니다. 굳이 가족에게서 신뢰를 얻을 필요가 없다고 생각하거나 가족 간에는 태어나면서부터 저절로 신뢰 관계가 구축되어 있다고 믿는 사람들이 의외로 상당히 많습니다. 그래서 개인이 신뢰 형성에 들이는 노력의 크기 혹은 방향은 다음과 같은 경우가 많습니다.

리더로부터의 신뢰 〉 동료로부터의 신뢰 〉 (가족으로부터의 신뢰)

그러나 지금부터는 신뢰의 크기와 방향을 바꾸어야 합니다. 기업은 존재 이유와 경영 목적상 고객으로부터의 신뢰를 가장 중요시해야 하는 것은 맞습니다. 그러나 그다음으로 챙겨야 하는 것은 최고 경영자나 오너가 아닌 구성원들로부터의 신뢰입니다. 학자들에 따라서는 구성원들이 서로에 대한, 회사에 대한 강한 신뢰가 있으면 고객 만족과 고객들로부터의 신뢰를 얻는데 중요한 역할을 하므로 기업은 직원 만족과 회사에 대한 신뢰도 제고에 가장 많은 노력을 쏟아부어야 한다고 주장하는 사람도 있습니다.

구성원의 신뢰 = 고객으로부터의 신뢰 〉 오너, 최고 경영자의 신뢰

개인의 경우에도 마찬가지입니다. 사서삼경 중 『대학』의 팔조목 (八條目)이자 우리나라 정치인, 관료들이 가장 많이 언급하는 격언 중 하나인 수신제가치국평천하(修身齊家治國平天下)라는 문구를 굳이 들먹이지 않더라도 나 자신이 신뢰받을 만한 사람인지 스스로 살펴 갈고닦은 뒤, 준비가 되었다면 가장 먼저, 가장 강하게 신뢰를 획득해야 하는 대상은 바로 당신의 가족입니다. 나와 가족이 믿음의 한 울타리 안에서 단단한 신뢰 관계를 형성하고 난 뒤에야 비로소 동료든, 리더든, 타인과의 신뢰 관계 형성이 가능합니다. 가족과의 신뢰 관계 형성 없이도 외부와의 관계 형성이 불가능한 것은 아닙니다. 그렇지 않아도 얼마든지 사회생활을 잘해 나간 사람들을 많이 보았습니다. 하지만 가족과의 믿음을 형성하지 못한 사람보다는 튼튼한 신뢰 관계가 형성된 사람이 다른 이들과도 신뢰 관계를 잘 형성한다는 것만은 틀림없습니다.

저는 가족과의 신뢰 관계 형성을 위해 결혼 후 수십 년간 지켜온 것이 두 가지 있습니다. 하나는 '반드시 해야겠다'고 생각한 것이고 다른 하나는 '반드시 하지 말아야겠다'고 생각한 것입니다. 반드시 해야겠다 마음먹고 지키는 것은 홀로 계신 노모에게 새벽과 저녁에 전화로나마 문안 인사를 올리는 것입니다. 조선 시대에는 궁궐이나 양반 가문에서 혼정신성(昏定晨省)이라 하여 비슷한 예법을 지켰다고 합니다만 제가 하는 일은 그렇게 거창한 것은 아니고 아침저녁 수시로 전화를 드려 밤새 평안히 주무셨는지, 식사를 제대로 챙겨 드시는지, 불편한 건 없으신지를 여쭙는 정도입니다. 그러다 할 말이 없으면 세상 돌아가는 이야기도 나누고 재미있게 본 드라마 이야기도 좀 하고 이런저런 말동무를 하다가 전화를 끊고는 합니다. 30초 만에 끝나기도 하지만 40분 넘게 통화가 이어질 때도 있습니다. 이를 통해 떨어져 살고 있지만 어머니와 저는 늘 하나로 연결된 신뢰 공동체라는 생각을 한시도 잊어본 적이 없습니다.

반드시 하지 말아야겠다 마음먹고 지키는 것은 자녀들 앞에서 절대로 언성을 높이거나 다투지 않는 것입니다. 젊은 시절부터 비즈니스 관계로 제법 유명한 인물이나 사회적으로 성공한 사람들을 많이 보았지만 놀랍게도 그들 중 가정생활 특히 자녀 교육에 대해서는 실패한 이들이 꽤 많았습니다. 사정이야 제각각이겠지만 그들과 대화를 나누다 보면 짐작 가는 바가 있습니다. 그들 중 상당수는 바깥에서의 성공에 도취되어 배우자도 자신의 말에 상명하복 하기를 바라고 가정에서도 바깥에서와 똑같은 대우를 받으려 합니다. 그러다 보니 부부간에 갈등이 생기고 다투게 되는 경우가 빈번해집니다. 당연한 이야기지만 부모가 싸우면 자녀들은 불안해집니다. 특히 어린 자녀들은 마음이 편안해야 자기 자신에 대해서도 긍정적이고 자신감이 넘치며 그를 토대로 학업에도 집중하게 됩니다. 때문에 사회적으로 성공했을지는 모르겠으나 사이가 좋지 못한 부모 밑에서 자라난 아이는 아무리 값비싼 고액 과외를 하고 해외 유학을 다녀와도 성적은 떨어지고 밖으로만 겉돌게 됩니다.

저는 아이들이 태어나기 전부터 절대로 아이들 앞에서는 아내와 다투지 않겠다고 다짐했고, 그 약속을 수십 년째 지키고 있습니다. 아침에 일어나면 물 한 잔 마시고 제일 먼저 하는 일이 가족을 위해 아침 식사를 준비하는 아내를 뒤에서 꼭 안아주는 일입니다. 내가 든든하게 당신 뒤를 지켜주겠다는 생각, 당신이 바라보는 곳을 나 또한 같은 방향에서 바라보겠다는 생각, 그런 생각으로 뒤에서 살포시 안아줍니다.

고객으로부터 신뢰를 얻고 싶은가요? 최고 경영자를 포함한 리더로부터 믿음을 얻고 싶은가요? 동료로부터 적극적인 지지를 구하고 싶은가요? 그러면 먼저 전화기를 들고 보고 싶은 가족에게 전화부터 해 봅니다. 오늘 밤 제일 먼저 만나는 가족을 뒤에서 살포시 안아줍니다.

나를 덜어 내야 비로소
우리가 보인다

이런 까닭에 부처가 '모든 법에는 나도 없고, 남도 없고, 중생도 없고, 오랜 삶도 없다'고 한 것이다. 수보리[29]여, 만약에 깨달음 얻은 자들이 '내가 마땅히 불국토를 장엄하리라!'라고 한다면 이 또한 곧 깨달은 자라 이름할 수 없을 것이다. 왜냐하면 부처가 말한 '불토를 장엄하게 한다'는 것은 곧 장엄함 그 자체가 아니라 이름이 장엄이기 때문이다. 수보리여, 만약에 깨달음을 얻은 자가 '나'가 없다는 것을 통달했다면 부처가 그 이름을 '참다운 깨달음을 얻은 자'라 이름하여 말할 것이다.

『금강경』제17장 구경무아분(究竟無我分) 중

신사의 나라를 이끄는 야만의 황제

2023년 5월 6일, 런던 한복판에 있는 웨스트민스터 사원에서 사람들의 외침 소리가 들려왔습니다.

---

29 須菩提. 코살라왕국의 부자 가문 출신의 불자로 석가모니의 십 대 제자 중 가장 똑똑했다고 알려져 있다.

"God Save King Charles!(하나님, 찰스 국왕을 지켜주소서!)"

그 외침을 시작으로 나팔 소리가 사원 내를 쩌렁쩌렁하게 울리면서 본격적인 대관식이 시작되었습니다. 바로 영국의 새로운 왕 찰스 3세가 즉위하는 날이었지요. 세계에서 가장 오랫동안 왕세자였던 왕자로 잘 알려진 사람입니다. 사실 세계에서 가장 인기 없는 왕세자, 바람기 가득한 밉상 왕세자로 더 유명한 편입니다. 그가 자국 국민은 물론 타국의 국민에게까지 그다지 인기가 없는 이유는 영국 역사상 가장 오랜 기간 동안 재위하며 영국인들의 많은 사랑을 받았던 어머니 엘리자베스 2세 여왕의 그늘이 너무 크고 짙어서기도 하고 아이러니하게도 그와 이별하고 비극적인 죽음을 맞이했던 다이애나 왕비를 영국인들이 너무나 사랑하기 때문이기도 합니다.

그보다도 많은 이들이 찰스 3세에게 쉽게 정을 붙이지 못하는 이유는 그의 날카롭고 호전적인 태도 때문입니다. 그는 70대의 나이가 무색하게 수시로 버럭 화를 내고 주위 사람들에게 짜증을 자주 내는 것으로 유명합니다. 즉위식 무렵에도 성 제임스 궁에서 열린 공식 즉위 문서 서명식 때 찰스 3세는 수행원에게 책상 위의 물건을 치우라며 오만상을 찌푸렸습니다. 그 모습은 TV 카메라를 통해 전 세계로 생생하게 중계되었습니다. 북아일랜드 벨파스트 인근 힐스보로 성을 방문해 방명록에 서명을 할 때도 찰스 3세의 성격은 어디 가지 않았습니다. 그는 서명 도중 펜에서 흘러나온 잉크가 손에 묻자 옆에 서 있던 카밀라 왕비에게 버럭 화를 내며 '이런 젠장! 진짜 싫다!(Oh god! I hate this!)'라고 외치기도 했습니다. 이 역시 TV 카메라를 통해 그대로 보도되었고 한동안 영국인들에게 'I hate this'는 마치 밈처럼 유행하기도 했습니다.

보통 영국을 신사의 나라라고 합니다. 영국 역대 군주들이 상주했던 버킹엄 궁전은 신사들이 입는 정장의 상표로 쓰이기도 하며 영국 왕실 예법은 전 세계 귀족 문화 에티켓의 모범 답안처럼 사용되고는 합니다. 찰스 3세는 그런 신사의 나라 영국을 대표하는 상징적인 인물입니다만 그동안 그가 보여준 모습은 전혀 신사의 나라 출신답지도, 왕실 문화의 본보기답지도 못합니다. 사실 찰스 3세는 어쩌면 조상의 영향을 받은 행동인지도 모릅니다. 고귀한 핏줄을 타고난 왕이 점잖지 못한 행동을 했는데 조상의 영향을 받은 행동이었다니 그게 무슨 말일까요?

찰스 3세의 혈통을 거슬러 올라가면 놀랍게도 영국 왕실은 이를 감추려고 하지만 바이킹의 후손과 연결됩니다. 찰스 3세의 직계 존속인 윈저 왕조(House of Windsor)로부터 시작해서 그 이전인 하노버 왕조(House of Hanover), 스튜어트(House of Stuart), 튜더(Tudor Dynasty), 랭커스터(House of Lancaster)와 요크(House of York), 플랜태저넷(House of Plantagenet), 웨식스(House of Westseaxe)와 노르만 왕조(House of Normandy)까지 거슬러 올라가면 어렵지 않게 바이킹 부족과의 연결 지점을 발견할 수 있습니다.

기록에 따라 조금씩 다르기는 하지만 공통적으로 묘사되는 바이킹의 모습은 싸움에 미쳐 있는 야만인입니다. 털로 뒤덮인 큰 덩치에 뿔 달린 투구를 쓰고 다소 둔해 보이는 도끼를 든 모습은 작가들의 상상력이 지나치게 발휘된 결과물이고, 실제 무덤에서 발굴된 바이킹의 유골을 분석하면 적당한 키와 몸무게의 근육질 남자들이었음을 알 수 있습니다. 그들이 다루던 무기 역시 울프베르흐트(Ulfberht)라고 불리던 검이었는데 그다지 크지 않고 무게는 놀라울 정도로 가벼운 경량 무기였습니다. 뿔 달린 투구 역시 의식을 치를 때나 쓰던 것으로 실제 전투에 임할 때는 거의 쓰지 않았다고 합니다.

그럼에도 불구하고 바이킹이 광기 어린, 무지막지한 싸움꾼 이미지를 갖게 된 것은 각종 기록에 묘사된 싸움에 임하는 모습 때문입니다. 일단 전장의 바이킹은 늘 온몸을 부들부들 떨고 있었다고 합니다. 다들 습관처럼 이로 방패 상단을 잘근잘근 씹었는데 잇몸에서 피가 날 지경이 되어도 멈추지 않았다고 하지요. 이런 모습만으로도 충분히 공포스러운데 그들의 숨소리조차 다른 유럽인들보다 거칠고 불규칙했으며 얼핏 들으면 묘하게 짐승의 울음소리와 비슷하게 들렸다고 합니다. 전투가 벌어지면 그들의 모습은 한층 더 괴이하게 돌변했습니다. 자신의 몸이 다치는 것쯤은 아무 상관없다는 듯 마구잡이로 상대 진영에 돌진했는데 그 과정에서 동료가 목숨을 잃으면 그를 애달파 하기보다는 부러워했다고 합니다. 고대, 중세 시기여도 전투의 승패가 어느 정도 판가름 나면 살육을 멈추는 것이 일반적이었는데 바이킹이 치르는 전투는 예외였습니다. 그들은 상대가 항복을 해도 자신들이 만족할 때까지 끔찍한 살인, 강도 및 방화, 부녀자 겁탈 등을 일삼았습니다. 때문에 바이킹이 침략하면 사람들은 맞서 싸우기보다는 도망치기 급급했다고 합니다.

그런데 후세에 밝혀진 바에 따르면 바이킹이 그처럼 괴이한 모습을 보이며 극강의 전투력을 발휘할 수 있었던 데에는 전혀 엉뚱한 비밀이 숨겨져 있다고 합니다. 그 비밀은 오늘을 살아가는 우리에게도 상당히 유의미한 시사점을 선사하고 있습니다.

불가능을 가능으로 만드는 힘

바이킹의 비밀을 이야기하기 전에 잠시 종교 속 신의 이야기 하나를 살펴봅니다. 주인공은 이미 한 번 이야기했던 힌두교 경전 속 인드라 신입니다. 인드라는 참 많은 다툼과 싸움, 전투와 전쟁을 치른 신입니다. 말썽꾸러기이자 사고뭉치였던 아수라보다도 훨씬 더 많은, 더 처절한 싸움을 한 신이기도 합니다. 인간에게 위험한 일이 닥치면 그를 해결하기 위해 여지없이 싸움을 해야 했으니 그럴 법도 합니다. 인드라는 큰 싸움을 앞두면 반드시 소마라는 음료를 마셨는데 소마는 환각 작용을 하는 식물의 즙으로 만든 음료였습니다. 인도 대륙을 다 덮을 만큼 거대한 몸집으로 세상의 모든 물을 가두어 놓고 난리를 피우던 커다란 뱀과 1대1로 맞서 싸우려면 엔간한 신이라도 제정신으로는 불가능했을 것입니다. 평상시 점잖고 착실하게 인간의 따뜻한 보호자가 되었던 인드라도 소마를 마시기만 하면 엄청난 전투력이 샘솟아 오르며 이전과 전혀 다른 모습의 맹렬한 전사가 되어 싸움에 임했습니다.

눈치챘나요? 바이킹 역시 소마와 같은 효과가 있는 약물을 사용했다고 합니다. 어떤 약물인지는 이견이 분분합니다. 다수의 학자들은 바이킹이 전쟁에 임할 때 광대버섯을 사용했을 거라고 주장합니다. 마치 동화 속 난쟁이 요정이 사는 집처럼 하얀 대롱에 빨간 갓이 씌워진 예쁘장한 모양과 달리 광대버섯은 이보텐산이라는 독성 물질을 다량 함유하고 있습니다. 이 물질이 체내에 들어가 우리 몸과 반응하면 환각 물질로 변하고 빠른 시간 내에 흥분 상태에 이르게 만든다고 합니다. 이 버섯이 괜히 일본의 인기 게임 슈퍼 마리오에 등장하는 게 아닙니다. 게임 속 광대버섯을 먹으면 마리오의 키가 갑자기 커지고 힘이 세지는데 알고 보면 조금 섬찟하기는 합니다. 역사학자들에 따르면 바이킹 부족의 리더는 전투에 나서기 전 광대버섯을 한 움큼씩 부하들에게 나누어주었고 바이킹 전사들은 버섯을 입에 넣고 질경질경 씹으며 싸움에 임했다고 합니다. 그때의 모습은 다양한 기록에 남겨진 것처럼 광기 어리고 무시무시한 모습이었습니다.

최근 들어서는 광대버섯이 아니라 잉글랜드 섬과 스칸디나비아 반도 일대에서 자생하던 사리풀을 먹었다는 주장이 보다 많은 지지를 받고 있습니다. 흔히 마녀의 풀이라고도 불리는 사리풀에는 트로판 알칼로이드(Tropane Alkaloids)라는 물질이 다량 들어 있는데 이 물질이 체내에 들어가면 신경 전달 세포 간에 이동하는 신경 신호를 약화시키는 효과가 있습니다. 두려움을 느끼던 사람이 갑자기 그 감정이 무디어지게, 다쳐도 아픔을 좀 덜 느끼게 됩니다. 2007년 개봉한 영화 〈300〉에는 신의 뜻을 전달하는 델포이 신전의 무녀가 등장하는데 그녀가 신의 목소리를 전달하기 직전 환각 상태에 빠져들 때 신전 주위를 가득 휘감는 연기 역시 말린 사리풀을 태운 연기로 알려져 있습니다. 그리스 로마 시절부터 유럽에서는 환각제로 사리풀을 즐겨 사용했다고 합니다. 바이킹이 전투 전 사리풀을 끓인 물을 마셨다는 학설이 새롭게 등장해 기존의 광대버섯 섭취설을 대신하고 있습니다.

광대버섯이냐 사리풀이냐를 떠나 바이킹의 이야기에서 우리가 고려해야 하는 것은 무엇일까요? 왜 바이킹은, 인드라는 고도의 집중력이 필요한 위험한 싸움에 임하기 전 환각 성분이 든 물질을 섭취했던 것일까요? 아마도 잠시 나를 잃도록 하기 위함이 아니었을까요?

제나(自我)와 얼나(靈我)라는 말이 있습니다. 제나는 눈앞에 보이는 존재 그 자체로의 나입니다. 사람은 제나로 살아갑니다. 이러니저러니 해도 제나가 없으면 내 존재 자체가 사라지는 것이지요. 반면 얼나는 눈에 보이지 않는 인성이나 본성 혹은 개인이 추구하는 이상이라고 할 수 있습니다. 나와 전체 우주와의 온갖 관계를 수렴하고 재해석하여 보다 발전적인 방향으로 이끌고 갈 수 있는 힘은 얼나로부터 나옵니다. 하지만 얼나만으로 사람은 존재할 수 없습니다. 제나와 얼나가 함께 공존하며 사람들의 삶이 이어집니다.

그러나 제나로 계속 살아가다 보면 현재의 삶에 매여 아등바등하며 살 수밖에 없습니다. 변화가 필요한 시기, 새로운 도전이 필요한 시기, 극한의 환경 속에서 초월적인 힘이 필요한 시기, 과거의 나와 다른 더 나은 차원의 내가 되어야 할 시기에는 얼나가 조금 더 작동하여야 하는데 말이지요. 과거 일제 강점기 때 순사들에게 붙잡힐 것이 분명하고 붙잡히면 갖은 고초를 다 겪다가 목숨을 잃을 것이 뻔히 예상됨에도 불구하고 기꺼이 일왕과 조선 총독의 암살을 시도했던 독립운동가 이봉창, 강우규 선생이나 본인을 희생하며 나라를 위해 적의 벙커로 뛰어든 육탄10용사와 같은 이들이 대표적입니다.

바이킹이 치열한 전투를 앞두고 광대버섯 또는 사리풀을 먹었던 것이나 인드라가 소마를 섭취했던 것이나 모두 나에 대한 지나친 집착을 덜어 내기 위한 방편이었습니다. 그를 통해 제나에 함몰되어 있던 내게 얼나가 더해질 수 있도록 한 것입니다. 이 말의 의미는 단순히 본연의 나를 잊어야 한다거나 더 나아가 버려야 한다는 이야기가 아닙니다. 사람들이 조금 더 나은 삶을 살아가기 위해서는 조금 더 나은 나를 만나야 하고, 조금 더 나은 나를 만나기 위해서는 과거의 나를 조금은 덜어 내야 한다는 이야기입니다.

나를 덜어 내야 비로소 신에게 다가갈 수 있다

2014년, 미 경제주간지 〈포브스〉는 '지난해 가장 돈을 많이 번 미국인' 순위를 발표했는데 사람들은 그 순위를 보고 놀라움을 금치 못했습니다. 당연히 빌 게이츠, 워런 버핏, 제프 베이조스 같은 이름이 최상위 순위를 다툴 것이라 예상했는데 전혀 엉뚱한 이름 하나가 그 자리를 차지하고 있었기 때문입니다. 셸던 애덜슨 샌즈 그룹 회장이 바로 그 주인공이었습니다. 2012년 말 220억 달러였던 그의 재산은 2013년 말 370억 달러로 불어났습니다. 이를 1년 365일로 나누어 보면 한 해 동안 그의 재산은 날마다 무려 434억 원씩 늘어 난 셈입니다. 그런데 이런 수입이 놀라운 것만은 아닌 것이 일반인에게 그의 이름이 조금 생소할 뿐 애덜슨은 세계 최대 카지노 회사를 운영하며 라스베이거스를 단순한 카지노의 도시에서 휴양, 쇼핑, 국제회의 및 전시 등이 가능한 복합 관광지로 성장시킨 인물입니다.

시작부터 그의 삶이 성장 가도를 달린 것은 아닙니다. 우크라이나 이민자 출신의 유대인이었던 애덜슨은 흑인 밀집 지역의 가난한 가정에서 태어났습니다. 겨우 대학에 진학은 했지만 빈한한 집안 형편에 혼자 한가로이 캠퍼스 생활을 즐길 수는 없었습니다. 결국 대학을 중퇴하고 길거리 아이스크림 노점을 시작으로 돈이 된다 싶은 일이라면 무엇이든 가리지 않고 닥치는 대로 했습니다. 애덜슨은 당시를 회고하며 자신이 손댔던 직업이 대략 50개는 넘을 것이라 답하기도 했습니다.

그런 그의 눈에 들어온 것이 전시 사업이었습니다. 잠시 부동산 임대 회사에서 일하며 배웠던 쪼개기 분양 방식을 전시장 운영에 도입해 일단 라스베이거스의 한 전시 공간을 대규모로 임차했습니다. 그곳에서는 막 붐이 일던 컴퓨터 관련 전시회가 열릴 예정이었습니다. 이 전시회는 이후 세계 최대의 컴퓨터 쇼인 컴덱스(COMDEX)로 성장하게 됩니다. 워낙 대규모로 빌리다 보니 1제곱피트당 15센트 가격으로 빌릴 수 있었습니다. 그는 이를 다시 적절한 규모로 쪼개서 전시에 참가한 기업에게 재임대했습니다. 기업들은 애덜슨에게 1제곱 피트당 약 40달러의 가격으로 전시 공간을 빌려야 했습니다. 이를 통해 막대한 부를 창출한 그는 본격적으로 라스베이거스 카지노 사업에 진출했습니다. 그리고 그곳의 역사를 바꾸어 버렸습니다.

그 이전에도 라스베이거스의 역사를 바꾼 사람이 있습니다. 사람들에게는 1991년작 영화 〈벅시〉의 실제 모델로 유명한 벅시 시걸 (Benjamin 'Bugsy' Siegal)이라는 인물입니다. 공교롭게도 그 역시 우크라이나 이민자 출신의 유대인이었습니다. 시걸은 몇몇 사람들끼리 모여 술과 함께 소소하게 도박을 즐기던 카지노를 대규모 위락 시설로 탈바꿈시켰습니다. 덕분에 라스베이거스는 변변한 산업이라고는 찾아볼 수 없는 사막 위의 소도시에서 카지노 도시로 변모할 수 있었습니다. 그러나 라스베이거스를 지금과 같은 반열에 올려놓은 사람은 이견의 여지없이 애덜슨 회장입니다.

많은 사람들이 궁금해 하는 애덜슨 회장의 성공 비결은 바로 현상 유지를 깨트린다입니다. 그는 다른 사람들이 바라보는 방식으로 바라보고, 생각하는 방식으로 생각하고, 실행하는 방법대로 실행해서는 절대로 성공할 수 없다고 생각했습니다. 그렇게 해서는 '좋은 것 (The good)'과 '더 좋은 것(The better)', '가장 좋은 것(The best)'을 구분할 수 없고, 구분할 수 없기에 가장 좋은 것을 만들어 낼 수도 없다고 주장했습니다. 기존의 방식을 버리고 철저하게 새로운 관점에서 사업에 접근했습니다. 덕분에 성인들의 전유물이라고 여겨지던 카지노 호텔을 가족 모두가 즐길 수 있는 리조트로 탈바꿈시킬 수 있었고, 저녁에만 문을 여는 은밀하고 다소 불법적일 수도 있는 일이 일어나는 공간이었던 카지노 호텔의 남는 공간을 활용해 전시회와 국제회의를 유치했습니다. 퇴폐적인 쇼를 보며 술을 마시던 공간을 남녀노소 누구나 즐길 수 있는 다양한 쇼를 공연하는 공연장으로 만들었습니다. 그를 위해 애덜슨 회장은 철저하게 자기 자신을 부정하는 것을 마다하지 않습니다. 카지노라는 자신의 성공 발판이자 근본이라고 할 수 있는 것에 대해서조차도 고집을 부리지 않았습니다. 도박 산업에 덧붙여져 있는 수많은 군더더기를 덜어 내고 과거의 경험과 기득권까지 내려놓자 비로소 새롭게 가야 할 길이 보인 것입니다.

우물 안 개구리는 절대 알 수 없는 것들

당연한 이야기겠지만 세상은 변했습니다. 지금도 변하고 있습니다. 앞으로는 더더욱 놀라운 속도로 변해 갈 것입니다. 과거에는 배로 몇 달이 걸리던 거리를 지금은 비행기로 단 몇 시간 만에 이동할 수 있습니다. 일론 머스크 등이 주장하며 현재 본격적으로 연구되고 있는 하이퍼 루프(Hyperloop), 하이퍼 튜브(Hyper Tube)와 같은 교통수단이 등장하면 서울에서 부산까지는 단 20분, 서울에서 베이징까지도 1시간이면 이동이 가능하다고 합니다. 말 그대로 우리가 업무나 사업을 하는데 공간적 제약이 거의 사라지는 셈입니다. 과거의 연속성으로 현재 그리고 미래를 보면 안 되는 세상이 될 것입니다.

과거의 경험은 직선이었지만 이제는 곡선, 면, 3차원 입체 공간을 지나 가상의 공간으로까지 확장되고 있습니다. 우리의 시야, 관점, 경험 역시 확장 내지는 아예 기존의 상식을 뛰어넘는 초월을 해야 하는 시대가 된 것입니다.

그런데 이런 세상에서 뒤처지는 사람들이 있습니다. 뒤처지다 못해 망하고 마는 조직, 기업이 있습니다. 그 이유를 살펴보면 하나같이 나 자신을 덜어 내지 못하고 있었습니다. 일등 기업 코닥(Kodak)이 화학공업을 기반으로 한 사진기용 필름 제조기업이라는 자신을 덜어 내지 못해 침몰해 갈 때, 이등 기업 후지(Fuji)는 자신을 조금 덜어 내고 또 다른 길을 찾아 지금은 일본 최고의 바이오 기업이자 여전한 강자로 군림하고 있습니다. 제록스(Xerox)가 문서 인쇄 및 출력기기 전문 기업이라는 자신을 덜어 내지 못해 사양길로 접어들 때 어도비(Adobe)는 문서 작업을 비롯한 창의적인 업무를 지원하는 클라우드 기업으로 정체성을 확대해 성장하고 있습니다.

신은 창조적이고, 인간은 창의적이라고 합니다. 신은 아무것도 없는 곳에서 이 세상에 없던 전혀 새로운 것을 만들어 세상을 구성하는 반면, 인간은 기존에 가지고 있던 것을 새로운 방식으로 조합해 기존과 조금 다른, 새로운 가치를 창출해 내는 것으로 세상을 만들어 가는 존재라는 뜻입니다.

'어? 이게 아닌데…?' 하는 생각에서부터 창의가 시작됩니다. 그 생각이 절실함과 간절함을 만나 시너지 효과를 불러일으키면 전혀 새로운 방향에서 놀라운 방식으로 개선이 일어나고 상호 융합을 통한 또 다른 가치 창출 활동이 일어납니다. 그러기 위해서 반드시 필요한 것이 기존의 나를 깨트리고, 과거의 나를 조금은 덜어 내는 것입니다. 동양철학의 고전인 『장자』 제물론(齊物論) 편에는 오상아(吾喪我)라는 문구가 나옵니다. 글자 그대로 해석하자면 '나는 나의 초상을 치렀다', '나는 나를 상실했다'라는 뜻입니다. 일부 동양철학자들은 좀 더 과격하게 '나는 나를 죽여버렸다'로 해석하기도 합니다.

"우물 안의 개구리는 세상모르고, 여름벌레는 가을을 모른다."

장자는 과거에 살아왔던 시간, 공간, 생활과 사고방식을 벗어나지 않으면 새로운 세상을 발견할 수 없음을 강조하고 있습니다. 저는 이 문구를 들을 때마다 영어의 디스커버리(Discovery)라는 단어가 생각납니다. 무언가를 발견하다는 뜻입니다. 이 단어를 곰곰이 뜯어보면 참 재미있습니다. 디스커버리는 무언가를 벗기다, 제거하다는 의미의 접두어 dis에 껍질, 뚜껑 등을 의미하는 cover라는 명사가 더해져서 만들어졌습니다. 즉, 원래 단어가 처음 생길 때는 껍질을 벗긴다는 뜻이었지요.

사람들이 어떤 일을 할 때, 사업을 시작할 때, 무언가를 개발하고 새롭게 만들어 나가야 할 때, 다른 직책이나 직분을 맡아서 새로운 역할을 해야 할 때, 과거에서 벗어나지 못하고 기존의 방식을 고집하다가 실패를 맛보는 경우가 흔합니다. 그때 필요한 것이 디스커버리 혹은 오상아일 듯합니다. 과거의 나, 이제까지의 나를 든든하게 지켜주던 껍질을 과감히 깨트리고 나아갈 때 새로운 세상이 우리를 향해 밝게 웃으며 손짓할 것입니다.

신뢰받고 싶다면 먼저 신뢰하라

바른 소견과 계율을 지키고 지극한 정성으로 부끄러움을 알며 스스로 하는 일이 도에 가까우면 여러 사람들 사랑을 받으리. 욕심내는 일은 하지 않고 바름을 생각하여 비로소 말하며 마음에 탐하는 욕심이 없으면 애욕의 흐름 끊고 건너가리라.

『법구경』 제16장 애호품(愛好品) 중

두 나무 이야기

사람들이 어떤 종교를 믿는 행위를 일컬어 '신앙'이라고 합니다. 신앙은 믿을 신(信) 자에 우러러볼 앙(仰) 자를 더해 만든 글자입니다. 즉, 신을 믿고 우러러보며 따르는 것이 곧 종교의 본질임을 잘 드러낸 단어이기도 합니다. 이러한 신앙은 비단 종교에만 적용되는 행위가 아닙니다. 일상에서 몸담고 있는 조직에서도 '신'하고 '앙'하는 행위는 필요하고, 특히 리더라면 산하의 구성원들이 자신을 '신'하고 '앙'하는 일에 대해 항상 고민해야 합니다. 어떻게 하면 사람들이 신 하고 앙 하는 사람이 될 수 있을까요?

커다란 나무 두 그루가 있었습니다. 두 나무는 묘목 시절부터 같은 땅에서 수십 년을 함께 자라 둘도 없이 친한 친구 사이였습니다. 그래서였을까요? 두 나무는 한날 한시에 베어져 막 건축 중이던 사찰로 팔려 갔습니다. 비슷한 크기로 잘린 두 나무 중 하나는 조각가의 손길을 거쳐 불상이 되었습니다. 다른 한 나무는 목공이 계단으로 만들어 버렸습니다. 완성된 사찰이 신도들에게 개방되었습니다. 수많은 사람들이 나무 계단을 밟고 올라가 불상 앞에 향을 피우고, 돈과 꽃을 바쳤습니다. 그리고 공손하게 손을 모아 절을 했습니다.

그렇게 몇 날 며칠이 지나자 계단이 된 나무는 은근히 부아가 치밀어 올랐습니다. 어린 시절부터 함께 자란 친구 나무는 아름다운 형상으로 다시 태어나 인간들의 존경을 받는 존재가 되었는데, 자신은 그들이 더러운 발로 함부로 밟고 올라서는 신세가 된 것이 납득이 가지 않았습니다. 날마다 신도들이 집으로 돌아가고 어둠이 내려앉으면 계단이 된 나무는 노골적으로 불평을 늘어놓았습니다.

"칫, 똑같이 자란 똑같은 품종의 나무인데, 누구는 가만히 앉아서 절이나 받고 누구는 진흙 발로 짓밟히는 신세라니…. 세상은 참 불공평하기도 하지!"

불상이 된 나무는 아무런 말이 없었습니다. 그럴수록 계단이 된 나무의 신세 한탄과 비난은 심해졌습니다. 그 도가 지나쳐 밤길을 오가던 스님들의 귀에까지 들어갈 지경에 이르렀습니다. 그럼에도 계단이 된 나무의 불평은 그칠 줄을 몰랐습니다. 어느 날, 불상이 된 나무는 처음으로 입을 열었습니다.

"이보게나, 자네와 내가 똑같은 나무로 자란 것은 맞는 말이네."

그 말에 계단이 된 나무가 투덜대며 외쳤습니다.

"내 말이!"

그러자 불상이 된 나무가 나직한 목소리로 이렇게 말했습니다.

"하지만 베어진 이후로 나는 자네보다 정(釘)을 많이 맞지 않았나?"

그 말을 들은 계단이 된 나무는 아무런 말도 할 수 없었다고 합니다. 이 이야기가 주는 교훈은 무엇일까요? 사람들은 흔히 높은 자리에 올라선 사람을 보며 시기와 질투를 합니다. 저 사람이나 나나 똑같은 사람인데, 왜 저 사람은 저런 지위를 누리고 나는 그렇지 못하는 건지에 대해 불평을 늘어놓는 경우가 비일비재합니다. 그러나 그 사람이 그 자리에 서기까지 얼마나 많은 고난과 고초를 겪어야 했고, 얼마나 많은 도전과 공격을 방어하며 살아남아야 했는지에 대해 제대로 알게 되면 그런 불평과 비난을 하는 사람은 없어집니다.

많은 사람들이 부자가 되거나 권력자가 되어 높은 자리에 올라서고 싶어 하면서도 불상이 된 나무처럼 다른 사람보다 많은 정을 맞을 생각은 하지 않는(혹은 못 하는) 경우가 많습니다. 남들에게 칭송받고 빛나는 역할은 자신이 하려 하고 남들이 하기 싫은 일, 드러나지 않는 일, 별 볼 일 없어 보이지만 반드시 필요한 일은 서로 하지 않으려고 합니다. 그러면서 사람들이 자신을 믿지 않고 우러러보지 않는다고 불평해야 아무 소용이 없습니다. 그것은 마치 모진 못질을 당하는 것을 피해 놓고 불상 대접을 하지 않는다고 불평하는 계단 나무와도 같은 마음 씀씀이입니다.

가족들과 함께 일하는 행복한 CEO

몇 해 전 작고한 허브 켈러허(Herb Kelleher)는 1967년 사우스웨스트 항공을 설립해 미국 저가 항공 시장을 휩쓴 인물입니다. 1971년부터 본격적인 운항에 들어간 사우스웨스트 항공은 이후 항공 산업의 급격한 부침 속에서도 수십 년간 흑자를 낸 기업으로 남았고 현재까지도 미국은 물론 세계에서 가장 내실 있고 성장 잠재력이 높은 대형 항공사로 승승장구하고 있습니다. 많은 사람들은 사우스웨스트 항공의 성공에 대해 지독할 정도로 허리띠를 졸라맨 초저가 정책과 유쾌한 직원들을 만들어 낸 펀(Fun) 경영 덕분이라고 입을 모읍니다. 하지만 가장 중요한 것을 놓쳤습니다. 사우스웨스트 항공이 초저가 정책을 유지하고 펀 경영을 지속해 나갈 수 있었던 것은 켈러허 회장이 늘 먼저 보여준 신앙심 덕분이었습니다. 여기서의 신앙심이란 그가 어떤 특정한 종교에 대해 보여준 신앙심이 아닙니다. 그가 신(信) 하고 앙(仰) 했던 것은 그의 회사에 몸담고 있는 직원에 대해서였습니다. 나아가 자기 자신에 대한 것이기도 했습니다.

사우스웨스트 항공의 가장 큰 경쟁력은 가격이었습니다. 그러기 위해서는 조금이라도 싼 비용으로 조금이라도 자주 많은 비행기를 띄워야 했습니다. 비행을 마치고 공항에 들어오기가 무섭게 재빨리 정비하고 주유해서 다시 비행에 나서야 했습니다. 그러나 무턱 대고 청소부나 정비사를 늘리고 주유 차량을 더 배치할 수는 없습니다. 비용을 줄이자고 비행기 회전율을 높인 건데 거기에 다시 비용을 더

들이는 것은 바보 같은 짓이기 때문입니다. 사우스웨스트 항공은 조금 다른 방식으로 접근했습니다. 비행기가 공항에 도착해 승객들이 다 내리면 승무원, 심지어 파일럿까지 나서서 기내를 청소하거나 정비를 도왔습니다. 어떻게 그럴 수 있었을까요? 여러 가지 이유가 있겠지만 가장 중요한 것은 허브 켈러허 회장이 먼저 수시로 공항에 나가 도착하는 자신의 비행기마다 올라가서 청소를 도왔기 때문입니다. 심지어 일요일 새벽 3시에 도넛과 커피를 사 들고 공항에 나와 청소부들과 나누어 먹고는 새벽 비행을 준비하고 있는 비행기에 들어가 묵묵히 청소하고 비품을 정리한 적도 있습니다. 그런데 회장이 청소를 돕는다고 직원들이 자신의 업무가 아닌 일을 열심히 돕는 게 가능했을까요? 그게 가능했던 이유는 평상시 켈러허 회장이 자신의 직원들을 믿고 우러러 존중했기 때문이었습니다.

한 번은 켈러허 회장이 휴스턴 공항을 방문했던 적이 있습니다. 그날 역시 짬을 내서 비행기 청소를 돕기 위해서였지요. 그때 그를 알아본 지역 원로와 정치인들이 그에게 말을 걸었습니다. 한참 대화를 나누고 있던 중 비행기가 도착했고 탑승구가 연결되어 승객들이 쏟아져 나왔습니다. 그 뒤로 사우스웨스트 항공의 승무원들이 보였습니다. 켈러허 회장은 그들을 보자 자리에서 일어나며 가야겠다고 말했습니다.

"미안합니다만 이제 가 봐야 할 것 같아요, 저기 제 가족들이 왔거든요."

그는 승무원들에게로 가 청소를 도왔습니다. 그 말을 직접 듣거나 그 상황에 대해 전해 들은 직원이라면 허브 켈러허가 어떻게 느껴졌을까요? 그가 직원들을 믿고 존중한 일화는 이외에도 엄청나게 많습니다. 1990년대 수많은 기업이 고객은 왕을 넘어서 고객은 신이다를 부르짖으며 고객 만족, 고객 감동을 기업의 모든 것인 양 앞세웠던 적이 있었습니다. 고객이 갑질을 해도 직원들은 참아야 했으며 어떠한 부당한 요청을 하더라도 무조건 다 들어주는 것이 회사의 정책이던 때가 있었습니다. 하지만 사우스웨스트는 달랐습니다.

"기내에서 폭음을 하거나 이유 없이 승무원을 괴롭히는 고객으로 인해 문제가 발생했다면, 해고해야 하는 것은 우리 직원이 아니라 바로 그 승객이다!"

켈러허 회장은 아예 대놓고 진상 고객에 대한 적극적인 대응을 지시했습니다. 문제 고객이 있을 경우 뒤에 이어질 법적 문제나 언론 보도 등은 회장 자신이 책임질 테니 비행기에서 쫓아내고 다시는 태우지 말라고 지시했습니다. 이런 지침을 받은 직원들에게 허브 켈러허와 사우스웨스트 항공은 어떤 모습으로 보일까요? 이처럼 직원들을 가족처럼 믿고(信), 친구처럼 존대(仰)했기에 직원들 역시 그런 그를 믿고 우러러보며 따르는 것입니다.

돌격 앞으로? 아니, 나를 따라 전진!

인간에게는 방어기제가 있다고 합니다. 받아들이기 힘든 문제 상황에서 자기 자신을 보호하려고 자동으로 작동하는, 일종의 자기감정을 다루는 방식인데 자주 쓰는 방어기제가 모여 성격적 특징이 된다고도 합니다. 방어기제 중 가장 대표적인 것이 바로 남 탓입니다. 어떤 문제가 일어났을 때 그 문제의 원인이 내가 아니라 다른 사람이라고 생각하는 것이 속 편할 때가 있는데 남 탓 방어기제가 작동한 것이라 할 수 있습니다. 이 방어기제는 마음의 평정을 얻고 상처를 받지 않는데 도움이 되기도 합니다. 그러나 다른 사람의 신뢰를 얻고 우러러봄을 받는 데에는 전혀 도움이 되지 않습니다. 큰 방해가 됩니다. 그렇다면 저절로 작동하는 방어기제를 어떻게 해야 할까요?

전라남도 장성군에는 엄청난 크기의 군사학교가 있습니다. 흔히 육군의 전투병과라고 꼽는 보병, 포병, 기갑, 공병, 통신 중 통신을 제외하고 대신 화학을 더한 다섯 병과의 초급 간부를 양성하기 위한 학교의 집합체인 상무대입니다. 그 커다란 상무대에서도 가장 위쪽 넓은 부지에 웅장하게 자리 잡고 있는 학교가 보병학교입니다. 아직까지 육군의 핵심은 보병이고 전쟁을 치렀을 때 보병부대가 진군하여 깃발을 꽂아야 비로소 완벽하게 승리한 것으로 여기는 것이 일반적이므로 아무래도 보병 장교를 길러 내는 보병학교 규모가 클 수밖에 없습니다. 요즘은 어떤지 잘 모르겠지만 과거에는 보병학교장이 상무대 전체를 대표하는 역할을 맡았습니다.

각 학교에는 일종의 교훈과도 같은 역할을 하는 부대 슬로건이 있는데 이들 슬로건은 단순히 벽에 걸린 액자 속에 쓰인 문구가 아니라 학교의 정체성을 나타내는 상징과도 같은 대접을 받습니다. 몇몇

학교에서는 아예 부대 마크에 슬로건을 새겨 넣어 군복의 어깨에 부착하도록 하고 슬로건을 활용해 군가를 만들어 부르기도 합니다. 포병학교의 슬로건은 알아야 한다, 기갑 장교를 길러내는 기계화학교는 내 생명 전차와 함께, 공병학교는 시작과 끝은 우리가! 그리고 화학 장교를 양성하는 화생방학교는 포병학교와 비슷하지만 끝이 조금 다른 알아야 산다입니다. 그중에서도 보병학교의 슬로건이 가장 인상적이면서 유명한데 나를 따르라입니다.

한때 이런 이야기가 있었습니다. 원래 보병학교의 슬로건은 '돌격 앞으로!'였다고 합니다. 전쟁 영화 등에서도 대사로 자주 접하는 문구였는데 소규모 부대 지휘관이 적군을 앞에 두고 자신의 부하들에게 내리는 명령입니다. 이 '돌격 앞으로!'라는 문구가 왠지 지휘관은 뒤에 빠져 있고 부하들만 앞세워 위험한 전장으로 뛰어들라는 소리로 이해될 수 있기에 초급 보병 장교를 중점적으로 육성해야 하는 보병학교의 슬로건으로 적합하지 않아 '나를 따르라'로 교체하게 되었다는 것이 대략적인 이야기입니다.

그런데 이것은 사실이 아닙니다. 보병학교는 해방 이후 1949년 1월 3일 경기도 시흥군에서 국방부 보병학교라는 교명으로 개교하였습니다. 그때 개교식에 참석한 이들의 증언이나 이후 확인되는 기록물 어디에도 '돌격 앞으로!'가 슬로건이었다는 내용은 없습니다. 대신 같은 해 7월 육군보병학교로 이름을 바꾸고 학교를 정비하는 과정에서 이미 '나를 따르라'를 슬로건으로 사용하고 있었다는 기록이 있습니다. 아마도 당시 국군 창설과 양성 과정을 지원하기 위해 한국에 들어와 있던 미군 군사고문관들이 자신들이 사용하던 슬로건과 부대 마크를 그대로 쓴 것이 아닌가 합니다. 실제로 미 육군 마크에는 '나를 따르라'는 내용의 영어 문구인 'Follow Me'가 쓰여 있고 그 아래로는 수직으로 세운 검 하나가 그려져 있는데, 이 그림은 우리나라 육군보병학교의 마크와 거의 흡사합니다.

그럼에도 불구하고 원래 '돌격 앞으로!'였던 슬로건을 '나를 따르라'로 바꾸어 사용하게 되었다는 이야기가 사람들의 공감을 얻고 사실인 것처럼 여기저기 인용되는 것은 그러한 슬로건의 교체가 바로 사람들이 원하는 바이고 바뀌었으면 좋겠다고 생각하는 모습이며 앞으로 군대를 포함해 사회 전반이 그런 방향으로 바뀌어 가야 한다는 공감대가 형성돼 있기 때문인 것 같습니다.

1988년 서울올림픽의 성공적 개최로 온 국민이 들떠 있을 무렵, 가톨릭교회에서는 평신도 그리스도인들에 의한 활동 강화를 위해 한국평협이 결성되었습니다. 2년 뒤인 1990년 한국평협은 조용히 캠페인 하나를 시작했습니다. 경제성장과 민주화 열풍 속에 무너진 상호 신뢰와 건전한 사회 풍토의 복원을 위해서였습니다. 시작은 작고 소박했지만 이내 엄청난 사회적 반향을 불러일으켰습니다. 캠페인을 알리는 차량용 스티커 30만 장이 삽시간에 동났고 거리에는 서너 대 건너 한 대씩 해당 스티커를 부착한 차량으로 넘쳐 났습니다. 이 캠페인을 주제로 한 노래가 만들어지고 문학작품이 발표되었으며 70세 노인부터 열 살 아이까지 마치 유행어처럼 캠페인 문구를 입에 달고 살았습니다. 지금까지도 종교 단체가 주관한 캠페인 중 가장 성공한 것으로 평가받는 '내 탓이오' 운동이었습니다.

"잘된 것은 내 탓, 잘못된 것은 조상 탓."

이 같은 허무맹랑 무책임한 문구를 아무런 죄의식 없이 사용하던 이들에게 모든 일은 나의 탓이요, 잘못된 것도 내가 고쳐야 한다는 캠페인은 충격 그 자체였습니다. 타인의 그릇된 행동도 모두 내가 먼저 그들에게 손을 내밀지 못하고 내가 먼저 그들을 용서하지 못하고 내가 먼저 그들에게 모범을 보이지 못해서라는 어찌 보면 호구 같은 이야기에 아연실색을 금치 못했습니다. 그런 충격이 오히려 캠페인이 확산되는데 크게 기여를 했습니다. 앞서 '돌격 앞으로!'가 옳지 못해 '나를 따르라'로 육군보병학교의 슬로건이 바뀌었다는 출처 불명의 이야기를 굳게 믿을 수밖에 없게 만든 사람들의 생각과 마음씨가 여기에서도 작동한 것입니다.

'돌격 앞으로!', '남 탓'이 일반적인 방어기제라 하면 '나를 따르라', '내 탓이오'는 보다 성숙한 자기방어기제라고 할 수 있습니다. 나와 우리를 보호하되 다른 사람의 희생을 강요하거나 다른 사람에게 책임을 돌리기보다는 깊은 자기반성을 통해 내면화하고 자아를 발전적으로 변화시키는 방법으로 해결하려는 것이 성숙한 방어기제입니다. 앞서 육군보병학교 슬로건 변경에 대한 믿음과 '내 탓이오' 운동에 대한 열광적인 동참에서 볼 수 있듯이 사람들의 마음은 이미 준비되어 있습니다. 조금만 더 성숙한 방어기제를 갖추기 위해 노력한다면, 그를 통해 나와 함께하는 사람들을 먼저 '신'하고 '앙'한다면, 당신 역시 다른 사람에게 믿음을 받는 사람이 될 수 있습니다.

믿음, 함께 만들어 가는 이야기

우리의 대적이 우리가 그들의 의도를 눈치챘다 함을 들으니라 하나님이 그들의 꾀를 폐하셨으므로 우리가 다 성에 돌아와서 각각 일하였는데 그 때로부터 내 수하 사람들의 절반은 일하고 절반은 갑옷을 입고 창과 방패와 활을 가졌고 민장[30]은 유다 온 족속의 뒤에 있었으며 성을 건축하는 자와 짐을 나르는 자는 다 각각 한 손으로 일을 하며 한 손에는 병기를 잡았는데 건축하는 자는 각각 허리에 칼을 차고 건축하며 나팔 부는 자는 내 곁에 섰었느니라.

『구약성경』 느헤미야 4:15~18

작은 힘으로 큰 힘을 이겨낸 사람들

2022년 2월 24일, 러시아가 우크라이나를 침공했습니다. 러시아-우크라이나 전쟁의 시작이었습니다. 흔히 돈바스 전쟁으로 불리는 우크라이나 정규군과 우크라이나 내 친러 분리주의 반군 세력 간

---

30 民長. 느헤미야 총독, 당시 바빌론에서 돌아온 이스라엘 사람들을 포함해 바빌론과 페르시아 사람들을 관리했던 우두머리나 장관을 말한다.

의 영토 분쟁이 8년간 지속되다가 결국 반군의 배후에 있는 러시아군이 전격적으로 우크라이나를 공격함으로써 시작된 전쟁입니다. 전운이 감돌 무렵부터 시작해서 전쟁이 갓 시작되었을 무렵까지만 하더라도 전 세계 대부분의 사람들은 러시아의 일방적인 승리를 예상했습니다. 길어야 한 달이면 우크라이나가 항복할 것이라는 견해가 대부분이었고 단 며칠 내에 승패가 결정될 것이라는 예측까지 있었습니다. 그러나 그런 예측은 모두 틀렸습니다. 2023년 9월에도 전쟁은 계속되고 있으며 상당수의 전장에서 러시아가 오히려 고전 중이고 러시아의 수도 모스크바가 직접 공격받는 지경에까지 이르렀습니다.

사람들은 전문가의 예측과 달리 러시아가 이런 상황에 처하게 된 이유를 예상보다 부실했던 전쟁 준비, 낮은 훈련 수준 등에서 찾았습니다. 그러나 많은 이들이 놓친 것이 하나 있습니다. 그것은 바로 전쟁을 대하는 우크라이나인들의 모습입니다. 전쟁이 시작되자마자 러시아군 특수부대는 우크라이나의 지도자인 볼로디미르 젤렌스키 대통령을 찾아서 제거하기 위해 모든 첩보망을 가동했습니다. 전 세계 언론들은 젤렌스키 대통령이 모처에 위치한 안가에 칩거했을 것이라 전망했고 몇몇 언론은 그럴듯한 정보 출처를 대며 이미 젤렌스키 대통령이 우크라이나를 탈출했다는 뉴스를 타전했습니다. 며칠 뒤 월요일 저녁, 대규모 공습이 이어지고 있는 상황에서 젤렌스키 대통령은 카메라 앞에 등장했습니다. 배경은 자신의 집무실이었습니다. 그리고 코미디언이었던 전직을 되살려 심각한 척하면서도 익살스러운 표정으로 이렇게 이야기했습니다.

"다들 이렇게 말하곤 하지요. 월요일은 힘든 날이라고….”

"여러분, 이 나라에 전쟁이 났습니다. 그러니 매일매일이 월요일 이겠군요."

그리고 정색하더니 결연한 표정으로 현재의 전황을 설명하고 앞으로의 계획과 승리에의 의지를 다지는 말로 영상을 마쳤습니다. 이제까지 연예인 출신에 경험 없는 정치 지도자를 폄훼하던 전 세계인들에게 날리는 묵직한 한 방이었습니다. 진짜 묵직한 주먹은 그 뒤에 쏟아졌습니다. 우크라이나 국민들이 분연히 일어나 젤렌스키를 중심으로 뭉치기 시작한 것입니다. 우크라이나는 정치가 불안정하고 국론이 쉽게 분열돼 걸핏하면 지독한 정쟁을 벌이는 것으로 유명한 나라입니다. 한때 모 해외 유력지가 꼽은 국회에서 난투극이 벌어지는 나라의 순위에 한국, 대만과 더불어 3대 국가로 꼽힌 것이 바로 우크라이나였으니까 말입니다. 그랬던 국민들이 자발적으로 군복을 챙겨 입고 군부대로 자원입대하여 싸울 무기를 달라고 외쳤습니다. 같은 시기, 수많은 러시아 청년들이 강제동원당할까 봐 해외로 도피하는 것과는 대조적인 모습이었습니다.

예상외로 하나로 똘똘 뭉친 이들이 만들어 낸 믿기 어려운 승리는 찾아보면 어렵지 않게 찾을 수 있습니다. 잘 무장된 3만여 명의 정예 왜군 병력을 맞이해 불과 3천 명에 불과했던 조선군이 맞서 싸워 이긴 행주대첩이 있습니다. 전라도 관찰사였던 권율은 수도 한양의 코앞에 있던 행주산성을 거점으로 병력을 끌어모았습니다. 정규군에 인근 각지의 민병, 승려 처영이 이끌던 승병을 모두 더해도 왜군의 10분의 1에 불과했습니다. 그럼에도 불구하고 그들은 하나로 뭉쳐 임진왜란 3대 대첩 중 하나로 꼽히는 행주대첩의 신화를 만들어 냈습니다.

제2차 세계대전 시기 현재의 러시아가 속해 있던 소비에트 연방(이하, 소련)이 핀란드 공화국을 침공하며 펼쳐진 일명 겨울전쟁 역시 단단하게 뭉친 소수가 다수의 병력과 강력한 무기로 무장한 대군을 맞이해 이긴 대표적인 사례입니다. 호시탐탐 핀란드를 노리던 스탈린은 100만 명에 가까운 병력과 수천 대의 전차와 수천 대의 전투기를 쏟아부어 단기간에 핀란드를 점령하고자 했습니다. 그러나 1939년 11월 마지막 날 시작돼 불과 4개월 정도 이어진 이 전쟁에서 소련군은 무려 12만 명이 넘는 전사자와 5천 명이 넘는 포로, 2천 대 가까운 전차와 300대 이상의 전투기를 잃으며 굴욕적인 패배를 당하고 말았습니다. 전쟁의 이름에서 살펴볼 수 있듯이 소련과 그 뒤를 잇는 러시아는 폭설과 혹한이라는 어쩔 수 없는 자연현상으로 인해 물러선 전쟁 정도로 포장하려 하지만 실제로는 애국심을 바탕으로 하나로 단단하게 뭉친 핀란드 국민들이 일구어낸 다윗과 골리앗의 싸움으로 보는 것이 일반적인 견해입니다.

1979년에 시작돼 10여 년간 이어진 소련-아프가니스탄 전쟁 역시 다윗이 골리앗을 박살 낸 전쟁 사례로 충분합니다. 예로부터 아시아 대륙에서 유럽 대륙으로 향할 때 혹은 중앙아시아 대륙에서 인도양으로 향할 때, 반드시 거쳐야 할 교통의 요지로 꼽히던 아프가니스탄을 소련은 호시탐탐 노리고 있었습니다. 1978년 좌익 계열의 군인들이 쿠데타를 일으켜 친공산주의 정권을 수립하자 공산주의의 맹주를 자처하던 소련은 기회는 이때다 싶어 아프가니스탄에 대해 영향력을 행사하고자 했는데, 무자헤딘이라는 이름의 반군 게릴라를 비롯한 이슬람 세력들이 그에 반대하고 나섰습니다. 소련은 자신들이 파견한 군사고문관 1명과 자국 민간인 2명이 반정부시위 진압 도중 사망한 사고를 빌미로 12월 24일 크리스마스이브를 기해 결국 국경을 넘었습니다. 이 전쟁은 당시 치열하게 냉전을 펼치던 미국이 소련의 힘을 빼기 위해 무자헤딘을 비롯한 상대 진영에 최첨단 미군 무기를 지원했기 때문에 소련이 고전할 수밖에 없었다는 평가도 있지만 그에 못지않게 신앙과 민족주의의 힘으로 뭉친 아프가니스탄 군의 단단함이 승패에 크게 영향을 미친 것은 부정할 수 없는 사실입니다. 그런 전쟁 양상의 대표적인 사례가 바로 『구약성경』 느헤미야 4장에 등장하는 전쟁입니다.

절반의 무기를 든 이들이 만들어 낸 완전한 승리

기원전 5세기 무렵, 아케메네스 왕조의 전성기를 열었던 아르타크세르크세스 1세[31]는 페르시아 역사상 손에 꼽히는 위대한 군주답

---

31   성경 속 아닥사스다왕이다.

게 능력 있는 인재라고 판단되면 국가와 민족을 가리지 않고 선발해 자신의 곁에 두었습니다. 느헤미야도 그중 한 명입니다. 예루살렘 출신의 유대인이었지만 왕은 그를 곁에 두고 자신이 마시는 술을 담당하도록 하였습니다. 술 담당이라고 하니 보잘것없는 신분의 한직이라고 느낄 수도 있지만 실제로는 왕이 직접 입에 대는 술의 모든 것을 관리하는 직책으로, 왕의 독살을 최후에 막을 수 있는 보루와도 같은 존재로 여겨져서 왕의 최측근이자 수족으로 인정받았습니다. 당시의 느헤미야에게는 한 가지 큰 고민이 있었습니다. 바로 자신의 고향 예루살렘이 처한 비극적인 상황입니다.

기원전 586년 바빌론 군대가 예루살렘에 쳐들어왔습니다. 그들은 성전과 성문을 불태웠으며 성벽을 허물었습니다. 전쟁을 피해 잠시 대피했던 사람들은 예루살렘으로 돌아와 성전을 다시 짓고 성벽을 재건하려 하였습니다. 요행히 성전은 다시 지을 수 있었지만 자원이 부족해 성벽은 미처 세우지 못했습니다. 그러자 성전은 도적들에게 무방비 상태로 노출되어 버리고 말았지요. 2차로 예루살렘에 복귀한 이들은 그 소식을 듣고 자신들의 거처를 짓는 것마저 뒤로 미루고 성전을 둘러쌓을 성벽을 쌓아 올리기 시작했습니다. 하지만 채 틀을 잡기도 전에 아르타크세르크세스 1세는 건축을 중지할 것을 명령했습니다. 성전과 성벽 건축을 못마땅히 여기던 예루살렘 이웃 주민들의 고자질 때문이었습니다. 당시 시각으로 집과 신전은 있지만 성벽이 없는 마을은 당연히 노략질의 대상으로 보는 것이 일반적이었습니다. 예루살렘 주민들은 수십 년째, 낮이면 불안한 가운데 신앙생활과 경제활동을 하다가 밤이면 외적 또는 도적들의 약탈과 방화, 납치와 겁탈 등에 시달리며 살 수밖에 없었습니다.

이러한 이스라엘의 사정에 마음이 아팠던 느헤미야는 자신이 이스라엘로 돌아가 성벽을 재건하고 성전을 지켜낼 수 있는 적임자임을 깨달았습니다. 하지만 방법이 없었습니다. 그는 기도하는 수밖에 없었습니다. 지금의 자리도 진실한 기도를 통해 구한 자리였지만 역설적으로 왕의 곁을 떠날 수가 없는 직책이었기에 이스라엘을 구할 수가 없었습니다. 하루라도 빨리 이스라엘로 돌아갈 수 있게 해달라 진심으로 갈구했습니다. 그런 기도가 통했을까요? 느헤미야는 유다 총독으로 임명돼 고향으로 금의환향할 수 있었습니다. 많지는 않지만 정예 호위 병력과 함께 공사에 쓸 자재까지 일부 지원받을 수 있었습니다. 고난은 이제 시작이었습니다.

성벽 재건이 시작되자 유대인과 사이가 좋지 않은 사마리아인들이 힘을 보태고 싶다며 찾아왔습니다. 그들의 꿍꿍이를 알 수 없었던 느헤미야는 일단 거절했습니다. 그러자 기다렸다는 듯이 이스라엘의 북쪽을 다스리던 사마리아인 총독 산발랏이 남쪽에 살던 아라비아인들을 이끌던 부족장 게셈, 동쪽에 살던 암몬 사람들을 이끌던 도비야의 무리들과 함께 느헤미야를 찾아왔습니다. 무리 중에는 서쪽 아스돗[32] 사람들도 다수 포함되어 있었습니다. 말 그대로 이스라

---

32 Ashdod. 성경에 나오는 옛 지명으로 지중해 연안에서 내륙으로 5km 정도 안쪽에 자리했던 도시로 알려져 있으며 현재 이스라엘의 수도 텔아비브에서 남쪽으로 35km 정도 떨어진 곳으로 추정된다.

엘의 동서남북을 둘러싸고 있는 세력을 모두 끌어모아 쳐들어온 셈입니다. 이스라엘에 성벽이 축조되고 세력이 커지면 자신들의 세력이 위축될 것이 뻔하니 사전에 그 싹을 꺾어 놓으려는 심보였습니다. 그들은 성을 쌓는 것은 황제에 대한 반역 행위라며 성벽 재건 작업을 당장 그만두라고 요구했습니다. 시작은 요구였지만 점차 그 강도가 세지더니 이내 공갈과 협박으로 변해 갔습니다. 때로는 무력시위를 하기도 하고 때로는 일부러 눈에 띄게 암살을 시도해 느헤미야를 압박했습니다. 심지어 공사에 참여한 노동자들이 살던 마을에 찾아가 남자들이 일을 나가 텅 빈 마을이니 조만간 도적들이 털러 오겠군이라며 유언비어를 퍼뜨려 사람들을 불안에 떨게 만드는 치졸한 짓까지 서슴없이 저질렀습니다.

그러나 느헤미야 역시 만만한 인물은 아니었습니다. 그는 축조되고 있는 성벽의 뒤쪽 넓고 낮은 곳으로 모든 이스라엘의 백성들을 모이도록 했습니다. 일부러 동서남북 사방으로부터 훤히 잘 보이는 곳을 장소로 선택한 것입니다. 모인 백성들에게는 무기를 공급해 각각 칼을 쓰는 부대, 창을 든 부대, 활을 쏘는 부대로 편성했습니다. 그리고 큰 소리로 외쳤습니다.

"너희는 저들을 두려워하지 말고 지극히 크시고 두려우신 주를 기억하고 너희 형제와 자녀와 아내와 집을 위하여 싸우라!"

그 말에 백성들은 하늘이 울리도록 큰 함성을 지르며 무기를 손에 쥔 채 각자의 일터로 돌아갔습니다. 그 모습을 산발랏 총독을 비롯해 북쪽의 사마리아인, 동쪽의 암몬인, 남쪽의 아라비아인, 서쪽의 아스돗인들이 모두 목격했습니다. 크고 두려우신 주를 중심으로 똘똘 뭉쳐 형제와 자녀와 아내와 집을 위해 싸운다는 목표 의식을 분명히 갖게 된 사람들은 이제 두려울 것이 없었습니다. 한 손에는 무기를 들고 다른 손으로는 공구를 들고 작업을 해야 하는 열악한 환경에서도 그들은 거침없었습니다. 총독의 명령에 따라 무기를 들고 몰려들기는 했지만 수적으로 비교할 수 없을 정도로 우세했던 사마리아인, 암몬인, 아라비아인, 아스돗인 그 누구도 그 기세를 꺾어 보겠다고 나서는 이가 없었습니다. 여러 가지 우여곡절이 있었지만 결국 성벽은 성공적으로 건설되었고 봉헌식까지 마칠 수 있었습니다.

우크라이나의 선전을 알린 사진 한 장

작은 힘으로 큰 힘을 이겼을 때 사람들은 그 원동력을 찾기 위해 많은 수고를 합니다. 그 수고 끝에 찾아낸 승리의 이유는 참으로 많습니다. 기술적으로 우월한 부분이 있어서, 시기적 혹은 환경적으로 운이 따랐다거나, 큰 힘을 가진 쪽이 부패했다거나 하는 등 이유도 참 다채롭기만 합니다. 하지만 누군가 제게 그 이유를 물어본다면 저는 사진 찍는 법의 차이라고 말할 것 같습니다.

혹시 우크라이나와 러시아 사이의 전쟁이 시작된 뒤 두 나라 군대가 스스로를 찍은 사진을 본 적이 있습니까? 여러 언론사의 종군기자, 양국 군대의 정훈병들이 경쟁적으로 전장을 찍어 전 세계로 타전하기는 하지만 SNS 시대답게 전쟁에 참여한 병사가 휴대전화 등을 통해 스스로 촬영한 사진 수만 장이 전쟁 개시와 함께 인터넷을 떠돌기 시작했습니다. 저는 그 사진을 보자마자 '어? 이 전쟁 어쩌면…. 우크라이나가 일방적으로 밀리지만은 않겠는데?'라는 생각을 했습니다. 왜냐하면 인터넷에 떠다니는 사진 속 우크라이나 병사들과 러시아 병사들의 사진이 달라도 너무나 달랐기 때문입니다.

러시아 병사들의 사진은 전쟁 초반을 제외하면 스스로 촬영한 것이 별로 없습니다. 대부분이 누군가 기획하여 촬영한 사진이었는데 사진 속 러시아 병사들은 누군가의 명령에 따라 행군하거나 누군가의 지시에 따라 휴식을 취하는 모습이었습니다. 그마저도 전황이 어렵게 돌아가자 점차 사라졌고 그 자리는 러시아군의 위용을 홍보하기 위해 멀리서 대규모 군집한 병력을 촬영한 사진이나 장비가 주인공, 병사들은 그에 묻힌 사진, 심지어 군 수뇌부만의 사진으로 도배되다시피 했습니다.

하지만 우크라이나 병사들의 사진은 달랐습니다. 일단 전쟁에 참여한 병사들이 직접 휴대전화로 촬영해 공유한 사진이 대부분이었는데 사진의 주인공은 당연히 전투에 임한 병사들이었습니다. 사진 속 병사들은 주체적, 주도적으로 작업을 하거나 숨어 있는 러시아 병사들을 찾기 위해 진격하는 모습이었고 휴식을 취하는 사진 역시 왠지 모르게 진짜 편안함이 느껴졌습니다. 이는 비단 전황이 유리하게 돌아가기 시작한 뒤의 모습이 아니라 그전부터 그랬습니다. 초반 러시아군의 기세가 등등할 때 사진 속 병사들의 표정은 두려움과 비

장함이 가득 묻어났고 사진을 통해 러시아 침공의 부당함과 우크라이나의 결연한 조국 수호 의지를 전 세계인들에게 어떻게 해서든 알리고 싶다는 자발적인 의지가 엿보였습니다. 즉, 그들은 기꺼이 성벽 뒤 넓고 낮은 평원에서 한 손에는 무기를 다른 한 손에는 휴대전화를 든 느헤미야의 병사들이 된 것입니다.

이는 아주 중요한 의미를 지닙니다. 대부분의 사람들이 자신이 속한 학교나 회사, 기관의 단체 사진을 볼 때 가장 처음 하는 행동이 있다고 합니다. 바로 사진 속 자신의 얼굴을 찾는 것입니다. 이는 당연한 이치입니다. 속한 집단 속에서 내 위치와 존재를 파악하고 그를 인지함으로써 소속감을 갖게 되고 그로부터 평안함을 얻는 것은 인간의 본성과도 같은 감정입니다. 러시아 병사들은 나와는 별 상관없는 전쟁이라는 상황에 내던져진 채 하나의 피사체로 사진 찍혔다면 우크라이나 병사들은 나와 나의 가족을 지키기 위해 뛰어든 나의 전쟁을 나 자신이 주체가 되어 기록으로 사진을 남긴 것입니다. 같은 전쟁에 참여한 전혀 다른 두 생각의 병사들…, 그 둘이 맞부딪혔을 때 어느 병사가 더 모든 것을 걸고 싸움에 임할지는 말하지 않아도 쉽게 예측될 것입니다. 그 예측은 현실이 되어 뉴스에 보도되고 있습니다.

기업이나 학교, 각종 기관 등 크고 작은 조직에서도 마찬가지입니다. 그들의 회사가 아닌 우리들의 회사로 만들어야 하고, 그들만의 전쟁이 아닌 나의 전쟁을 만들어야 합니다. 전쟁 영웅은 바로 그럴 때 만들어집니다.

우리 전쟁입니까, '우리 전쟁'입니까?

팔불출이란 소리를 들을까 봐 조심스럽긴 하지만 저희 회사에는 자랑할 점이 참 많습니다. 그중에서 제가 가장 좋아하는 장점 두 가지는 우리 회사에는 사장이 많다는 것과 우리 회사는 오래오래 다닐 수 있다는 것입니다. 먼저, 제가 이끄는 회사의 정년은 공식적으로는 70세까지입니다. 일반적인 기업은 아직까지 60세가 정년이고 실제로는 그보다 훨씬 일찍 직장 생활을 마쳐야 하는 것으로 알고 있습니다. 그나마 공무원이나 교직원들이 조금 더 길게 다닐 수 있지만 그마저도 최근 들어 위협받고 있는 것으로 압니다. 하지만 저는 우리 회사를 만들고 일찌감치 정년을 70세라고 정해 두었습니다. 과거에는 환갑이면 노인이라 하여 늙은이 취급을 받았지만 사회가 발전하고 의료기술 역시 발달하면서 이제는 60세가 장년이요 70세 넘어서도 청년 못지않은 활력을 자랑하는 이들이 많습니다. 때문에 우리 직원들이 고용에 대한 불안감 없이 일하고 싶은 나이까지 일할 수 있도록 그런 의사결정을 하였습니다.

사장이 많다는 장점은 많은 사람이 고개를 갸웃할 수도 있을 것 같습니다. 계열사를 여럿 두다 보면 당연히 그 회사를 이끌 사람들이 필요하고 그를 위해 사장을 여럿 두는 것이 무슨 자랑할 만한 일이냐고 묻는 사람도 있습니다. 저희 회사는 조금 사정이 다릅니다. 여기서 말하는 사장은 그냥 직함으로써의 사장 혹은 회사 설립 후에 CEO로 외부에서 영입해 온 사장이 아니라 실제 회사에 소유 지분이 있는, 회사와 함께 성장해 온 사장을 말합니다. 그런 사장이 꽤 많은 편입니다. 오랫동안 저와 동고동락한 이들에게 조직을 맡기고 그 조직에 책임감을 가지면서 권리를 누릴 수 있도록 지분 보유를 지원했습니다. 그를 통해 저희 회사의 사장들은 마치 자신이 해당 기업의 창업자이자 실질적인 오너가 된 것처럼 책임감 있게 경영을 하고 있습니다. 그로 인해 거둔 과실의 달콤함까지 함께 누리면서 말입니다.

이렇게 했던 이유는 '우리 전쟁'을 치르도록 하고 싶었기 때문입니다. 시장에서 치열한 경쟁을 펼치려면 반드시 전쟁과도 같은 상황을 겪어야 하는데 그때 러시아 군대나 사마리아인, 암몬인, 아라비아인, 아스돗인 군대처럼 위에서 시키니까, 명령을 따르지 않으면 처벌을 받으니까 전쟁에 참여하는 것이 아니라, 우크라이나 군대나 느헤미야와 유대인 부대와 같은 모습으로 임할 수 있도록 하고 싶었습니다. 그러기 위해서는 먼저 우리 직원들이 회사를 '우리 회사'라고 느낄 수 있도록 만들어야 했습니다. 그런 생각으로 여러 가지 노력을 하고 있습니다.

최근 들어 한국 사회의 주축으로 등장한 MZ세대들의 특징을 들어 조직에 대한 로열티가 없고 충성심은 약하며 조직 친화도가 낮은 편이라는 이야기를 많이 합니다. 일부 그런 모습을 보이는 이들이 있을 수도 있습니다. 하지만 그건 MZ세대만의 특징이 아니라 예전에도 그랬습니다. 회사에서 녹을 받으면서도 틈만 나면 회사 흉을 보고 안 좋은 면만을 부각시켜 지적하는 사람은 늘 있었습니다. 조직이나 동료를 생각하는 마음은 조금도 없이 그저 회사를 때 되면 급여 주는 월급 자판기로 여기는 사람들은 과거에도 있었습니다. 다만 지금처럼 자유롭게 이야기하지 못하고 SNS 등과 같은 소통 매체가 활성화되지 않았었기에 크게 드러나지 않았을 뿐입니다.

저는 우리 회사의 MZ세대 구성원들로부터 즐거운 가능성을 엿보곤 합니다. 회사가 고객의 취향과 의견을 존중하고 그들을 만족시키기 위해 노력하는 것만큼, 구성원들의 이야기에 귀를 기울이고 그들이 행복하게 근무할 수 있도록 노력하고 있다는 모습을 보여주면 그에 대해 젊은 구성원들은 과거의 선배 세대들보다도 오히려 더 화끈하게 응답하고는 합니다. 그리고 '우리 회사'를 위한 '나의 전쟁'을 치르기 위해 시장이라는 전장으로 뛰쳐나가 경쟁자와 기꺼이 한판 신나는 승부를 벌이지요. 앞으로도 저는 우리 회사에 더 많은 사장들이 등장하고 더 마음 편히 안정적으로 근무할 수 있도록 만드는데 최선을 다할 것입니다. 전쟁을 어떻게 치를지, 어떻게 하면 이길지는 그다지 염려하지 않습니다. 결과는 이미 알기 때문입니다.

믿음 위에 선 사람,
사람 안에 깃든 사랑

사랑은 오래 참고 사랑은 온유하며 시기하지 아니하며 사랑은 자랑하지 아니하며 교만하지 아니하며 무례히 행하지 아니하며 자기의 유익을 구하지 아니하며 성내지 아니하며 악한 것을 생각하지 아니하며 불의를 기뻐하지 아니하며 진리와 함께 기뻐하고 모든 것을 참으며 모든 것을 믿으며 모든 것을 바라며 모든 것을 견디느니라 (중략) 그런즉 믿음, 소망, 사랑, 이 세 가지는 항상 있을 것인데 그중의 제일은 사랑이라.

『신약성경』 고린토전서 13:4~7, 13 중

거지는 왜 세 번 웃었을까?

19세기 무렵 러시아의 작은 마을에서 있었던 일입니다. 마을의 구둣방 주인 세몬은 아내 마트료나와 아이들과 함께 살아가고 있었습니다. 털로 된 외투가 집에 단 한 벌밖에 없어 아내와 번갈아 외출할 수밖에 없을 정도로 가난했습니다. 게다가 주변머리가 없어 빈번히 마을 사람들에게 멸시를 당하는 신세였습니다. 그러던 어느 날, 세몬은 팍팍한 세상살이에 지친 나머지 술집에 들러 수금한 돈으로 값싼 보드카를 진탕 사 마셨습니다.

술에 취해 비틀거리며 집으로 돌아오는 길에 그는 마을 교회 앞에서 알몸으로 서 있는 남자를 발견했습니다. 남을 도울 형편이 아니었기에 그냥 모른 척 지나치려 했지만 왠지 그럴 수 없었습니다. 당연히 아내 마트료나는 난리를 쳤습니다. 꼴 보기 싫다며 두 사람 모두 집 밖으로 나가라고 고래고래 소리를 질렀습니다. 그러나 세몬은 이전과 달랐습니다. 늘 아내에게 주눅 들어 있던 평상시 모습과 달리 두 눈 똑바로 뜨고 아내에게 단호하게 말했습니다.

"여보, 당신의 마음속에는 하나님도 없소?"

아무래도 잔뜩 퍼마신 보드카의 힘이었는지도 모르겠습니다. 그런데 놀랍게도 그의 말이 효과가 있었습니다. 마트료나는 헐벗은 남자를 다시 안으로 들여 식사를 대접했습니다. 순간 남자는 큰 소리를 내며 환하게 웃었습니다. 미하일이라고 자신의 이름을 밝힌 남자는 그렇게 그들과 함께 살게 되었습니다.

세몬은 미하일에게 구두 수선일을 가르쳤고 그는 곧잘 따라 했습니다. 그러던 어느 날, 마을에서 유명한 부자가 세몬의 구둣방에 찾아와서는 무턱 대고 거금과 함께 고급 가죽을 들이밀더니 그 가죽으로 구두를 만드는데 1년을 신어도 모양이 틀어지지 않고 실밥 또한 터지지 않는 부츠를 만들라고 시켰습니다. 부자의 주문대로 부츠를 만들 자신이 없었던 세몬은 정중하게 거절하려 했지만 무슨 일인지 미하일은 큰 소리를 내며 환하게 웃는 게 아닙니까? 처음 세몬의 집에 도착해서 마트료나가 차려준 저녁 밥상 앞에서 보여준 그 웃음이었습니다. 웃음소리에 빈정이 상한 부자는 그럼 자네가 만들던가 하며 가죽과 돈주머니를 내던지고 나가버렸습니다.

한바탕 폭풍이 몰아치고 난 뒤 미하일은 아무 일도 없었다는 듯 가죽이 아닌 천으로 슬리퍼 한 켤레를 만들기 시작했습니다. 당장 부츠를 만들기 시작해도 빠듯한 일정에 엉뚱하게도 주문도 받지 않은 슬리퍼를 만들고 있는 것이었습니다. 그것도 평상시에는 신을 수 없는 장례식 때 시신에게 신기는 수의용 슬리퍼였습니다.

'너무 놀라서 실성하기라도 했나?'

세몬과 마트료나가 걱정스러운 눈빛으로 미하일을 쳐다본 순간 갑자기 문이 열리며 조금 전에 무례한 부자를 수행했던 시종이 구둣방으로 들어섰습니다. 그리고 자신이 모시는 부자가 집으로 돌아가다 마차에서 갑자기 숨을 거두었다며 부츠 주문은 취소하고 시신에게 신기는 슬리퍼를 최대한 빨리 만들어 줄 수 있는지 물었습니다. 미하일은 늘 그랬듯이 말없이 막 작업을 마친 슬리퍼를 시종에게 내밀었습니다. 세몬 부부는 너무 놀라서 아무 말도 할 수 없었습니다.

6년이 지났습니다. 미하일은 여전히 세몬과 함께 일했고, 두 사람은 손발이 척척 맞아서 구둣방은 전과 달리 장사가 아주 잘 되었습니다. 그러던 어느 날, 한 부인이 여자아이 둘을 데리고 찾아왔습니다. 부인은 두 아이 중 다리가 불편해 보이는 언니의 발에 맞춰 구두를 만들어 달라고 했습니다. 미하일은 작업을 멈추더니 세 모녀를 바라보며 환하게 웃었습니다. 6년 전 처음으로 세몬의 집에서 저녁을 먹었을 때, 무례한 부자가 찾아와 부츠를 만들어 내라고 했을 때 이후로 세 번째 보는 밝은 웃음이었습니다.

　사실 부인은 두 아이의 친엄마가 아니었습니다. 6년 전 두 아이가 태어나기 직전 아이들의 아버지가 숲으로 벌목을 나갔다가 자신이 벤 나무에 깔려 목숨을 잃고 말았습니다. 아이들의 엄마 역시 출산 후 얼마 지나지 않아 산후 후유증으로 세상을 떠났는데 숨을 거두기 직전 쓰러질 때 아이들 중 언니의 다리가 깔렸고 그 탓에 다리를 절게 되었다는 것이었습니다. 다들 어려운 형편이었음에도 선량했던 이웃들은 십시일반 힘을 모아 부부의 장례를 치렀고 그동안 아이들은 부인이 임시로 맡아 자신의 외동아들과 함께 길렀습니다. 그러나 운명의 장난인지 친아들은 두 번째 생일을 갓 지나자마자 원인 모를 병으로 숨을 거두고 말았고 더 이상 자식도 생기지 않았다고 합니다. 결국 부인은 두 아기를 자신의 아이들로 입양해서 계속 키웠다고 했습니다. 이야기가 끝날 무렵 세몬과 미하일은 아이의 구두를 완성했고 부인은 흡족한 표정을 지으며 값을 치르고 아이들과 함께 구둣방을 나서 집으로 향했습니다.

　멀리 사라져 가는 세 모녀의 모습을 보며 미하일은 만면에 큰 웃음을 지었습니다. 앞치마를 벗고 손에 들고 있던 구두 수선 장비를 내려놓더니 어디론가 떠날 준비를 하기 시작했습니다. 표정에는 이제 다 끝마쳤다는 묘한 만족과 안도감이 가득 차 있었습니다. 순간 그의 몸에서 빛이 퍼져 나오기 시작했습니다. 세몬과 마트료나로서는 태어나서 난생 처음 보는 색깔과 밝기의 광채였습니다.

당신에게 묻고 싶은 세 가지 질문

미하일은 세몬과 마트료나에게 자신을 처음 집으로 들인 6년 전을 기억하느냐고 물었습니다. 6년 전에 자신은 하나님으로부터 한 여인의 영혼을 하늘나라로 데리고 오라는 명을 받았다고 했습니다. 세몬과 마트료나는 '미하일의 정신이 어떻게 됐나?' 싶어 놀란 표정으로 그를 물끄러미 바라보았습니다. 그에 아랑곳없이 미하일은 자신의 이야기를 이어 갔습니다. 하나님의 명에 따라 그 여인을 찾아갔지만 여인은 그의 발아래 엎드려 애원을 했습니다.

"저는 숲에서 남편을 잃어 홀몸으로 갓 태어난 어린아이 둘을 길러야 합니다. 부디, 두 아이가 다 클 때까지만 좀 기다려 주시면 안 되겠습니까?"

여인의 울부짖음과 칭얼거리는 아기들의 울음소리에 마음이 약해진 미하일은 혼자 돌아가, 하나님께 도저히 여인의 영혼을 데려올 수 없었다고 보고했습니다. 그러나 하나님은 그래도 그 여인의 영혼을 데려오라 했습니다. 그러면서 한 가지 아니 세 가지 이야기를 덧붙였습니다.

"너는 이제 여인을 데려오며 세 가지 물음에 대한 답을 알게 될 것이니라."

이번에는 하나님의 뜻을 거역할 수 없었습니다. 미하일은 다시 여인을 찾아갔습니다. 하나님은 미하일을 다시 내려보내며 세 가지 답을 알게 될 때 비로소 되돌아올 수 있을 것이라는 의미심장한 이야기를 하였습니다. 이번에도 역시 여인은 자신을 데려가지 말아 달라며 애원했지만 미하일은 여인의 영혼을 그녀의 육신에서 떼어 냈습니다. 그 과정에서 여인의 아이 중 한 명이 영혼을 잃고 숨을 거둔 그녀의 시신에 깔려 다리를 절게 되고 말았습니다.

"아니, 그렇다면 미하일… 당신이?"

세몬은 놀라서 미하일의 얼굴을 다시 쳐다보았습니다. 문득 그의 얼굴을 성당에 그려진 벽화에서 본 것 같다는 생각이 들었습니다. 아내 마트료나 역시 왜 미하일이 처음 만났을 때부터 왠지 오래전부터 알고 지낸 사람 같다는 생각이 들었는지를 깨닫고는 그 자리에 주저앉아 버리고 말았습니다. 미하일은 대답 대신 그윽한 미소와 함께 고개를 끄덕였습니다. 미하일은 바로 대천사 미카엘[33]이었습니다.

하나님이 이야기한 세 가지 답은 '사람의 마음속에는 무엇이 있는가?', '사람에게 주어지지 않은 것은 무엇인가?', '사람은 무엇으로 사는가?'에 대한 답이었습니다. 그는 여인을 데려오며 이 세 가지 물음에 대한 답을 깨닫게 될 것이었고, 반대로 그 답을 깨닫지 못하면 영원히 하늘나라로 되돌아가지 못할 운명에 처했던 것입니다. 우여곡절 끝에 여인의 영혼을 하늘나라로 인도하게 되었음에도 불구하고 세 가지 물음에 대한 제대로 된 답을 구하지 못했는지, 미하일 아니 대천사 미카엘은 폭풍에 휘말려 땅으로 추락해 버리고 말았습니

---

33 기독교, 유대교, 이슬람교에 모두 등장하는 대천사로 천국 군대의 지휘관이
    자, 죽은 자의 영혼을 천국으로 인도하며 심판의 날 영혼의 무게를 재는 역할
    을 맡고 있다.

다. 그리고 추락한 교회 앞에서 술에 취한 세몬을 만났습니다.

미카엘은 세몬의 손에 이끌려 그의 집에 살게 되었을 때까지만 하더라도 별다른 기대를 하지 않았습니다. 가난한 구두 수선공과 함께 살면서는 그 어려운 세 가지 질문에 대한 답을 찾을 수 없을 거라 생각했습니다. 그러나 화를 내던 마트료나가 당신의 마음속에는 하나님도 없냐는 세몬의 말에 화를 누그러뜨리고 난생처음 보는 사람을 위해 없는 살림에 따스한 식사를 마련하는 모습을 보고 첫 번째 질문 '사람의 마음속에는 무엇이 있는가?'에 대한 답을 찾았다고 합니다. 그것은 바로 '사랑'이었습니다. 그랬기에 환하게 웃었던 거라고도 했습니다.

이후 부자가 시종을 데리고 찾아와 부츠를 만들어 내라 난리를 쳤을 때 세몬의 눈에는 두 사람만이 보였지만 미카엘의 눈에는 한 사람이 더 보였습니다. 바로 미카엘의 동료였던 죽음의 천사였습니다. 이제 곧 죽을 줄도 모르고 기고만장해서 무례하게 구는 부자를 보면서 '사람에게 주어지지 않은 것은 무엇인가?'에 대한 답을 찾았다고 합니다. 그것은 바로 '자신에게 진정 무엇이 필요한지'를 아는 힘이었습니다. 부자는 자신이 곧 죽을 거라는 것을 알지 못했기에 신을일이 없는 가죽 부츠를 주문한 것이었고 미카엘은 답을 구했기에 죽고 나서 신을 슬리퍼를 만든 것이었습니다. 두 번째 답까지 구했기에 그는 또다시 크게 웃을 수밖에 없었습니다.

마지막으로 오늘, 천상에서 추락하기 직전 마지막으로 영혼을 거둔 여인의 자녀들과 그를 자신의 가족처럼 아끼고 보살핀 부인의 모습을 보며 세 번째 물음 '사람은 무엇으로 사는가?'에 대한 답을 구하게 돼 비로소 제대로 웃은 것이라고 했습니다. 부모를 모두 잃었기에 죽었을 거라고 생각했던 두 어린아이가 친부모도 아닌 이들의 보살핌을 받고 잘 성장한 모습에서 미카엘은 '사람은 결국 사랑으로 살아간다'는 것을 깨닫게 되었다고 했습니다. 그리고 이제야 비로소 하늘나라로 갈 수 있게 되었다고 말했습니다. 그 말과 함께 어디선가 찬송이 들리면서 미카엘의 몸은 점차 하늘로 올라갔습니다.

믿음 위에 선 사람, 사람 안에 깃든 사랑

이 이야기는 러시아의 대문호 톨스토이가 1885년 저술한 단편소설 『사람은 무엇으로 사는가』에 수록된 이야기입니다. 성경 속 대천사 미카엘을 톨스토이가 살던 시대에 등장시켜 삶에 대한 깊은 성찰과 휴머니즘이 듬뿍 담긴 교훈을 선사하는 짧은 이야기입니다. 일견 단순해 보이기도 하고 한편으로는 허무맹랑하게 느껴지기도 하지만 톨스토이는 『사람은 무엇으로 사는가』를 자신의 걸작인 『전쟁과 평화』나 『안나 카레니나』 못지않게 아끼고 좋아했다고 전해집니다. 후대의 러시아인들도 대외적으로는 후술한 두 장편소설을 자랑스레 이야기하고는 하지만 실제로 『사람은 무엇으로 사는가』를 더 즐겨 읽고 가까운 곁에 둔 채로 살아간다고 합니다.

마지막으로 톨스토이의 글을 전하는 까닭은 세몬과 마트료나가

자기 곁에 있던, 익숙한 존재였던 미카엘과 함께했던 경험을 그리고 그로부터 깨달은 것을 당신도 느꼈으면 하기 때문입니다.

앞에서 이야기했지만 저는 골목 청소부에 술주정뱅이였던 아버지와 병약한 어머니 사이에서 태어났습니다. 집안 형편이 어려워 초등학교 무렵부터 신문 배달, 우유 배달 등을 해야 했고 중학생이 되어서는 아예 취업 전선에 나서야 했습니다. 20대가 되기도 전에 홀로 독립해 하루 17시간씩 용접을 해 돈을 벌며 검정고시를 준비하다 폐병에 걸려 시한부 판정을 받기도 했습니다. 이후 정신병원 직원, 노점상, 영업직을 거쳐 30대의 나이에 제 사업을 시작한 이후 몇 차례 굴곡을 거쳐 여러 개의 사업체를 운영하는 지금의 자리에까지 이르렀습니다. 그사이 고등학교, 대학교를 마치고 대학원에 진학하여 박사학위를 따기도 했습니다.

제가 남들과 다른 무슨 대단한 능력이 있었다거나 남들에게 없는 엄청난 행운이 있었던 것은 아닙니다. 오히려 저는 약점이 많은 사람입니다. 성격은 세상 누구보다도 급하고 다혈질입니다. 마음이 얼마나 급하고 앞서가는지 제 입에서 나온 말의 속도가 제 머릿속 생각을 다 옮기지 못해 말을 더듬는 경우가 한두 번이 아닙니다. 심지어 지금은 많이 나아진 것입니다. 젊은 시절에는 더했습니다. 흔히 사업은 운칠기삼(運七技三)이라 하는데 아무리 생각해도 제가 운이 그렇게 좋았는지는 잘 모르겠습니다.

그러나 돌이켜 보면 제법 괜찮은 능력이 하나 있습니다. 바로 주위 사람을 아끼고 사랑하고 배려하는 마음입니다. 어려서부터 왠지 모르겠지만 저는 주변 사람들을 끔찍하게 아꼈습니다. 집에 있는 어린 동생들에게 간식을 가져다주기 위해 온갖 수모를 참아내기도 했고, 어머니를 기쁘게 해드릴 수 있다면 무슨 일이라도 마다하지 않았습니다. 커서는 매번 해외 출장을 갈 때마다 나이 드신 아버지를 모시고 나가 세상 구경을 시켜드렸고 지금도 날마다 여러 번 구순이 다 되어가는 노모에게 전화를 걸어 수다를 떨고 재롱을 부리기도 합니다. 미카엘이 '사람의 마음속에는 무엇이 있는가?'라는 하나님의 질문에 찾아낸 바로 그 답 '사랑'을 저는 평생 삶의 신조처럼 지키고 실천하며 살아왔습니다.

저에게도 행운이 있었습니다. 목사님과 신부님과 스님들과 어울리며 많은 가르침을 받았습니다. 사람을 선과 악의 흑백논리로만 바라보는 것이 아니라 너그러운 마음으로 바라보는 방법을 배울 수 있었습니다. 사람들은 빨주노초파남보 무지개처럼 다양했고 그런 다양성을 인정하며 관계를 맺자 인맥은 더욱 풍성해졌고 그들로부터 얻는 가르침은 무궁무진했습니다. 특히 미카엘이 받은 두 번째 질문 '사람에게 주어지지 않는 것'에 대한 해답인 '자신에게 진정 무엇이 필요한지'에 대해서도 어렴풋하게나마 깨닫게 되었습니다. 자칫하면 강한 권력, 막대한 부 등 삶에 본질적으로 필요하지 않으면서 많은 이들이 가장 필요하다고 입을 모아 이야기하는 것을 저 역시 제게 진정 필요한 것으로 오해하며 살 뻔했지만 종교의 힘으로, 많은 사람의 가르침 덕분에 잘못된 길로 빠져들지 않을 수 있었습니다.

마지막으로 저는 일찍이 좋은 깨달음을 얻었습니다. 그것은 미카엘이 세 번째이자 마지막으로 구한 하나님의 물음에 대한 답과 같습니다. 미카엘은 '사람은 결국 무엇으로 사는가?'에 대한 답이 '사랑'이라는 것을 일찍 깨달았습니다. 저 역시 가정을 위해 헌신했던 어머니로부터, 매주 어머니 손에 이끌려 갔던 교회에서, 지금 제 곁을 지켜주는 아내와 저희 아이들로부터 그 물음에 대한 답을 매번 깨닫고는 합니다. 이 글을 쓰는 오늘 아침에도 제 아내는 저와 아들을 먹일 밥을 하고 국을 끓이고 김치를 썰고 있습니다. 아마도 어제 저녁 잠들기 전부터 아내는 오늘 아침 어떤 재료로 국을 끓이고 그에 곁들일 반찬은 어떤 것을 내어놓을지 한참을 고민했을 것입니다. 마침 냉장고 안의 재료가 떨어졌다는 것을 깨닫고 얼른 집 앞 마트에 뛰어갔다 왔을지도 모릅니다. 식탁에 앉아 요리에 여념이 없는 아내의 뒷모습을 바라보며 저는 이루 말할 수 없는 신성한 감동을 느낍니다. 사랑이란 그런 것입니다.

많은 사람들이 성공을 바랍니다. 또한 많은 사람들이 행운을 기대합니다. 어떤 사람은 귀인의 도움을 받아, 또 다른 사람은 타인을 속이고 가진 것을 빼앗아서라도 자신이 원하는 삶을 누릴 수 있기를 간절히 원합니다. 그런 마음에 종교를 가지기도 하고 시간을 내서 신앙생활에 매진하기도 합니다.

책을 마무리하며 그런 사람에게 저는 이 말을 꼭 하고 싶습니다. 내 앞에 와 있는 바로 그 사람, 나와 함께 일하는 바로 그 사람, 집에 가면 내 곁을 지켜주는 바로 그 사람이 신(神)이자 그 사람을 신(信)해야 함을 잊지 마세요. 그것 하나만으로도 당신은 세상에서 가장 강하고, 가장 가진 것 많고, 가장 행운이 가득한 사람이 될 것입니다. 그리고 사람을 신(神)과 같이 아끼는 가장 좋은 방법이자 사람을 믿고 그 사람이 나를 믿게 만드는 가장 간단하지만 강력한 비결은 두말할 것 없이 '사랑'입니다.

참고문헌

들어가는 글 하늘과 사람과 별과 신

· 김선유. 대유학당 학술총서 54-자미두수전서 (상). 서울: 대유학당, 2010.
· 김선호. 대유학당 학술총서 61-深谷秘訣. 서울: 대유학당, 2013.
· 두란노서원 성경출판팀. 연대기성경. 서울: 두란노서원, 2012.

1장 불신의 가격
믿지 못할 조직, 믿지 못하는 사람들

01 눈먼 자들의 나라에서

· 윤춘호. 다산, 자네에게 믿는 일이란 무엇인가. 서울: 푸른역사, 2019.
· 김현아. "삼성·SK·현대차 10명 중 8명 가입 … 직장인 익명 앱 '블라인드' 인기" 이데
  일리. 2023년 2월 28일.

02 바보야, 문제는 우리야!

· 엄연석 외. 생명교육총서4-동양고전 속의 삶과 죽음. 서울: 박문사, 2018.
· 김성순. 불교문헌 속의 지옥과 아귀, 그리고 구제의식. 경기 고양: 역사산책, 2022.
· 주홍석, 정철영. "대졸 신입사원의 직업적응과 개인 및 조직 특성의 관계" 한국농·산
  업교육학회 농업교육과 인적자원개발 2015 vol47, no.1 (2015): 125-151.
· 임재근. "직장인 텃세 때문에 힘들어 70%" 안전저널. 2010년 8월 4일.
· 王貞治. もっと遠くへ 私の履歴書. 東京: 日本経済新聞出版, 2015.

03 불신의 대가를 치르는 회사들

· McTurk, Rory. A Companion to Old Norse - Icelandic Literature and Culture.
  Oxford: Blackwell Publishing Ltd, 2004.
· Putnam, Robert David. The Collapse and Revival of American Community.

NY: Simon & Schuster, 2000.

· Fukuyama, Francis. The End of History and the Last Man. NY: Penguin Books Limited, 1993.

04 여기가 회사야, 예배당이야?

· 윤석금. 긍정이 걸작을 만든다-도전하는 승부사 윤석금의 경영 이야기. 서울: 리더스북, 2009.

· Amos, Jonathan. "SpaceX Starship: Elon Musk promises second launch within months" BBC. 20 April 2023.

· Berger, Eric. Liftoff-Elon Musk and the Desperate Early Days That Launched SpaceX. NY: William Morrow, 2021.

05 지푸라기라도 잡고 싶었던 인류가 남긴 믿음의 발자국

· 전재성. 앙굿따라니까야. 서울: 한국빠알리성전협회, 2007.

· 노세영 외. 고대근동의 역사와 종교. 서울: 대한기독교서회, 2016.

· 카렌 암스트롱. 축의 시대-종교의 탄생과 철학의 시작. 정영목 역. 서울: 교양인, 2010.

· 리처드 할러웨이. 세계 정교의 역사. 이용주 역. 서울: 소소의 책, 2018.

· 정대경. "종교의 기원에 관한 과학적 연구-마이클 아빕과 매리 헤세, 월터 버커트, 어거스틴 푸엔테스의 기포드 강연들을 중심으로" 한국대학선교학회 대학과 선교 2021 no.47 (2021): 189-237.

· Jaspers, Karl Theodor. Vom Ursprung und Ziel der Geschichte. München: Serie Piper, 1988.

2장 신앙의 나라
세상 믿을 사람 하나 없는 나라

06 맹신의 힘을 타고난 나라, 대한민국

· 이필영. 마을신앙의 사회사. 서울: 웅진출판주식회사, 1994.

· 박호원. 한국 마을신앙의 탄생. 서울: 민속원, 2013.

07 왜 우리나라에 성지순례를 오셨습니까?

· 홍익희. 세 종교 이야기. 서울: 행성B, 2014.
· 안교성. "건국과 한국기독교의 관계의 역사적·정치사회적 맥락-아시아 국가, 특히 베트남과 필리핀과의 비교연구를 중심으로" 한국기독교역사연구소 한국기독교와 역사 2014 no.40 (2014): 349-375.
· 조관근. "한국 초기선교사들의 활동과 영향력 연구" 석사학위, 협성대학교 신학대학원, 2007.

08 삼장법사도 깜짝 놀랄 불교의 나라

· 대한불교조계종 포교원. 불교사의 이해. 서울: 조계종출판사, 2017.
· 홍익희. 문명으로 읽는 종교 이야기. 서울: 행성B, 2019.
· 현송. 정토불교의 역사와 사상. 서울: 운주사, 2014.
· 김용태. "역사학에서 본 한국불교사 연구 100년". 동국대학교 불교문화연구원 불교학보 제63집 (2012): 195-221.
· 정병조. "불교학 연구의 회고와 전망". 대원정사 한국불교철학의 어제와 오늘 (1995): 429-450.

09 교황이 편애하는 나라

· 한스 큉. 가톨릭의 역사. 배국원 역. 서울: 을유문화사, 2013.
· 김명구. 한국 기독교사. 서울: 연세대학교출판문화원, 2020.
· 그레그 앨리슨, 크리스 카스탈도. 개신교와 가톨릭, 무엇이 같고 무엇이 다른가. 전광규 역. 서울: 부흥과개혁사, 2017.
· 김한수. "한국만 천주교가 성장하는 이유는" 조선일보사 주간조선 no.2319 (2014).
· 조우석. "교황 요한 바오로 2세-'지한파' 교황 두 번 방한" 중앙일보. 2005년 4월 4일.
· 정아람. "교황, 4박5일 일정 마치고 출국…한국에 전한 깊은 울림" 중앙일보. 2014년 8월 18일.

10 사이비와 구세주, 종이 한 장 차이

· 현상윤. 朝鮮儒學史. 서울: 민중서관, 1974.
· 김인서. "한국의 종교단체 실태조사연구" 국제종교문제연구소 신앙생활 (2000): 31.

· 김양식 외. 조선의 멋진 신세계. 경기 파주: 서해문집, 2017.

· 정희수. "메시아 신앙과 불교의 미륵신앙의 현재적 의미". 한신대학교 신학사상연구 소 신학사상 제93집 (1996): 120-146.

· 김대원. "나주성모동산 기적, 천주교판 금이빨 사건인가" 크리스천투데이. 2007년 11월 16일.

3장 교사와 반면교사
그들은 해냈고 우리는 못했던 것들

11 가장 약한 곳을 찾아내는 동물적 감각

· 유경희. 10개의 테마로 만나는 아트 살롱. 경기 파주: 아트북스, 2012.

· 마거릿 크로스랜드. 권력과 욕망. 이상춘 역. 서울: 랜덤하우스코리아, 2005.

· 이종철. 서남동양학술총서-중국 불경의 탄생. 서울: 창비, 2008.

12 진상 고객도 끌어들이는 세일즈 포인트 찾기

· 손자. 시공을 초월한 전쟁론의 고전-손자병법. 김원중 역. 서울: 휴머니스트, 2020.

13 약속을 반드시 지키는 혹은 지킬 수 있는 약속만 하는 능력

· 고영건. 삶에 단비가 필요하다면. 서울: 박영북스, 2012.

· Merton, Robert. On Social Structure and Science. Chicago: University of Chicago Press, 1996.

· 김형민. "20년전의 종말론과 '휴거' 소동" 레디앙. 2013년 9월 6일.

· 김리나. "시한부종말론의 역사와 문제점" 현대종교. 2022년 10월 24일.

· 한경진. "친환경 가면 쓴 '그린워싱' 기업들, 응징이 시작됐다" 조선일보. 2023년 8월 27일.

· 패트릭 바와이즈, 션 미한. "고객만을 위하여… 진심이십니까?" Dong-Ah Business Review 60호 (2010).

14 상대의 공감을 이끌어 낼 입과 귀를 가져라

· 태국바라나타염송. 남방불교의 위빠사나와 북방불교의 간화선의식. 서무선 역. 서울: 불교통신교육원, 2004.
· 법정. 그물에 걸리지 않는 바람처럼. 서울: 샘터, 2002.

15 눈앞의 사람에게 최선을 다하는 열정

· 꿈꿈 로이, 꾸날 짜끄라바르띠, 따니까 사르싸르. 힌두 바로보기. 강명남 역. 서울: HUINE, 2019.
· 가빈 플러드. 힌두교 사상에서 실천까지. 이기연 역. 부산: 산지니, 2008.
· 미조우에 유키노부. 서비스 전쟁-성공을 넘어 신화가 된 이세탄 스토리. 홍영의 역. 경기 고양: 동해, 2008.
· 가와시마 요코. 세상에 없는 트렌드를 만드는 사람들. 서울: 중앙북스, 2008.
· 신자토 요시노부. "종교로서의 한국무속 : 무속 담론에서 '무교' 개념의 형성 과정을 중심으로" 한국종교학회 종교연구 제78집 제3호 (2018): 183-211.
· 김숙희. "한국 무속의례의 제물 연구" 박사학위, 전남대학교 대학원, 2018.
· 윤경진. "아사히야마 동물원 폐원 위기에서 최고의 동물원이 된 비결" 아주경제. 2018년 7월 4일.

16 직접 할 수 있고, 실제로 될 수 있음을 보여주는 실행력

· 목창균. 이단 논쟁. 서울: 두란노서원, 2019.
· 탁지일. 알고 싶다 시리즈-이단이 알고 싶다. 서울: 넥서스, 2020.

17 언제 어디서나 당신 곁에 있다는 믿음을 주기 위해

· 페니웨이. 한국 슈퍼 로봇 열전. 서울: 한스미디어, 2017.
· 박문호. 그림으로 읽는 뇌과학의 모든 것. 서울: 휴머니스트, 2013.
· 동아출판 사서편집국. 표준 국어 대사전. 서울: 동아출판, 1999.
· 조용철. "종말 마케팅으로 '강간면허증' 휘두르다 브라질로 도피한 '나무꾼 선생'… 그 실태는?" 파이낸셜뉴스. 2023년 4월 23일.

4장 믿음받을 용기
신뢰받는 조직, 신뢰 가는 사람

18 하나의 믿음을 얻으려면 제곱의 믿음을 주어야 한다

· 다이앤 A. 맥닐. 유대적 관점으로 본 룻기. 박정희 역. 서울: 순전한나드, 2020.

· 찰스 스펄전. 스펄전 설교전집 : 룻기·사무엘상하. 경기 파주: CH북스, 2023.

· 小枝弘和. William Smith Clarkの教育思想の研究　札幌農學校の自由教育の系
譜. 京都: 思文閣出版, 2010.

19 지켜라, 지켜라, 반드시 지켜라

· 매트 파커. 세상에서 수학이 사라진다면. 이경민 역. 서울: 다산사이언스, 2023.

· 김형욱. "스무 살 청년이 펩시한테 전투기 받을 뻔한 사연" 오마이스타. 2022년 12월
5일.

20 나를 덜어내야 비로소 우리가 보인다

· 김미향. "찰스 3세는 '짜증왕'? 서명 중 잉크 묻자 빌어먹을, 못 참겠네" 한겨레. 2022
년 9월 14일.

· 이케가미 순이치. 왕으로 만나는 위풍당당 영국사. 김경원 역. 경기 파주: 돌베개,
2018.

· 강영운. "마을 처녀 겁탈한 야수들… 세상사람 벌벌 떨게한 이들의 정체 [사색(史
色)]". 매일경제. 2023년 5월 2일.

· 다케다 다쓰오. 이야기 북유럽 역사. 조영렬 역. 경기 파주: 돌베개, 2022.

· David G. Schwartz. At the Sands: The Casino That Shaped Classic Las
Vegas, Brought the Rat Pack Together, and Went Out With a Bang. UKN:
Winchester Books, 2020.

· 김보겸. "북에 카지노 짓고 싶다던 '트럼프 절친' 애덜슨 사망". 이데일리. 2021년 1월
13일.

· 장자. 장자. 오현중 역. 서울: 홍익, 2021.

21 신뢰받고 싶다면 먼저 신뢰하라

· 조디 호퍼 기텔. 사우스웨스트 방식. 황숙경 역. 경기 안양: 물푸레, 2003.
· 프랜시스 프라이, 앤 모리스. 임파워먼트 리더십. 김정아 역. 서울: 한겨레출판사, 2022.
· 윤상모. "리더에게 배우는 리더십-허브 켈러허, 일은 즐거워야 한다" 한국강사신문. 2019년 1월 7일.
· 방준식. "한국평협에서 펼친 평신도 운동을 돌아보다". 가톨릭신문. 2016년 11월 13일.

22 믿음, 함께 만들어 가는 이야기

· 존 벌퀴스트. 페르시아 시대의 구약성서. 우택주 역. 서울: 하기서원, 2019.
· 이재기. 리셋 느헤미야와 함께 다시 세우라. 경기 군포: 은채, 2022.
· 노정태. "평범한 우크라이나 사람들의 전쟁 의지가 불타오르고 있다" 新東亞. 2022년 9월 17일.
· 박선민. "히틀러도 못 이겨냈다… 우크라전서 러 최대 장애물로 꼽힌 이것" 조선일보. 2023년 2월 11일.
· 이철재. "사흘만에 전투부대 30% 잃었다… 우크라 쉽게 본 푸틴의 오판" 중앙일보. 2022년 3월 1일.
· 조성민. "러, 우크라 침공 후 1년… 보이지 않는 전쟁의 출구" 세계일보. 2023년 2월 21일.

23 믿음 위에 선 사람, 사람 안에 깃든 사랑

· 레프 톨스토이. 사람은 무엇으로 사는가. 강규은 역. 경기 고양: 더디, 2018.

신뢰받는 조직, 신뢰 가는 구성원을 위한 믿음 경영 이야기

사람은 신信이다

초판 1쇄 발행   2023년 12월 22일
초판 4쇄 발행   2024년 1월 11일

지은이   한의상
발행인   김석종

마케팅   김광영(02-3701-1325)
인쇄, 제본   OK P&C

발행처   (주)경향신문사
출판등록   1961년 11월 20일(등록번호 제2-79호)
주소   서울시 중구 정동길3(정동 22)
대표전화   02-3701-1114

ⓒ한의상, 2023
ISBN 979-11-88940-15-8 03320